李镇西
答新教师101问

李镇西 ◎ 著

长江出版传媒 | 长江文艺出版社

图书在版编目（CIP）数据

李镇西答新教师 101 问 / 李镇西著. --武汉 ：长江
文艺出版社，2022.5
（大教育书系）
ISBN 978-7-5702-2528-6

Ⅰ. ①李… Ⅱ. ①李… Ⅲ. ①新教师－师资培养－问
题解答 Ⅳ. ①G451.2-44

中国版本图书馆 CIP 数据核字(2022)第 034197 号

李镇西答新教师 101 问
LIZHENXI DA XINJIAOSHI 101 WEN

责任编辑：黄海阔	责任校对：毛季慧
封面设计：周 佳	责任印制：邱 莉 杨 帆

出版：长江出版传媒 长江文艺出版社
地址：武汉市雄楚大街 268 号　　邮编：430070
发行：长江文艺出版社
http://www.cjlap.com
印刷：武汉中科兴业印务有限公司

开本：710 毫米×970 毫米　　1/16　　印张：20.875　　插页：1 页
版次：2022 年 5 月第 1 版　　2022 年 5 月第 1 次印刷
字数：279 千字

定价：46.00 元

向李镇西老师学什么？（代序）

王晓波

"李老师，听了您的讲座非常激动也非常感动，可是，感动之后不知道怎么做，怎么办？"在听完李镇西老师的报告后，一位年轻的男教师站起来问李老师。

"李老师的书很好看很感人，可是我读完之后除了感动仍旧不知道怎么做。"工作室的一位老师在交流阅读心得时说。

我相信，有类似困惑的老师不在少数。在常州报告会上，李老师开讲的第一句话便是："我的报告可能会有些枯燥，有些乏味，因为我要讲的是教育的理论……""相对于枯燥的理论，一线教师更喜欢听具体的操作，他们称之为'接地气'，然而，我仍旧要讲一讲理论……"这个开场白，我很有共鸣。

不知道从什么时候开始，身边越来越多的人喜欢阅读实操类的书，热衷于参加诸如"七天教会你……""30 天……"的速成培训，而害怕啃理论性的书，听专业的报告。实操类的书和培训提供具体做法，浅显易懂，方法可以直接拿来用。思想理论类的书和讲座，营养丰富，但要么晦涩难懂，要么读完精神振奋，浑身有力，却不知力往何处使。两者的关系不能简单用孰优孰劣来评判。

《易经·系辞》说："形而上者谓之道，形而下者谓之器。"所谓形而上就是非具体的、抽象的，某种程度上无法准确描述只能意会的"道"。形而下谓之器，"器"在这里可以理解为"术"，而术就是具体的技巧和方法。老子说："有道无术，术尚可求也。有术无道，止于术。"实操提供

1

"术"，思想贡献"道"，道术合二为一，才是正道。巴金曾说过："文学的最高技巧，就是不讲技巧。"如果把这个观点移到教育上来，似乎也可以这样说：教育的最高技巧，就是不讲技巧，即道术合一。在我看来，李镇西老师就是这样一位不讲技巧，不着痕迹，却又"嬉笑怒骂皆教育"的智者。无论报告还是著作，抑或是他本人，都是一本值得细细研读品味的经典，给人智慧，更给人力量。

经常有人问我："是什么成就了现在的你？"我想是我遇见的人、经过的事、读过的书以及走过的路，才最终形成了今天的我吧。而在所有遇见的人中，对我影响最大的莫过于李镇西老师。甚至可以这么说，如果今天的我在班主任工作方面有那么一点点成绩的话，那完全得益于李老师对我的引领、点拨与影响。因为李老师，我开始接触并试着走近苏霍姆林斯基，走近陶行知，我开始尝试每天做"五个一工程"：上好一堂课，找一位学生谈心或书面交流，思考一个教育问题或社会问题，读不少于一万字的书，写一篇教育日记。虽然李老师经常说"自己培养自己"，但如果自己培养自己的方向和方法都是错的，结果可能离正道越来越远，又如何谈得上"成长"呢？正因为如此，无论是坐在台下聆听他的报告，还是面对面与他交流，我都会问自己：李老师的价值何在？我们应该向李老师学什么？

一、 尊重儿童， 守住教育的常识

儿童——只有儿童，才是教育最高的价值。李老师的言谈举止和字里行间，都透露着对儿童的尊重和爱——尊重儿童的天性，儿童的个性，儿童的尊严，儿童的视角，儿童的需要，儿童的精神世界，儿童的发展潜力，儿童无限的可能性……这些话，我们都会说。可是，我们做到了多少？

2007 年，是我担任班主任的第五个年头。五年里，我从一个管不好纪律的班主任，成长为带出榜样班级的班主任；我从一个备受质疑的班主任成长为一名别人眼里的优秀班主任。或许正是因为这样的成长，那年的 12 月 15 日，我获得了一次外出培训的机会，得以聆听李老师的报告。第一次聆听李老师的报告，带给我的不仅仅是感动，更多的是思考。

李老师的带班模式，他与学生的相处方式让我发现，我所谓的成功不过是一种集体的管控和训练，是一种技巧的展示，一种组织的管理，而并非真正意义上的"教育"。在我的眼里，只有班级整体而没有一个个具体的儿童。我训练班级整齐划一，而忽视学生不同的个性。既然看不见儿童，就谈不上关注他们生命的成长了。可以说，正是因为李老师，我才看到了一个个鲜活的生命。也正是因为眼里和心里有了儿童，我才有了一些独特和创新的教育方法。这些方法，用李老师的话说："哪是什么创新？不过就是常识而已。"正是因为偏离常识太多，坚守常识的做法才会如此独树一帜。那一刻，我觉得自己作为班主任的"任督二脉"被打通了，思想意识和专业修为上升到了一个新的境界。

及至后来，当我自己也开始带团队的时候，我对成员提的第一个要求就是"做一个眼里有人，富有温度的班主任"。我对他们说，首先，这里的"人"，不是抽象的"学生"，而是指一个个具体的学生。作为班主任，你们每天要面对很多的琐事，尤其是在当下，班主任不仅要投入心力教育学生，带好班级，还要分出精力做好家校沟通工作，家教指导工作。一天下来，身心疲惫，扪心自问：长期下去，你是否被琐事绑架，成为琐事的奴隶，而忽略了教育的出发点是一个个具体的学生？面对学校的各项评价，你是否被评比绑架，成为荣誉的奴隶，而忘记了教育的目的是为了培养人？亲爱的老师们，在这个飞速向前的时代里，我希望你们能够慢慢走，不时停下来问问自己：教育到底是什么？黎巴嫩诗人纪伯伦说："我们已经走得太远，以至于我们忘记了为什么而出发。"这句话同样适合教育。如果要问教育最初的出发点是什么，答案不正是一个个具体的学生吗？其次，希望你们善待每一个学生，让每一个生命都能在教室里开花。世界上没有两片同样的树叶，也没有两个相同的学生，作为班主任，要尊重每一个学生的特点和差异，根据每个学生的特点采用不同的方法进行引导，让每个孩子都能在知识、情感、道德等方面收获不同程度的成长。最后，教育这门学问，固然有其技法和章法，但更多的，它是一门情感的学问。李镇西老师在《爱心与教育》中所言："一个真诚的教育者同时必定又是一位真诚的人道主义者。素质教育，首先是充满感情的教育，一个受孩子衷心爱戴的老师，一定是一位最富有人情味的人。只有童心能够唤醒爱心，只有爱心能够滋润童心。离开了情感，一切教育都无从谈起。"从这个意义上说，我希望你们做一个有温度的班主任。

向李镇西老师学习，要学习他的带班方法，更要学习他的教育思想。

二、 守住教室， 让每个生命开花

李镇西老师做了一辈子班主任。阅读、写作、思考、实践……都为了更好地研究学生、研究教育。他在培养学生的同时也成就了自己。或许，相对于著作等身，荣誉无数，他更在意的是不断超越自己，"用一生的时间寻找那个让自己惊讶的'我'"，将自己镌刻在了每一个学生的记忆里。

因为担任行政职务，我有几年没有做班主任。2015 年 1 月，新教育"缔造完美教室"研讨会在北京举行，我因另有活动而没有参加。1 月 8 日晚上，李镇西老师发来短信："你怎么没有来呢？我们都理所当然地以为你要来北京参加研讨会呢，因为你是'缔造完美教室'的榜样教师啊！""不是实验学校，只要你在做，也可以来呀！你和新教育走得那么近，还需要我提醒吗？""你想想，许多新教育的榜样教师，敖双英等，不都是孤军奋战吗？不要紧，我支持你！而且，永远支持你！"在寒冷的冬夜，读着李老师带着温度的文字，已然干涩的眼睛湿润了。

新教育，是我踏上工作岗位后最早接触的教育理念和模式，无论是它描绘的教育蓝图，还是教师成长途径，都是我所向往并且矢志不移的。在我的心里，新教育的种子早已生根发芽，并且正在开出一朵朵绚烂的花，我早已认定它并愿意永远追随它。李老师的一番话让我决定重新走上班主任的岗位，重拾新教育，守住自己的教室。而这样的用心坚守也让我实现了自我的超越，诚如李老师所言："王晓波的志向是'让每个生命在教室里开花'，她做到了；而且，当她让每个孩子的生命'开花'时，她自己的生命也'开花'了。"我的班级被评为全国新教育"十佳完美教室"，成为"全美最佳教师"雷夫常州行唯一到访的班级，而我也从一个"教科学"的单科教师，成长为"教孩子"的综合型班主任，成长为全国优秀班主任、江苏省"年度十佳班主任"、常州市"学生最喜爱的班主任"、常州市特级班主任、龙城十佳班主任，成为《班主任》《江苏教育》等杂志的封面人物。

心理学家安吉拉·李·达科沃斯，是"麦克阿瑟"天才奖获得者。她花多年时间搞了一个调查——决定一个人能否成功的最重要因素是什么。她调查了西点军校，调查了很多体育明星，调查了很多商界成功人士，最后她发现，决定一个人能否成功的最重要因素，不是智商，不是情商，不是人脉，不是兴趣，不是勇气，不是长相，而是"grit"——坚毅。"向着长期目标，坚持自己的激情，即使经历失败，依然能够坚持不懈地努力下去，这种品质就叫作坚毅。无论在何种情况下，比起智力、兴趣、人脉等因素，坚毅才是最为可靠的预示着成功的指标。"

向李镇西老师学习，要学习他的"四个不停"，更要学习他的专注和坚毅。

三、 坚守良知， 用人格赢得尊重

2016年11月，我接到《江苏教育》杂志社关于"封面人物"的约稿，其中有一项内容是找一位专家为我写一篇点评的文章。我第一个想到的便是李老师，但因为看到李老师实在太忙，一直没好意思打扰。眼看着交稿的日子越来越近，我不得不抱着试试看的心态向李老师提出请求。没想到李老师一口答应，当然他也批评我没有早点告知他，因为他那几天实在太忙，一直在路上。

那天晚上11点多收到他的信息："明天我全天讲座。放心，我今晚就是熬夜也赶出来。"担心我等得着急，他又给我发信息："我可能要弄到很晚，你先睡，不要等。也许是凌晨。总之我肯定会给你写好的，到时候我就发在微信上。"李老师治学严谨，对于我文章中的一些信息甚至还电话确认。我在自述中曾说起读叶嘉莹先生的《唐宋词七十讲》，但写的时候写成"唐宋诗词七十讲"，多了一个"诗"，他还特意打电话和我确认。除了感佩，真是找不到一个更好的词语来描述我当时的心境了。

那晚，想到他老人家熬夜赶稿，心疼又内疚，反正也睡不着，发了一条朋友圈：认识老师九年，初识时的叮咛仍在耳畔，九年间的引领历历在目，所有的一切都化作成长的动力，融进血液。知道他忙，很少打扰；知道他粉丝众多，更提醒自己，切不可假借他名粉饰自己。做好自己，带好学生，便是对他最好的回报。而今，却还是叨扰他老人家了。在列车上，在等车的间隙读稿，在宾馆熬夜写稿，对文中的错误及细节电话确认斟酌……李老师教给我们的，固然有诸如"四个不停""五个一工程"等成长方法，李老师影响我们的，固然有诸如"爱心""民主"等教育思想，但更多的是他言传身教的示范，他的良知，他的较真……这便是他的"以心灵赢得心灵，以人格塑造人格"吧？最好的管理莫过于示范，最好的教育莫过于感染，向亲爱的李老师致敬。

向李镇西老师学习，要学习他的为人处世，更要学习他的品格风骨。

2021 年 8 月 13 日
(作者为江苏省常州市武进区人民路小学教师)

目 录

第一辑　职业理解

1

第二辑　阅读空间

第三辑 写作指津

第四辑　师生之间

第五辑　班级建设

第六辑 课堂探秘

第 一 辑
职 业 理 解

　　教育的一切——喜悦与烦恼、成功与挫折、赞誉与非议、欣慰与委屈……都是自己的，与别人无关，因而这一切都丝毫不会影响我们的教育心态与行为，更不会挫伤我们对孩子的爱和对教育理想的追求。

　　因为我们把教育当作自己的事，是与自己生命融为一体的事。

1. 我有当老师的天赋吗?

菲琳老师:

祝贺你最近通过公招获得了教师编制!可你说心里一直很忐忑,怕自己没当老师的天赋,而辜负了孩子。你问我:"当老师真的需要天赋吗?如果没有当老师的天赋,后天可以弥补吗?"

我被你如此"苛求"自己感动了。在有人仅仅把教师当作谋生手段的时候,你居然还担心自己"辜负了孩子",就凭这,你就具备当一名好老师的基本条件。不过,当老师的确不能仅仅凭爱心与责任感,还需要技能、智慧以及你说的某些天赋。

夸大天赋的作用是不妥当的,教师的许多能力是可以通过入职后培养提升的,但一点天赋都没有,恐怕很难成为一个优秀的老师。

做教师需要哪些天赋呢?

对孩子的亲和力。有人一见到孩子,心一下便柔软起来,看孩子的眼神情不自禁就很柔和,言谈举止都让孩子觉得亲切、有趣、好玩,孩子就忍不住愿意听他说话,和他一起玩儿,这就是对孩子的亲和力。我觉得我就是这样的人。这可能和性格有关。有的老师连笑都不会,整天不苟言笑,学生见了他就紧张,他怎么能当好老师?

细腻而丰富的内心世界。做教师,一定要特别细腻,学生的一笑一颦,都能在老师的心里激起涟漪。这样的教师,其内心世界又特别丰富,装着所有孩子的喜怒哀乐,也装着教育所需要的"生活""社会"和"世界"。这样的老师,有着本能的充满跳跃性的联想力,他能够由一个孩子的今天,想到他的未来。教师情感世界的细腻而丰富,还体现于他特别容易被感动,哪怕是分别时孩子一个依恋的眼神,都能让他久久不忘,并且铭记于心。一个大大咧咧"粗线条"的人，是不适于当老师的。

敏锐的洞察力。无论多么纷繁的社会现象，他都能情不自禁想到教育；无论读什么内容的书或者看电影电视剧，他都能从中感受到教育。所谓"洞察力"，很多时候体现在班级生活中或课堂上。教师应该见微知著——他能够从孩子一个细微的眼神、一个瞬间的表情、一个不经意的动作……感受到孩子的内心世界。一个对孩子麻木不仁的人显然是无法成为真正的教师的。

出色的语言表达能力。除了外在的形象，学生初见老师的第一评价便是这老师是否有"口才"。一个说话结巴、冗赘、枯燥、无序的老师，是无法赢得学生的尊敬的；而流畅自然、思路清晰、词汇丰富、用语得体、不枝不蔓的口头表达，无疑能够让学生佩服不已。再"高大上"的道理，老师也能讲得通俗易懂，生动形象。有口才的老师特别会讲故事，一个本来似乎平淡无奇的事，被老师讲得眉飞色舞、曲折动人，这样的老师肯定是会让孩子着迷的。

幽默感。我看过很多关于"学生最喜欢的老师的品质"的调查，"幽默感"往往排在前列。是呀，具有幽默感的老师，让学生觉得有趣，能够最快地缩短师生之间的心理距离，可以减少学生可能出现的来自学习、生活的压抑与忧虑，让学生维护自己心理的平衡，进而产生一种安全感和愉悦感。一个不苟言笑也不善玩笑的老师，会让学生感到索然无趣，而一个无趣的教师，他的教育往往还没出发，便被学生"敬而远之"了。

在某一个方面具有独特的优势或爱好。比如弹琴、唱歌、绘画、舞蹈、足球、篮球……也包括文学创作，甚至擅长耍魔术，都能让一位老师在学生眼里魅力四射。每个老师要问问自己：除了课堂上呈现的知识，我还有什么"绝招"能够征服学生的心，让他们对我佩服得五体投地？

当老师需要的天赋肯定不只上面所说，但我现在想到的就这几点。这几点虽然也可以通过后天培养，但如果不是源于天赋，某些能力或爱好的培养是有限的，而且很勉强。以我为例，其实我在某些方面也缺乏做教师的天赋，比如我的口头表达能力是很弱的，语速很快，吐词不清，偶尔还结巴，虽然经过努力大有改善，但毕竟还是不理想。我还有其他方面不适合当教师的性格缺陷。但最终我还是成了受学生喜爱的老师，而且也取得了一些教育成就，这是因为我其他方面的天赋（就是上面所说的那些），在很大程度上弥补了我的缺陷。

任何人都很难拥有当老师所需要的全部天赋，但作为以教育为终身职业的人来说，至少得有一些或尽可能多一些"教育天赋"。我相信你是有当老师的天赋的，即使有些欠缺，也可以以其他突出的天赋来弥补。你对自己要有信心。当然，如果有的老师实在差得太远，那还是考虑重新选择职业。这话有些"冷酷无情"，但这是对自己负责，否则，做了教师之后不但你痛苦，孩子们也跟着你痛苦。

你明白我的意思了吗？

你的朋友　李镇西

2017 年 8 月 30 日

2. 如何才能对教育有"职业认同"?

伟翔老师：

你从教已经半年，感觉一直没有进入角色，入职前对教育生活想得很浪漫，可几次受挫却让你甚至觉得自己选错了职业，但又不想轻易退出教育行当。很苦恼，很纠结。

你的核心问题，是没有真正解决"职业认同"。我愿意和你推心置腹地谈谈这个话题。

我经常给我校年轻老师说一个比喻：求职就像恋爱，入职就像结婚。

谈恋爱，更多的是憧憬、甜蜜、浪漫。你看恋爱中的青年人想的都是未来的美好，同样，求职也更多的是对职业美好的期待甚至幻想。但结婚后，经过一段时间的蜜月，生活就渐渐现实起来，没那么多浪漫，每天都是琐碎的柴米油盐，夫妻双方相处也恢复到平静，有时还拌嘴吵架，这都是常态。你选择了爱人，就选择了其弱点和缺点；你选择了婚姻，就认同了未来生活的一切，包括拌嘴吵架。而随着婚姻的推进，可能还会遇到许多想象不到的人生风浪，哪会依然天天"浪漫"呢？

刚参加教育工作的年轻人也是这样。没来之前，对教育对学校都抱着浪漫的憧憬。一想到学生就是"天真烂漫"，一想到学校就是"欢声笑语"。再实惠一点想，教师工作稳定，每年还有两个假期，多好！于是刚工作的年轻人，往往也纯真热情，全身心地投入。这是"恋爱"和"蜜月"。但真正进入了教育，进入了班级，进入了学生，许多年轻教师会感到，教育不仅仅有浪漫，还有许多实实在在的问题需要自己去解决和面对，更有许多难关需要攻克。教育的日子更多的时候是很平常的，很平淡的，甚至是很艰难的。比如，某位年轻女教师刚刚读了《爱心与教育》，热泪盈眶，激情澎湃，豪情万丈；可她一走进教室，就有学生捣蛋、打架，老师批评捣蛋的学生，学生却公然骂老师；第一次考试，就有那么多的学生不及格，这多让人沮丧！也许还会遇到蛮不讲理的家长，和老师纠缠，还对老师破口大骂。到了期末，学校评估考核不公平，自己做了那么多事却不被认可，没有得到应有的评价。还可能兢兢业业工作、真诚地爱着学生的老师，却被办公室里个别老师说风凉话。等等。

然而，我以从教近四十年的老教师的资格说，这就是教育的全部，就是教育本身。你选择了教育，就选择了教育生活的全部。这就是职业认同。

上面说的那些"比如"，我都遇到过，而且更严重——有人误以为我一直"很顺利"，现在是所谓"专家"了，所以"站着说话不腰疼"……不，因为课堂教学与众不同而被批评、警告，因为带学生出去玩而被处分、罚款，因为种种"离经叛道"的教育改革和探索而长期不被认同，在入党提干、晋升职称、评优选先等方面遭遇不公……不能说我当时一点情绪都没有，但总体上讲，这一切没有影响我的工作。因为从参加教育工作的第一天起，我就把教育本身当作目的。而教育以外的东西，无论"顺利"或"不顺"，甚至"屡遭打击"，都不会影响我对教育本身的忠诚，因为这是我的爱好——你见过一个酷爱钓鱼的人因为渔具被人砸了就从此不钓鱼了吗？

我还要说，未来几十年还有许多意想不到的情况等着刚入职的年轻教师，但成就感和幸福感就在其中。实际上，教育的艰辛和教育的快乐是融为一体的。正是伴随着这一切，年轻教师才成长起来，才获得了教育的幸福。如果还是把从教比成"结婚"的话，那么这门"婚姻"是你自己的选择——浪漫也罢，甜蜜也罢，平淡也罢，艰难也罢……都是你自己的选择。你不能说，我只选爱人的优点，而不要他的缺点。有这样的婚姻吗？既然是自己的选择，你在享受的同时，也要承受。

所以我一直对年轻人说，当你对职业不满意，或感到"不舒服"甚至痛苦时，要么力所能及地改变环境（当然，这很难，而且需要时间），要么改变自己的心态（这也不容易，但完全做得到），要么改变职业（这也很难，但如果前面两条都做不到，那没办法，再难也得改变职业，因为你还要生活下去啊）。就像对自己的爱人，如果你不满意，要么改变对方，要么调整自己，要么离婚！明明婚姻生活已经不幸福了，你又不想改变对方，也不想改变自己，还不想离婚，你想干啥？

当教师对职业的认识达到了这个高度，那么教育的一切——喜悦与烦恼、成功与挫折、赞誉与非议、欣慰与委屈……都是自己的，与别人无关，因而这一切都丝毫不会影响我们的教育心态与行为，更不会挫伤我们对孩子的爱和对教育理想的追求。因为我们把教育当作自己的事，是与自己生命融为一体的事。

教育，不是外在的强迫，而是自己的选择；不是为别人做，而是为自己做。这就是我所理解的"职业认同"。

你的朋友　李镇西
2019 年 5 月 15 日

3. 怎么才能感受到教育的幸福？

晴霞老师：

你说你报考师范是父母动员的，父母说女孩子教书比较好，收入虽然不算高，但还稳定，等等。现在，你从教一年了，依然没找到感觉。你问我："您是怎么从教育中找到乐趣的呢？"

其实，我当初报考师范也不是因为热爱教育，当然也不反感，反正稀里糊涂就上了师范。但后来分配到中学，我就问自己：既然这一辈子都只能当老师了（计划经济时代，对职业都是从一而终的），那么高高兴兴也是当，悲悲戚戚也是当——我当然选择前者。

那么，怎么才能高高兴兴当老师呢？我的答案是：把教育当爱好，想方设法从中找到乐趣。如果真的能把教育当爱好，职业幸福将源源不断，并伴随终身。

对于我来说，不是先认同这个职业才获得幸福感，而是通过幸福感的获得，而真正认同了这个职业。我经常给年轻的同行说："职业情感来自童心，教育智慧源于难题。"

那么，怎样才能爱上教育，并获得成就呢？根据我的经历，我给你两条建议——

第一，多接近孩子，走进心灵。

和人打交道的职业显然不只教师，医生、警察、商场售货员……也与人打交道。但不同职业所面对的"人"是不同的。医生面对的是没精打采的病人，警察面对的是为非作歹的罪犯，售货员面对的是买了东西转身就走的顾客。而教师呢，面对的是世界上最纯洁的孩子。如果说，成人之间交往，多少还有一些戒备的话，那么走进教室，我们完全可以心灵不设防，因为我们面对的，是一个个纤尘不染的精神世界。

苏联教育家阿莫纳什维利说过："谁爱儿童的叽叽喳喳声，谁就愿意从事教育工作，而谁爱儿童的叽叽喳喳声已经爱得入迷，谁就能获得自己的职业幸福。"

那么怎么才能爱上"儿童的叽叽喳喳声"呢？

很简单，和孩子一起玩儿呀！尽可能和他们待在一起。课间和他们一起打篮球，和他们一起跳绳，周末带着孩子们去郊游，在河滩上"斗鸡"，在小树林里捉迷藏……这是我年轻时教育工作的常态，是的，"常态"！我没想过要刻意"走进心灵"，也没有想过"亲其师信其道"——没那么功利，我就是觉得和他们一起玩儿，很开心。当孩子把我的眼睛蒙上，在我背后拍拍我的头然后又跳开，或者用树枝敲打我的屁股时；当我和高三男生摔跤，被四五个高三小伙子压在草坪上时；当我和一群少男少女手牵着手，站在黄果树瀑布下，任飞溅的水花把我们浑身上下淋透时……那种幸福感，是任何职业无法企及的。

慢慢地，一到假期我就想他们了，我感觉自己离不开孩子了——原来，不知从什么时候起，我爱上教育了，我"上瘾"了。

这就是"职业情感来自童心"。

第二，不重复自己，研究难题。

估计已经有读者在心里不以为然："难道教育就是你说的这么简单——带着孩子玩儿？后进生、单亲家庭、留守儿童、早恋、网瘾、升学率……无数的难题，你难道就没遇上过吗？"

当然遇到过，甚至可以说，每天都有一个又一个的难题向我扑来，但这正是我的课题。

是的，把难题当课题，不但是克服职业倦怠的有效方法，而且也是任何教师获得专业提升并赢得教育成就的最佳途径。

仔细想想，为什么有的老师老感觉不到职业幸福？因为他每一天都没有变化，面对一个个难题他除了哀叹或发怒，就束手无策。没有变化，每天重复自己，这是许多教师渐渐厌恶职业的重要原因。我经常对年轻教师说："有的老师教了三年书，其实他只教了一天，因为他每一天都在重复自己，今天和昨天没有什么不同。"这样教书，不厌倦才怪！

那如果换种职业状态呢？尽可能让每一堂课都有那么一点点创意，让每一天都有一点点和昨天不一样的地方，每带一个班都不要重复自己……这里的"创意""不一样""不重复"来自哪里呢？正来自一个又一个的难题。

年轻时我带班遇上男女生交往的"难题"，我便研究青春期教育，于是有了我的教育专著《青春期悄悄话》；我曾带过全校最差的班，每一个顽童都是我的研究对象，围绕他们我阅读和思考，并尝试用各种方式去转化他们，每天都记录他们的表现和我的反思，于是有了我的教育叙事《与顽童打交道》；学生的学习基础相差悬殊，怎么进行教学才能够让所有孩子都能有所提高？于是我以"因材施教"的理念探索"分层递进教学"的方式，每次备课备四套教案，每天设计四套作业，每次测验命制四套考题……结果获得成功，于是有了我的课题论文《让每一个孩子都享受成功》……

这样搞教育，每个日子都是新的；这样带学生，每一天都会收获智慧。

这就是"教育智慧源于难题"。

当工作与爱好成了一回事，那么与其说是工作，不如说是爱好；与其说是为自己而工作，不如说是为自己的爱好而投入整个的生命，并享受其中——所有的职业幸福就源自这里。

你的朋友　李镇西

2020 年 11 月 23 日

4. 我怎样才能尽快地成长起来?

虹剑老师:

来信让我十分感动! 你对教育的理解, 对职业的认同, 对学生的挚爱, 对成长的渴望……让我想到了自己的年轻时代。

说到教师, 我们通常强调付出、赞美奉献, 甚至讴歌牺牲……但幸福完整的教育, 也应有教师的收获——在学生成长和成功的同时, 我们自己也应该不断成长并走向成功, 从中体验到人生的快乐, 为自己的生命喝彩。

这才是教师成长的完整意义。

而要实现这个意义, 年轻教师最好能够做到四个"不停": 不停地实践, 不停地阅读, 不停地写作, 不停地思考。

不停地实践。这里的"实践"就是全身心地投入到课堂之中, 投入到学生之中, 踏踏实实地做好每一项日常工作。和一般纯粹老黄牛式的"干活儿"不同, 成长意义上的实践, 有两个特点: 第一是"科研性", 就是不盲目地干, 而是把每一个学生当作研究对象, 把每一个难题都当作课题, 以研究的心态对待实践; 第二是"创造性", 就是在实践的过程中, 既不重复别人也不重复自己, 每一阶段都要有创新, 都要有超越。

不停地阅读。真正的教师应该是终身学习的身体力行者, 他把阅读当作像每天都要洗脸刷牙吃饭一样的必需的生活内容。成长意义上的阅读, 也有两个特点: 第一是"专业性", 教育名著、教学专著、教育教学报刊等, 都是阅读的对象; 第二是"人文性", 作为人类精神文明的传承者, 除了认真阅读教育教学专业书, 反思型教师还要读一些政治的、哲学的、经济的、历史的、文学的等与教育教学"无关"的书; 徜徉于人类精神文明的长廊，在触摸历史的同时憧憬未来，在叩问心灵的同时感悟世界。

不停地写作。这里的"写作"实际上是搜集积累自己的教育矿藏的过程，也是总结提炼自己的教育智慧和教育艺术的过程。和有些教师仅仅是应付职称评定的"写作"不同，成长意义上的写作同样也有两个特点：第一是"日常性"，把写作当作自己的需要并养成习惯，通过每一天的写作点点滴滴地积累教育心得，而不是到期末为了应付校长才写一篇总结；第二是"叙事性"，就是写原汁原味的教育案例，不必煞费苦心地"构建"什么理论框架，也不借时髦的"理论"和晦涩的名词来进行学术包装，就让自己的教育故事保留着鲜活的气息，让心灵的泉水自然而然地流淌出来。

不停地思考。教育本身就是最具创造性的精神活动，所以教育者充满理想主义激情的人文情怀和独具个性的思考精神，当然也应该贯穿于教育的整个过程和每个环节。这里的思考首先指对自己的思考，即把自己当作研究对象，揣摩、琢磨、体验、品味着自己已经和教育水乳交融的日常生活；同时，"思考"也包括关注、研究、咀嚼、审视别人的教育实践和教育思想。如果这思考带有检讨、解剖、质疑的意味，它便成了我所理解的"反思"，而这种反思的习惯和能力正是任何一个教师走向成功必不可少的精神素养和职业品质。

从这个意义上说，反思精神与反思能力是教师成长的"标配"。

对成长中的年轻老师来说，反思主要包括：

对教育失误的反思。任何一个教育者在其教育生涯中，都会犯这样或那样的错误。区别优秀的教育者和平庸的教育者，不在于教育者是否犯错误，而在于他如何对待已经犯了的错误。善于通过反思把教育失误变成教育财富，这是任何一个教育者从普通教师走向教育专家乃至教育家的最关键的因素之一。

对教育实验的反思。既然是"试验"，就有可能成功，也有可能失败，如果能够以科学的态度进行反思，即使失败了的教育实验，也是一笔财富；而对于成功的实验，同样需要以科学的眼光进行实事求是的剖析和评价。

对教育行为的反思。反思不仅仅是针对明显的教育失误，也包括对自己一切教育（含教学）行为的反思：和学生谈心、上课、组织活动，甚至和学生交往过程中的某一个蕴含教育因素的细节，都可以成为我们反思的内容。精益求精，与时俱进，缘时而新，因人而异，都可以使我们的教育更加完美，更具心灵的感染力。

……

我的成长一直伴随着思考——从对自己教育行为的分析，到对教育行为背后所蕴藏的教育观念的拷问；从对身边各种教育现象的解剖，到对中国教育理论的审视……我正是在无数次结合实践、伴随阅读、基于写作的思考中，逐步走向自己所期待的相对理想的教育。

虹剑老师，如果你真的能够做到以上四个"不停"，坚持五年八年，你想不成功都十分困难！

你的朋友　李镇西

2021 年 7 月 11 日

5. 如何面对成长中的挫折?

葛雄老师:

你最近忍不住打了学生,结果被学校处分。你想到刚工作一年就犯错误,因此沮丧——未来几十年的教育生涯怎么熬啊!你说你辞职的心都有了,但还想听听我的想法。

谢谢你的信任!巧了,和你一样,我参加工作第一年也挨了处分,也是因为打学生,打欺负我班同学的高年级学生。当时,我也和你现在一样灰心丧气,也担心"未来几十年的教育生涯怎么熬啊"!所以,作为曾经和你犯过相同错误的我,给你谈谈我的想法,也许对你有些帮助。

"坦然面对,勇敢认错,善于反思,尽量改正"。这十六个字,是我对待成长中所犯错误的态度,也是我对你的建议。

坦然面对,就是把犯错误看作是成长的必修课。你说"刚工作一年就犯错误",所以很沮丧。其实,恰恰是因为"刚工作"才容易犯错误呢!著名翻译家傅雷先生曾在其译作《约翰·克利斯朵夫》的卷首语中这样写道:"真正的英雄不是没有卑贱的情操,而是永不会被卑贱的情操所征服;真正的光明不是没有黑暗的时候,而是不会被黑暗所湮没。"同样的道理,真正的教育者,也不是没有失误,特别是刚工作的年轻人,犯错误是常态,一点错误不犯倒令人意外呢!这样一想,你的心情一定会坦然得多。

勇敢认错,这是面对学生唯一正确的态度。不要担心给学生道歉认错会丢面子,不会的,相反你越想掩饰甚至强词夺理地"辩解"才会让学生在心里看不起你。我教的第一届学生毕业前,我让同学们给我写一封信,专门给我提出批评意见。我说:"我是第一次当老师,教你们时肯定有许多我都没意识到的缺点和不足,你们要走了,帮我指出来,就是在帮助我当好老师啊!"结果一个叫耿梅的女生在信中对我说:"有一次我课间操不认真,你就当众呵斥我,我忍不住顶撞了你,你就骂我'脸皮太厚'。现在想起来,当时我的确不对,但你也不应骂我啊!希望李老师以后批评同学时,不要伤人自尊心。"当时我读了很是惭愧,当众向耿梅道歉。三十多年后,已经人到中年的耿梅来看我,我拿出了那封信,说:"谢谢你教我当老师!"她特别感动,说:"李老师,没想到您还保存着这封信,您的确是最好的老师!"我教她时毫无经验,还犯错误,无论如何不能说是"好老师",但她却说我是"最好的老师",我理解,这个"最好"指的是"最真诚"。勇敢认错,就是向学生展示我们的真诚。

善于反思,是化犯错为进步最关键的一点。区别优秀的教育者和平庸的教育者,不在于教育者是否犯错误,而在于如何对待已经犯了的错误。这里所说的"如何对待",不仅仅是指想方设法弥补错误所造成的损失,更是指对错误的反思。所谓"反思错误",就是犯了错误之后不要轻易地原谅自己,而是要拷问自己的心灵:我为什么会犯这样的错误呢?这样的错误是出于一时的感情冲动,还是有着必然的思想根源?这样的错误事先能不能够避免?这样的错误是否收到了我期望达到的"教育效果"?如果达到了某种"教育效果",那么我付出的代价是什么?如果没有达到,那么这次错误所造成的表面的后果和潜在的危机有哪些?这样的错误蕴含着怎样的教育遗憾、教育缺陷乃至教育悲剧?这样的错误可能会在我的学生心灵中造成怎样的伤害?这样的错误包含着哪些可以理解的善良意图?这样的错误掩盖着哪些不可原谅的自私而可怕的个人动机?我是否真正从这次错误中汲取了教训,并从中获得了新的教育启迪?……善于把教育失误变成教育财富,这是任何一个教育者从普通教师走向教育专家乃至教育家的最关键的因素之一。泰戈尔有这样一句诗:"真理之川从错误之渠中流过。"也正是从这个意义上说,每一次错误,对所有具备真诚反思精神的教育者来说,都是一个进步的台阶。

尽量改正,是在反思基础上的行动变化。注意,我这里在"改正"之前加了"尽量",这不是降低对自己的要求,而是一种实事求是。坦率地说,有的错误可以很快改正并不再重犯,比如打学生,提醒自己这不是道德问题，而是法律问题，打学生就是犯法，这是"红线"。这样的错误以后就不容易再犯。我就是如此。但有的错误是习惯性的，比如我一冲动就忍不住发火，而且在发火的情况下批评学生，往往语言尖刻，伤他们自尊心。实际上当年对耿梅认错后，我后来还犯过类似的错误，但是，随时提醒自己"尽量改正"还是不一样的，至少犯同样错误的频率会大大减少，最终彻底改正。

听我这么一说，你心里是不是要好受些了？而且你知道该怎么做了吧？

你的朋友　李镇西
2021 年 8 月 6 日

6. 教师应该有着怎样的生命状态？

立仁老师：

你说你听了我的讲座"用生命润泽生命"很受启发，但想到一个问题，既然教师要用自己的生命去润泽学生的生命，那么教师本人应该有着怎样的生命状态呢？

你问得相当好！的确，虽然我认为，所谓"用生命润泽生命"，是指师生双方互相润泽，但作为教育的主导者，教师的生命状态无疑决定着教育的品质。我有时候想，师生相处的主要时间是在课堂上，那么，一堂课40分钟，就算每天六节课，那每周就是30节课，一学期按20周算的话，那就是600节课，一年就是1200节课，三年就是3600节课（如果教初中或高中的话），六年就是7200节课（如果教小学的话）！这3600个或7200个40分钟，就是我们生命的单位啊，也是我们所面对的孩子生命的单位，每一分钟都是。这么一算，我们就应该意识到，当教师站在课堂上面对孩子的时候，彼此的生命正在燃烧，也正在流逝。而对于孩子来说，这段生命正是他们一生中最关键的成长阶段。教育的神圣就在于此，教育的危险也就在于此。

所以，教师如何以自己饱满的生命去润泽孩子正在成长的生命，的确是每一位教师应该认真思考的问题。这里所说的"生命"当然包括健康的体质，但更是指人的精神状态。"用生命润泽生命"意味着——用思想照亮思想，用激情点燃激情，用爱心滋润爱心，用个性发展个性，用梦想唤醒梦想，用创造激发创造，用浪漫缔造浪漫，用情趣营造情趣，用人格铸造人格，用心灵赢得心灵……

好，回到你提的那个问题：教师究竟应该有着怎样的生命状态呢？

总的来说，就八个字："拥抱生活，钟情教育。"对我来说，这八个字又体现为五个"热爱"：热爱阅读，热爱写作，热爱运动，热爱自然，热爱拍照。

热爱阅读，应该是教师的生命呈现方式。每当置身书房，我就感到自己与古今中外的大师们并肩而立，沉浸于他们的思想，就是走进他们依然鲜活的精神生命之中，不断从他们的文字中汲取新的生命。热爱阅读，不仅仅是一种学习态度，也是一种生命态度。笛卡尔说："我思故我在。"对于教师来说，应该是"我读故我在"。就精神而言，生命的终止不在心跳的结束，而在阅读的停止。这种阅读的生命状态，将直接影响学生。

热爱写作，这是我记录生命的一种方式。就像阅读不只是语文老师的专业一样，写作也不只是语文老师的专长。敏于观察，勤于写作，这本身就是一种积极而旺盛生命力的体现。写作，就是让情感得以珍藏，让思想得以凝固，让生命得以储存。现在，每当我打开家里书橱中发黄的本子，看到几十年前写的教育日记，我会感到自己的年轻时代被激活了，已经很遥远的生活场景，浮现眼前，触手可及。这不是一种很美的生命状态吗？

热爱运动，不只是为了增强体质，也是为了健壮精神。一个教师应该有至少一项伴随一生的运动项目，这能让自己的身心随时处于一种积极进取的状态。我年轻时喜欢打乒乓球、篮球，后来喜欢跑步，中年以后坚持每天疾走至少五公里，直到现在——今天早晨我还疾走了五公里。当许多人还躺在床上的时候，你已经迎着朝霞与太阳同行了，一种生命的自豪感会油然而生。这种自豪感会传递给你的学生，他们也会不知不觉爱上运动的。

热爱自然，就是直接汲取大自然的生命，并以大自然为师。从刚参加工作起，我就喜欢带着孩子们走进大自然，去山上野炊，去河边戏水，去草坪摔跤，去森林探险，让风筝在蓝天写诗，让笑声把原野吵醒。是的，无论是小桥流水的幽雅情趣还是大江东去的磅礴气势，无论是朝阳初升时小草上的一颗露珠还是暮色降临时原野的一缕炊烟，都能使我和我的学生深切地感受到冰心所言："我们都是自然的婴儿，卧在宇宙的摇篮里。"

热爱拍照，就是用另一双眼睛观察自然与生命。这是我年轻时就养成的爱好。当我一端起相机，我的生命状态就格外敏锐而专注，无论是拍人物，还是拍风景，都是记录最鲜活最美丽的生命。无论是刚工作时的老式120海鸥牌相机，还是后来的傻瓜相机，还是现在的单反和手机，我的镜头前，永远是孩子们的身影和大自然的日月星辰。每次和多年前的学生聚会，那一张张或黑白或彩色的照片，都让过往的生命再次舒展，或燃烧。

……

这就是我保持至今的生命状态。当然，这是我个人的情况。性格不同，性别不同，爱好不同，气质不同，学科不同……每一个老师积极饱满的生命状态当然应该有自己的呈现方式，但"拥抱生活，钟情教育"应该是所有优秀而幸福的教师共同的特点。

我相信，你也会如此，或者说你正是如此。

你的朋友　李镇西

2021 年 8 月 7 日

7. 教师应该具备哪些基本功?

彩玉老师:

祝贺你正式踏上讲台,成了一名教师。你来信说:"工作一个月了,可我总是感觉自己力不从心,我是不是还欠缺什么能力啊? 我想请教您的是,作为一名老师,应该具备哪些基本功呢?"

这个问题问得好! 你能提出这个问题,说明你的确想努力做一名好老师。其实,任何年轻人从教之初,或多或少都有"力不从心"的感觉。你不要为此过于焦虑。你重视教师自身的基本功,这是对的。所谓"基本功"本来特指戏曲演员应有的基础功夫,教师自然也应该有属于自己职业的基本功。那么,教师应该具备哪些基本功呢?

根据我的教育实践,我认为,教师的基本功至少应该包括:阅读、写作、言说、思考、板书和观察。

阅读,包括阅读能力和阅读习惯,这是教师的第一基本功。人们常常爱说"教师专业成长",说到底,阅读是教师专业成长最主要也最重要的途径。《中国诗词大会》的擂主、著名语文教师夏昆曾说:"读书,是教师课堂上征服学生的第一绝招。"他这里说的"读书"指的是博览群书,这也不只是指语文老师,阅读应该是所有学科老师应养成的习惯——对的,我说的是"习惯",就是情不自禁地手不释卷,一天不读书心里就发慌。教育最可怕的就是,教人读书的人自己却不读书。相信你一定能够成为一个"悦"读者。

写作,指的是基于每一天的教育实践而写教育日记、教育案例、教育随笔等。这同样不只是语文老师才应该具备的能力,而应该是所有教师的职业素养之一。写作不仅仅是写作,它是反思、总结、提炼、升华自己实践的有效方式。也就是说，写的过程其实同时就是"思"的过程。它能促进实践，因为只有做得精彩才能写得精彩，而精彩地写又能促进更精彩地做。不少老师经验丰富，却很难脱颖而出，就是因为他不爱写作。所以，写作，是普通老师走向名师时需要打通的"最后一公里"。

言说，我这里特指教师的口头表达能力。无论教什么学科，教师都应该有一副好口才。我认为，教师良好的口头表达能力有三个层次。最基本的要求是表达清楚，也就是说逻辑严密，思路明晰，讲解清楚，学生听得懂。再提升一个层次，就是深入浅出，形象生动，让学生听起来很轻松。最高的层次是有感染力，或诙谐幽默，或慷慨激昂，或娓娓道来，或令人开怀，或催人泪下，哪怕是看似枯燥乏味的理科知识，教师也能讲得充满感情……总之，语言一定要抓住学生的心，让他们迷上你的课。

思考，这不但是教师的特质，更是知识分子乃至作为一个人区别于动物的特征。但是，对教师而言，思考能力与思考习惯显得更为重要，因为我们担负着育人的使命。如何让我们一代又一代的孩子具有良好的思维和创新的思想，很大程度取决于教师本人是否具有思考力。当然，我这里所说的教师的"思考"，不是空洞的胡思乱想，而是紧扣每一天的课堂教学、班级管理和学生教育的实践所进行的推敲、审视、反思、批判……也包括跟踪教育理论动态、关注窗外风云变幻，以一颗敏锐的心关注教育和社会。

板书，这是传统教育的教师技能。当今信息时代，很多人忽略这一传统基本功，我觉得有强调的必要。现在有各种音频、视频，还有精美得令人眼花缭乱的PPT，板书似乎过时了。再加上现在能写一手好字的年轻人越来越少，所以即使为了"藏拙"也尽量少板书，而多展示PPT。的确，如果板书仅仅是为了将知识重点展示出来，那PPT确实便捷多了。但板书的意义还在于，根据课堂上学生的反馈而随时书写相关知识和思路，这对学生是一种尊重。同时，漂亮整洁的板书，无疑会提升教师在学生心目中的形象。

观察，是容易被忽视的教师基本功。教师应该有"察言观色"的能力，能够通过学生细微的表情或动作，洞悉其内心。正如赞可夫所说：

"对于一个有观察力的教师来说，学生的欢乐、兴奋、惊奇、疑惑、恐惧、受窘和其他内心活动的最细微的表现，都逃不过他的眼睛。一个教师如果对这些表现熟视无睹，他就很难成为学生的良师益友。"教师应该拥有良好的心理学修养，善于走进学生的心灵，敏锐地感受学生的心理变化，与他们心心相印，息息相通。唯有如此，才谈得上有效的教育与引导。

关于教师的基本功，显然还不止上述几点，我只是根据自己几十年从事教育的感受，给你谈了我体会最深的几点。人们常说："打铁先要本身硬。"这句话通常是从道德层面来理解的，其实，在专业层面也应该如此。我们希望通过教育，让学生成为勤阅读、善写作、有口才、爱思考、写好字、会观察的人，那么我们在这些方面做得如何？

愿你为此不懈努力！

你的朋友　李镇西

2021 年 8 月 8 日

8. 时间不够用怎么办？

庆文老师：

你来信说教两个班的语文，还当一个班的班主任，"每天忙得感觉天上都是脚板印，可又好像什么事都没做"。你问我："每天要做的事太多，可时间不够用，怎么办？"

感觉你问我是问对了，因为熟悉我的朋友都惊叹我的时间利用率非常高。这样说，好像有些自夸，但确实许多朋友说我"一天做了两天的事"。所以，我得诚实地说，我的确很善于统筹和利用时间。

就以今天为例，我做了哪些事呢？晨练一个小时，疾走了五公里；做了半天的报告；午休一个小时；读了 79 页的朱小蔓的《情感教育论纲》；接待出版社的朋友谈新书出版；编辑了微信公众号"镇西茶馆"今天的推文；写了一篇 4300 多字的关于朱小蔓《情感教育论纲》的书评，还写了《中国教育报》两篇专栏文章，每篇 1600 字左右；看了三集《觉醒年代》……

说到看电视剧，其实我每天都要追三四集，很多人都不理解："李老师这么忙，用什么时间来追剧的？难道不睡觉？"当然不是，通常情况下，我晚上 11 点左右睡觉，早晨六点过起床；如果不出差，中午一般都要睡一个小时左右。

看，我每天做的事是不是挺多的？

这还是我没做校长后，我做校长时的事更多，不少事还是被安排做的，比如开会、接待视察的领导、处理突发事件……但即使如此，我依然每天健身、读书、写作，一点都没耽误。

那么，我究竟是怎么利用时间的呢？

第一，做好规划，养成习惯。有的事是雷打不动必须做的，比如健身、读书、写作这三件事是我每天"必修的功课"，我将其纳入计划；每天早晨疾走五公里上班，这上班时间就"省掉"了；到了单位，洗了澡吃了饭，先阅读半个小时再做其他事；写作时间比较灵活，如果白天能写就白天写，不行的话就晚上写。久而久之，养成习惯。以前在学校做班主任的时候，也有不少固定时间的固定工作，比如早读后或第一节语文课后，肯定是看学生的周记（随笔）本，每天放学后肯定是找几个学生谈心，等等。同样是先规划，后习惯。慢慢地，无论多么忙，这些事都不会忘，而且都能完成。

第二，边角余料，巧妙利用。其实，很多时间看起来微不足道，可积累起来，也能做事。比如，在等公交车的时候，我就拿出手机看几分钟的电视剧，上了车还可以接着看。又比如，在机场候机室，我往往就看书，或写文章。现在手机功能很多，有时候我在医院排队拿药时，都可以在手机上回复电子信件。这样算下来，在这些碎片化的时间里也能做不少事呢！

第三，一时多用，数管齐下。数学家华罗庚有一篇文章叫《统筹方法》，说的是一种安排工作进程的数学方式。文章以"泡壶茶喝"为例——

当时的情况是：开水没有；水壶要洗，茶壶，茶杯要洗；火已生了，茶叶也有了。怎么办？办法甲：洗好水壶，灌上凉水，放在火上；在等待水开的时间里，洗茶壶、洗茶杯、拿茶叶；等水开了，泡茶喝。办法乙：先做好一些准备工作，洗水壶，洗茶壶茶杯，拿茶叶；一切就绪，灌水烧水；坐待水开了泡茶喝。办法丙：洗净水壶，灌上凉水，放在火上，坐待水开；水开了之后，急急忙忙找茶叶，洗茶壶茶杯，泡茶喝。

哪一种办法省时间？我们能一眼看出第一种办法好，后两种办法都窝了工。

而第一种方法，用我的话来说，就是"同时做几件事"。

以我为例：走路上班，同时构思文章——上班、健身、构思，三件事同时做。每次乘坐飞机，进入机舱坐好后，我就打开笔记本写文章；飞机起飞，收起笔记本，拿出书开始阅读，十五分钟之后，可以用电子产品了，又打开笔记本继续写文章；飞机降落前，我又收起笔记本打开书；着陆后走出机舱到达出口前，我一边走一边思考问题……所以每次出行，我都能同时读、写、行、思，什么都没耽误。

第四，提前列出，即做即划。我习惯于在每月、每周、每日之初，列出当月、当周、当日要做的事，并按重要程度排列，然后做一件划掉一件。以前，我是写在废纸或旧信封背面，现在我是在笔记本上建立"必做的事"文档，然后放在笔记本桌面上。这方法非常便捷，也相当有效。当看着所列出的事，一件一件被划掉时，心里自然会有一种成就感。

庆文老师，我这些建议对你有帮助吗？

你的朋友　李镇西

2021 年 4 月 23 日

9. 一线老师如何搞教育科研？

雪云老师：

恕我直言，你给我提的"如何在繁忙的工作之余搞教育科研"这个问题本身就有问题。因为教育科研就蕴含于你每天的工作之中。当然，我知道有不少老师总认为教学和科研是两张皮，而不是一回事。于是他们才会有这样的抱怨："我既要带班，又要上课，哪有时间搞科研？"

不知从何时开始，"课题研究"成了时髦的追风，流行什么追什么："多元智能"走俏了，什么都和它挂钩；"建构主义"吃香了，什么都和它相连；一会儿"知识经济"时代的课堂教学研究，一会儿"互联网+"时代的有效德育探索……题目越来越宏大，研究越来越高端，可自己班上的问题一个都没解决。这样的"课题研究"对教育实践究竟有多大意义，天知道！

我经常对一线老师说，把难题当课题就是最好的教育科研。或者再通俗点说，遇到什么难题就研究什么问题，这就是最真实也最有效的教育科研。而难题只能出自你的工作之中——班级里、课堂上，还有你和学生打交道的过程中，而不是"工作之余"，所以我说，真正的教育科研与教师日常工作是融为一体的，是自然而然的。

所谓"自然而然"，就是不被其他因素牵制，根据自己每天的实践，随心所欲地对感兴趣的问题或困扰自己的问题进行研究。实践、思考、阅读、写作，就是这种研究的特点——在实践中发现问题，研究问题，并解决实践中的问题；同时不停地琢磨、比较、判断、提炼……在这过程中，带着思考去有目的地查阅各种书籍资料，然后将一个一个的案例写下来。这就是我几十年的教育科研。

比如，我大学毕业带第一个班时，感到班级生活应该有更多的快乐，教育不但应该有意义，还要有意思；于是，我对我们班进行了一番设计，并按这个设计去建设，于是，我的"未来班实验"便诞生了。后来我也写成了一篇虽然毫无"学术规范"却有血有肉的报告，发表在《班主任》杂志。

比如，在作文教学中，我越来越感到批改作文太花精力，对学生的提高却并不大，而我的写作经验告诉我，好文章总是自己改出来的，并非别人帮着改出来的。于是，我尝试教学生修改作文。几年下来，根据有效的实践，我概括出"序列训练，全程作文，师生评改，分项积分"的作文教学做法。虽然我并没有单独写成相关文章发表，但这种做法既减轻了我的批改负担，又提高了学生的作文能力，这就是最好的"科研成果"。

比如，进入青春期，学生们的困惑越来越多。他们在作文中，在周记中，在给我的书信中，向我诉说他们的"心病"。而传统的"思想教育"根本解决不了这些问题，"心病"必须靠"心药"，这逼着我钻研有关心理学的著作，进行了大量的阅读和思考，然后通过一对一的书信，和面向全班的青春期系列讲座，对孩子们进行引导、开导和疏导。效果非常好。几年后，我将这些书信和讲座整理出版，成为我的第一本教育专著《青春期悄悄话》。

比如，接手一个新班，第一天面临安排座次的困难：谁坐前面，谁坐后面，谁挨着谁坐，还有个子高矮、视力好坏等因素，加上来自家长要求的各种"照顾"，真还是一件麻烦事。怎么办？研究呗！于是，我开始琢磨这个问题，还在我主持的"教育在线"论坛上抛出这个问题，让更多的人一起来讨论。最后，我还真找出了一个相对合理的安排座次的方法。虽然没有任何"论文发表"，但这难道不就是"教育科研"吗？

1997 年 8 月，我从一所中学调到另一所中学。那时我从教已经 15 年，搬家过程中，一本本尘封的教育日记，一张张泛黄的老照片，勾起了我甜蜜的回忆，读着那些单纯的文字，看着照片上那些孩子，我决定把这些故事写下来。于是，我在电脑前用还不熟练的手法一个字一个字地敲。没有写作提纲，没有宏大框架，没有理论依据，就是一个个的故事从心里喷涌而出，在键盘上一泻千里地流淌。两个月后我敲出了四十多万字，出版社将其"切割"成两本书出版，即《爱心与教育》《走进心灵》。再后来，《爱心与教育》获得中宣部"五个一工程奖"、冰心图书奖和中国教育学会教育科研成果一等奖，《走进心灵》获得中国图书大奖。这成了我最著名的教育科研成果。

我举这些例子就想说明，如果说教育科研机构的专家们所进行的是学术规范的课题研究的话，那么，一线老师结合每一天的工作所进行的"非课题研究"也应该是教育科研的正当途径。这种研究对教师的专业水平的提升依然很重要，且有效。我的成长经历便是证明。

雪云老师，听了我说的这些，你还会为"哪有时间搞教育科研"而苦恼吗？

你的朋友　李镇西
2021 年 7 月 6 日

10. 素质教育与应试教育是对立的吗?

红筠老师:

你来信认为,素质教育与应试教育并非对立,而是"你中有我,我中有你",关键是"将二者有机结合,把握好平衡点,不要走极端"。但你又拿不准这个认识对不对,于是"请教"我。

我的回答是,素质教育与应试教育当然是对立的!

我承认,早就有学者指出:"素质教育和应试教育是不那么科学准确的概念。"的确,从学理上说,这一对概念当然还有讨论的空间。但这么多年来,大家都这样说,其特定内涵也约定俗成。从党和政府的教育文件到一线教师的日常总结,我们都已经习惯了用"素质教育"和"应试教育"来表述两种不同的教育思想和教育模式,那么今天,我就用最通俗简洁的语言说说二者的本质区别。

其实我说的不过是常识——

素质教育包含了应试,且追求应试成绩。因为既然是教育,就必然有考试;既然有考试,当然就得应对考试,简称"应试";既然有"应试",自然就得追求尽可能高的考试成绩,包括考上清华北大的成绩。在这一点上,素质教育和应试教育是完全一致的。

但素质教育又不仅仅是考试和应试成绩,还有应试和成绩以外更丰富的素养,比如情感、态度、价值观,等等。这些虽然都是现行考试制度无法测量的,但非常重要,否则培养的学生就不是完整的人。

你可能会问:"既然素质教育也有考试,那和应试教育有什么区别呢?"

好,我再来说应试教育。应试教育的错误不在应试——我上面说了,应试有什么错呢？只要是教育，就应该理直气壮追求应试。

但我们之所以用"应试教育"这个概念，是因为这种教育只追求应试：考什么教什么；不考就不教。这样的教育就是畸形的教育。

有这样的学校吗？当然有。一些学校的课程直接对着中考、高考科目，与中考、高考科目无关的，一律不开设，或者仅仅存在于教室墙上的课表里，以应付上级检查。这样的学校，已经没有教育了，只有"教考"；这样的校园，也没有学生了，只有"考生"。

所以我们批评应试教育，不是批评应试，而是批评只有应试。

我再打个比方，盐对人的身体非常重要，不可缺少，所以我们必须吃盐；但对我们身体很重要的不仅仅有盐，还有其他营养元素。所以我们虽然必须吃盐，但绝对不能仅仅吃盐。如果一个人只吃盐而其他什么都不吃，我们自然要提醒甚至批评他。假如他这样来反驳我们："我是人，吃盐错了吗？难道我不应该吃盐吗？不吃盐，我还叫人吗？"这是不是很荒唐？因为我们并不是批评他吃盐，而是批评他只吃盐。同样的逻辑，我们并没有批评应试，我们批评的是"只应试"。

所以，我可以形象地说，素质教育就是什么营养都吸收的教育，而应试教育则是"只吃盐"的教育。

好，现在回到你的问题：素质教育与应试教育是对立的吗？

我经常听到一些老师和校长说："其实呀，素质教育与应试教育是不矛盾的。为什么要将二者人为地对立起来呢？好的教育，总是要让素质教育与应试教育和谐统一，在二者之间找一个平衡点。"

不对，不对。刚才我已经分析了，素质教育与应试教育有着完全不同的教育指导思想和教育目的。前者着眼于人的全面成长，而后者只着眼于人的片面而畸形的发展。一个要"全面成长"，一个要"畸形发展"；一个是为综合素质的教育，一个是只为应试成绩的教育……你说这二者如何"和谐统一"？这个"对立"不是"人为的"，而是客观存在。

我还经常听到一些校长振振有词地说："难道应试能力不是一个人应该具备的素质吗？"这话看似很雄辩，但一点经不起逻辑推敲。应试能力当然也是一种素质，但如果只培养人应试的能力，这样的"素质"再高，对于一个人来说也是畸形的。

素质教育包含了应试，但"应试"不等于"应试教育"。所谓"二者统一""不矛盾""可以到达平衡"等观点是把"应试"和"应试教育"的概念混淆了。

所以，我必须指出，"应试"不等于"应试教育"。"应试"是学校教育必不可少的一个内容和环节，而"应试教育"则是一种片面、畸形的教育思想和模式。

总有人说"应试教育看得见摸得着，而素质教育太空洞"。不对，素质教育的灵魂是"目中有人"：大到一所学校的课程开发、教材建设、评价创新、教学改革等都要有"人味儿"，小到一位老师在发试卷时不动声色地把角儿卷上再发给没考好的学生——这个细节正体现出了浓浓的却不露痕迹的人情味。这就是素质教育。

红笃老师，你还认为素质教育和应试教育"你中有我，我中有你"吗？

你的朋友　李镇西

2021 年 6 月 11 日

11. 一线老师如何操作素质教育？

明仁老师：

作为刚参加工作的新老师，你对"素质教育"感到困惑："那么多关于素质教育的解释，令我眼花缭乱。作为一线老师，我最关心的是——如何操作？"

的确，素质教育首先是一种理念：把学生当人，全面发展，注重人格、尊重个性、培养创造力……其实践操作包括了国家宏观层面和学校具体的课程开发、教材建设、评价创新、教学改革等，那么对一线老师来讲，该怎么做呢？

无论素质教育的内涵有多么丰富，我认为至少有两点是其重要内涵：学会做人，学会创新。一线老师在平常的工作中抓住这两点，就是在实践素质教育理念。

我这样说，你也许会觉得抽象了点。那我给你讲讲我的案例吧——

有一年，我带了一个初一新班。开学第一天，我点完名之后，打算把我给孩子们写的信发给他们。本来，我完全可以请几个同学上来帮我发信，但我打算亲自把信发到每一个孩子手中，因为在发信的过程中，我可以自然而然地对他们进行一些教育。果然，尽管许多孩子都有礼貌，但还是有孩子没用双手接，有的孩子没说"谢谢"。于是，我表扬有礼貌的孩子，以此去影响没有礼貌的孩子。就这么一次发信，我就"附加"了素质教育的内涵。

二十世纪九十年代初，家庭电话渐渐开始普及。我在班上对孩子们说："打电话也是一个人综合素质的体现。"我告诉他们，拿起话筒第一句话应该是热情的"你好"，而不是冷漠的"找谁"；我还告诉他们，当有人拨错了电话时，你要体谅地说"没关系，没关系!"而不是不耐烦地说"打错了!"然后"啪"的一声挂掉。我说："人家知道打错了，已经很懊悔了，结果你不耐烦地挂断，给对方留下怎样的心堵啊!"一个月后，我"突然袭击"给每个学生家里打电话，拨通以后我先不发声，听孩子们接电话时的"第一声"，结果孩子们都很有礼貌。

点点滴滴，不声不响，这样的教育就是做人的教育，就是素质教育。

当然，人们常说"素质教育的主阵地在课堂"，所以每一个老师都应该也可以在自己的课堂上呈现出真正的素质教育。比如，鼓励学生独立思考。我知道，对于普通老师来说，教学自由度是很有限的——考试无权改变，教材无法选择，可这并不妨碍我们在自己的课堂教学过程中体现出"素质教育"的色彩。

有一年我教《琵琶行》，有学生引用某资料书的观点，认为"枫叶荻花秋瑟瑟"的"瑟瑟"应是"碧绿"之意，而非课本上所注释的"萧瑟"。不少学生赞同这一讲法，理由是这样理解画面更美——枫叶红，荻花白，秋水碧；还有学生引用白居易一名句"半江瑟瑟半江红"来印证。但也有学生表示反对："晚上哪看得见'秋水碧'?"我提醒学生结合全诗理解这个词。于是经过热烈讨论和争辩，深入研究，大家认识逐步统一："枫叶荻花秋瑟瑟"是渲染一种凄婉的气氛，以秋天的萧瑟来烘托诗人内心的悲凉，因此课本注释是正确的。就这么一次小小的研讨，虽然并没有推翻课本注释，但学生所获得的就不仅是某一正确答案，而且还初步学会了质疑、研讨以及不同观点的比较、分析和选择。

学完《祝福》，有位女生举手要求发言，说她不同意李老师对小说主题的理解。她指出，小说固然"深刻揭露了封建礼教对劳动妇女的摧残"，但柳妈、卫老婆子以及"咀嚼赏鉴"祥林嫂悲哀、嘲笑她"你那时怎么竟肯了"的所有鲁镇人无一不是病态者，整个小说揭示了旧中国人与人之间的冷漠，而祥林嫂正是在这冷漠中死去的。听完她的发言，我并不认为她的观点能完全驳倒我的分析，但她善于独立思考而且剖析确有独到深刻之处，丰富并深化了我们对作品的理解，在课堂上向老师"挑战"更是难能可贵。因此我肯定了她的发言，并号召同学们向她学习。

尊重学生的不同观点，鼓励学生向权威（包括老师）质疑，这不需要谁批准，不需要加入什么"素质教育课题"，也不需要什么"一流的硬件设施"，只要"目中有人"，通过这些细节我们便能践行着作为一线教师能够操作的素质教育。

　　上面我只从"学会做人""学会创新"这两个方面举了自己的两个普通例子。素质教育当然远不止这两个方面，但它的本质都是指向人的全面且主动的发展。只要"目中有人"——心中随时真正装着人的心灵、人的个性、人的尊严、人的未来……而不只是分数，那么你举手投足之间，时时刻刻都是素质教育。

　　不知我说清楚没有？

你的朋友　李镇西

2021 年 6 月 11 日

12. 我如何知道我还保持着初心？

袁媛老师：

你来信说，工作有几年了，依然热爱孩子，但好像不如工作之初那么有激情了，似乎有点倦怠了。怀疑自己是不是丢了初心。你来信问我，"我如何知道我还保持着初心？"

什么叫"初心"？我不想下定义，我想朴素地说，就是工作第一天的情感、想法、愿望、理想……或者还可以说，所谓"初心"，同时就是一颗"童心"。

还是给你说我自己的经历吧！

我退休已经四年，但至今还记得我第一天走进我工作的第一个单位——乐山一中校园的情景。

那天早晨，我很早就起来了，骑着自行车来到校园时，大多数学生和老师都还没到校呢！我一个人站在操场上有些激动，仰望天空那朵朵花儿一般的朝霞，觉得整个世界都在张灯结彩祝贺我，祝贺我这个新老师。我想，我就要在这里开始我的教育人生了，在这所学校，我也许会工作几年，也许是十几年、几十年，直至退休。当然，也许我会中途调离，但我这一辈子都会做教育，这是毫无疑问的。

学生们陆陆续续进校了，我朝教室走去。"老师好！"一个声音响起。我没有反应，继续朝前走。"老师好！"声音大了一些。我仔细一看，是迎面而来越走越近的一个男孩发出的，他分明是在叫我。啊？原来是在向我问好啊！我赶紧很认真地大声回道："你好！"

这是我听到的第一声对我说的"老师好"，那份激动我至今还清楚地记得。这声问候提醒我，我已经是老师了，以后所有学生都会对我说：

"老师好!"那一刻,我的眼前春暖花开。

多年后,我成了所谓"教育名人",我问自己:"我还保持着最初的童心吗?我现在已经是许多人眼里的所谓'专家'了,可是,我内心深处还拥有当年第一次走进校园踏上讲台的那份纯情,那份憧憬,那份真诚吗?"

然后,我又无愧地回答:"是的,我依然保持着!"我为此自豪。

那年,我请北京的著名小学语文特级教师王文丽老师来我校附属小学讲课。刚走进校园,一群孩子看见我,便飞奔着向我跑过来,一边跑一边叫:"李老师,李老师……"跑近后,也没有什么事,就往我怀里钻,在我身上蹭,嘻嘻哈哈,叽叽喳喳。当时王老师说:"李老师,孩子这么喜欢你啊!你看,一见了你就直往你怀里扑啊!"

孩子们喜欢我,是因为我也很喜欢孩子们。而这种"喜欢"正是我当年踏进校园最原始最朴素的原因。30多年后这份情怀依然纯净,我很自豪。

无数人问过我:"李老师,你有没有过职业倦怠的时候?"我说:"如果我说我也有过,你们可能会觉得我很'真实',会认为李老师'是人不是神',但那恰恰不真实,因为真实的情况是,我从来没有产生过职业倦怠。我知道现在也许有人也认为我的答案'很假',但我必须诚实。"

随时都和天真无邪的孩子们在一块儿,这是何等开心!从事如此开心的职业,怎么会倦怠呢?

怕就怕本来一颗纯净的心渐渐蒙上灰尘。工作第一天,面对孩子们叽叽喳喳的"老师好",你会感动,会欣喜,进而也激动地大声回应:"同学们好";但十年之后呢,同样是面对孩子们叽叽喳喳的问候,你可能已经不激动了,只是用鼻子"嗯"一声,算是回答。再过二十年,当又一批孩子同样叽叽喳喳地对你说"老师好"的时候,你甚至可能因为习以为常而不屑搭理了。如果真的那样,说明你的童心已经失落,而幸福则已经离你远去。

职业倦怠往往体现为不再激动,不再欣喜,校园的一切对你来说,都司空见惯,都麻木不仁,一切都是"就那样"。

苏联教育家阿莫纳什维利说得真好:"谁爱儿童的叽叽喳喳声,谁就愿意从事教育工作；而谁爱儿童的叽叽喳喳声已经爱得入迷，谁就能获得自己职业的幸福。"

第一天踏上讲台的时候，我们是那样的纯粹。没有功利心，没计较过收入，没想过如何算"工作量"，也没想过什么"教坛新秀""市优青""省级骨干教师"之类，想的只是怎样把眼前的这一堂课上好，怎样把眼前这群孩子带好。教育就是教育，而不是"荣誉"，不是"职称"，不是"论文"，不是"课题"……课堂上孩子们一双双亮晶晶的眼睛，下课后孩子们一声声无邪的笑声，就是我们全部的追求。

前不久，我在我的微信公众号上写了一篇文章，题目是《穿越近四十年的笑声，依然感染着我们》，写的是我工作头几年和孩子们在郊外玩儿的情景：戏水、摔跤、斗鸡、捉迷藏、放风筝……

我还配了当年的老照片，发黄的照片上，年轻的我和一群孩子玩儿疯了。

一位照片上的小姑娘看了我这篇文章，留言道："照片里有我，少年的我、我们，还有懵懂又清澈的那个少年的梦想！"

我回复这位已经五十岁的"小姑娘"："快四十年了。我陪你们长大，你们看我变老。"

可是，虽然老了，回首往事，依然有一种单纯的快乐。

或者说，因为单纯，所以快乐。

这就是初心。

你的朋友　李镇西
2021 年 8 月 12 日

13. 为什么别人的经验和技巧，我用着却不灵？

政国老师：

你说你"恶补"了很多有关班主任技巧的书，可带班依然很吃力。希望我给你一些能够"拿来就用"且"立竿见影"的方法。

我不得不诚实地对你说，很遗憾，我做不到。

我在许多青年教师心目中是所谓"名师"，于是在网上常常收到许多"求助"的留言："这次期末考试我班成绩突然滑坡，怎么办？""有一个孩子老爱迟到，怎么办？""学生不爱学习，怎么办？""一个学生和父母吵架出走了，怎么办？"……

有的问题我无法回答，因为所提的问题太具体甚至太特殊了，我实在无法用一己的教育方法将所有的教育难题一网打尽。我只能尽我所能讲理念，讲原则，也讲一些我的案例，希望我的这些理念、原则和案例，能够让这些年轻教师想到他们自己的教育情境，从而有所感悟。但我确实没办法传授"立竿见影"的技巧。

三十多年的教育实践告诉我，教育没有万能钥匙。无论多么正确的教育原则，都无法破解一个又一个具体的教育难题。而且，越是具体的教育难题，其破解方法越具有"唯一性"，因而是无法复制的。

我想起了苏霍姆林斯基在《和青年校长的谈话》中说过："某一条教育真理，用在这种情况下是正确的，而用在另一种情况下就可能不起作用，用在第三种情况下甚至会是荒谬的。"所以你照搬别人的技巧，效果当然"不灵"。

比如，该如何转化一个行为习惯差、成绩不好的孩子？这个问题看起来是一个普遍问题，因为"后进生转化"是一个永恒的教育课题，但实际上具体到某一个孩子，则无法用一个教育公式去"转化"。这个孩子的家庭环境、成长经历、性格特征、学习基础等因素，都是唯一的，对他的转化方式，也只能是"私人订制"。我们的教育思考必须"纵横交错"——从纵的方面说，要追溯这个孩子发展到今天的种种复杂的原因；从横的方面说，要理清这个孩子"当下"种种千丝万缕的联系。唯有如此，我们才能找到转化的有效途径与科学方法。而这一切，显然不是远在千里之外的我能够代劳的。

所以，每当有人向我请教类似的问题，我总是诚实地回答："我没办法。因为教育是一个动态的过程，你只给了我一个孤立的教育现象，我确实没办法。但是，如果我在你的班上，如果长期和孩子相处，我一定会有办法的。"

几乎所有老师都知道"一把钥匙开一把锁"的道理，因此教育没有万能钥匙是一个教育常识。但有人偏偏一遇到难题便想找"万能钥匙"，便想到请教"名师"。这反映了一个令人忧虑的可怕现象——教师队伍中懒于思考的人不少。教师过去被称作"人类灵魂工程师"，那么"人类灵魂工程师"本人的灵魂应该是富有生命活力的，而"活力"的重要标志之一，便是思考。虚心好学，当然是一个年轻老师的美德。但所谓"虚心好学"更多的是指勤于阅读，善于观察，勇于探索，富于思考，乐于研究。动辄"请教"则不是"虚心好学"，是自动放弃了思考与研究的权利，而放弃了思考与研究，便中断了教师专业成长至关重要的路径。

所以，学别人的经验不灵怎么办？那就研究自己的问题——把难题当课题！

还是以转化后进生为例。迄今为止，我还没有看到任何一个老师靠请教获得"灵丹妙药"因而转化后进生成功的例子。相反，几乎所有善于转化后进生的老师都是善于研究的思考者，他们因此而成长最快。因为把难题当课题是最好的教育科研，而在班主任工作中，最大的难题莫过于转化后进生了。通过对后进生的观察、研究，我们对教育的认识会更加深刻，我们的教育智慧会更加丰富。在这过程中，年轻教师想不成长都十分困难。

政国老师，可能我今天的回信会让你有点失望。但我只能实话实说。向书本学习没有错，向名师学习也应该，但只有通过研究自己的具体难题，别人的经验才能化为真正属于你的智慧，这才是真正的成长。

　　对自己教育对象的思考与研究是别人无法代替的，与其求助于人，不如求助于己。最好的"请教对象"是自己。

你的朋友　李镇西

2021 年 2 月 9 日

14. 为什么不应该拒绝专家的培训？

方铭老师：

你来信谈到参加培训时，对教育专家充满了不屑："说得好听，你来带个班试试？"恕我直言，你这种态度是不对的。

这个逻辑看上去很雄辩。是呀，无论是"纸上谈兵"的成语，还是"是骡子是马，拉出来遛遛"的俗话，都说明了真本事的重要性。我承认，确有一些"专家""学者"爱摆弄一些玄而又玄的理论，什么这个"原则"那个"性"的，还有一大堆晦涩的概念，而给一线老师的建议，完全不切实际。对这样的"专家"，我也是很反感的。

但我们不能因此而否定所有专家，这更不能成为我们拒绝学习理论的理由。

不同意专家的某一个观点，可以有针对性地直接反驳。尽管在理论素养方面，我们和专家不一定对等，可我们有着丰富的一线实践经验和感悟，完全可以和专家平等地争鸣。但你不能用一句"你来带个班试试"一怼了之。这不是讲道理，而是发泄情绪。

理论和实践是密不可分的。实践源于理论，理论指导实践，都十分重要。我们希望所有理论的提出者都有亲自实践的经验，否则就怀疑对方的理论站不住脚。但我们忘记了，理论也可以来自对别人实践的总结提炼，还可以来自众所周知的常识。比如，最常见的"因材施教"四个字，这既是古人的经验，也是公认的常识。说这话的专家就算没教过一天中小学，也不影响这句话的真理性。

我们党提拔干部，一般都要求有一线实践的经历，这是有道理的。这是从管理学的角度对行政干部的要求。而对宏观理论的决策者来说，他们则不一定非要有具体的操作经验不可，只要尊重实际情况，注重调查研究，那么他们的理论照样可以指导我们的实践。

毛泽东一生很少在前线指挥具体的战斗，但这不妨碍他统率千军万马，运筹帷幄，决胜千里，最后获得了中国革命的成功。如果有人不服："你来带个班试试！"这不是很荒唐吗？邓小平一天书都没教过，这不妨碍他提出"教育要面向现代化，面向世界，面向未来"的指导方针，开启了中国教育的现代化。如果有人不服："你来带个班试试！"这不是很滑稽吗？还有雅思贝尔斯，连教育家都不是，更别说在中小学上过课了，可这不妨碍我们一线老师一遍遍引用他的名言："教育是关于灵魂的教育，而非理性知识和认识的堆积。"甚至连并非他说的"教育是一棵树摇动另一棵树……"也强加在他头上，怎么没有人说"你来带个班试试"？

"你来带个班试试"，看似是很有力的反驳，但这实际上反映了一些老师思维的懒惰，因为他们不愿意去仔细分析研究，不愿意认真地和对方讨论，一句"你来带个班试试"就关闭了思考的大脑。这句话还反映了不少老师对理论的轻视，盲目迷信自己的所谓"经验"而裹足不前。

无论多么科学的教育理念，也无论多么先进的信息技术，最终都得靠站在课堂上的一个又一个教师变成具体的行动。因此，没有高素质的教师，就没有高品质的教育。而所谓"高素质的教师"，理论修养是标配。

很多年前，有人提出教育要追求"有技术的思想"和"有思想的技术"，真是精辟。我们反对只会"纸上谈兵"的专家，也同样反对动辄"你来带个班试试"的教师。

事实上，现在活跃在中国基础教育界的许多学院派专家，当初也是从一线基层成长起来的。比如石中英、檀传宝、刘铁芳、李政涛……这几位目前中国最有影响的中青年教育专家，都是高校的著名教授，但他们都曾当过一线教师，有的还曾在农村学校待过。还有著名教育家、中国教育学会荣誉会长顾明远先生，也曾经是中学教师。所以他们的思考与研究，是有丰富的实践基础的，并非闭门造车。我举这些例子，就是想说明，并非所有的专家都是纸上谈兵。

那些脱离实际而只热衷于这个"概念"那个"原则"的伪专家，被老师们看不起是应该的；但老师们因此而看不起所有专家，一听说要接受"专家培训"就很逆反地排斥，显然不是科学的态度。重视带班是对的，但因此而鄙薄理论就错了，这会妨碍自己的专业成长。有的老师连带了几届毕业班，就觉得自己把教育玩得玲珑剔透了，以为自己可以蔑视一切没带过毕业班的专家。

这些教师的可笑之处在于，他们一点都不觉得自己可笑。

方铭老师，我希望你自觉地把自己与这样的老师区别开来。

你的朋友　李镇西

2021 年 3 月 23 日

15. 为什么一线老师要有点"哲学素养"?

毅然老师:

在许多老师不重视理论学习的今天,你能够给我提出这个关于哲学素养的问题,我非常高兴。

的确,在现实中,相当一部分一线教师认为,所谓"理论"意味着"高高在上""空洞玄虚""不接地气";如果再说到哲学,很多老师更会本能地敬而远之,也一拒了之,而且还会理直气壮地说:"别玩儿虚的,直接说操作吧,我们一线老师就喜欢务实!"

其实,作为一个教师,哪怕你仅仅满足于领工资——我多次说过,为谋生而工作绝不可耻——没有一点哲学思考,最终你的工作也做不好,所以工资也未必那么稳当。何况,对于许多愿意在教育实践的同时还做点研究的老师来说,有一些哲学思考的自觉,会使自己从教育中获得更多的成就感和幸福感。

柏拉图说:"教育,从最高意义上讲就是哲学。"而在实际工作中,我们其实不可能离开哲学思考。比如,"实践出真知""因材施教""一把钥匙开一把锁""牵牛鼻子""失败乃成功之母""成功乃成功之母""只要功夫深,铁杵磨成针""静等花开"……这些我们经常挂在嘴边的话,都是"哲学",只是我们没有意识到而已。所以,我说要"让哲学思考成为每一位教师的自觉"。换句话说,每一位老师的教育实践或多或少都包含着哲学思想,但是否"自觉",是优秀教师和平庸教师的重要区别之一。

比如,关于处理好"主要矛盾和次要矛盾",意思是我们面对各种错综复杂的矛盾,要全力找出主要矛盾,这样一切问题便迎刃而解了。这个原理的运用其实与我们日常生活的联系是很紧密的。请看下面这个案例——

隔壁的锯木声

在一堂语文课上，师生刚刚兴趣盎然地读完一篇范文，正要准备开始写作文，突然在教室隔壁传来了刺耳的锯木声、敲击声，原来这是邻居在"大兴土木"。锯木声、敲击声看起来不可能短时间停下来，学生们个个皱起了眉头，原来的构思全被打乱，这时候环境与学习的矛盾上升为主要矛盾。

老师分析了新情况，立刻决定：今天的作文主题是《隔壁的锯木声》，请学生们打开自己的想象，隔壁的邻居是不是分了新居，还是在布置新房？是自己在打立柜，还是在做根雕？

这时候，学生们再听到锯木声、敲击声，不但不那么反感，反而仔细倾听这些声音的各种变化，揣测着隔壁主人的行为、心态。于是干扰下降为次要矛盾，而教与学又上升为主要矛盾。

这个案例说明，当主要矛盾（教与学）突然受到干扰时，次要矛盾（环境与学习）便上升为主要矛盾，但只要教师引导得法，这完全可以发生转化——干扰下降为次要矛盾，而教与学又上升为主要矛盾。

读到这里，可能有老师会情不自禁地说："呀，我有时也是这样做的。"对呀，哲学离我们就是这么近，换句话说，哲学其实蛮"接地气"的！

我曾谈到教师成长的四条途径：不停地实践，不停地思考，不停地阅读，不停地写作。我以前认为，这四点中，前三点是比较容易做到的，难的是最后一点——写作。后来我发现，最难的，还是思考，因为阅读和写作都需要思考。有的老师教了一辈子书，兢兢业业，勤勤恳恳，却永远停留在"手头上的活儿"，满足于"熟能生巧"，缺乏思考。因此，其教育境界很难得到提升。而每天都带着一颗思考的大脑对待每一堂课、每一个孩子、每一道难题，就是最好的教育。

注意，我说的是"思考"，而不是"想"。任何教师工作中不可能不想问题，但和一般的"遇到困难动脑筋"的"想"不同的是，"思考"更多的是通过琐碎寻常的教育现象对教育进行追问：是什么？为什么？怎么产生的？会怎样发展？内因和外因？偶然或必然？特殊还是普遍？……从具体现象出发，又超越具体现象而做"形而上"的思考，就是哲学素养的体现。所以，简单点说，所谓"哲学思考"就是"追问"；再通俗点说，就是多问几个"为什么"。而爱追问"为什么"的老师，其哲学素养就要高得多。

　　当然，在思考的同时，还要有意识地读一些哲学著作。这方面的书是很多的，但今天我就给你推荐两本比较通俗的著作：《苏菲的世界》和《中小学教师如何用哲学》。前者是挪威作家乔斯坦·贾德创作的一本关于西方哲学史的长篇小说，它以小说的形式，通过一名哲学导师向一个叫苏菲的女孩传授哲学知识，揭示了西方哲学史发展的历程。后者是中国学者冉乃彦专门为我国中小学一线老师写的，深入浅出，夹叙夹议，作者通过一个又一个源于校园、来自课堂的小案例和小故事，将一个个抽象的哲学观点融入生动活泼的日常教育生活之中，读来不但一点不枯燥，反而觉得很亲切。

　　毅然老师，读点哲学，学会哲学思考，你会更加富有智慧，且更容易获得职业的成功与幸福。

你的朋友　李镇西

2021 年 7 月 8 日

16. 如何让校长理解并支持自己?

梦飞老师:

你的苦恼是自己一腔热情,很想在班主任工作和教学方面做一些改革,却得不到校长的理解,"他只看分数。"你说。

的确,一个年轻人想要做一番事业,在起步阶段没有领导(不只是校长,还包括学校的所有管理干部)的支持,显然是不太可能的。如何让校长理解并支持自己,我有一些"过来人"的体会可以告诉你,或许对你有些帮助。

首先,不要把校长视为对立面,而应该尽可能理解校长。

千万不要主观认定校长就一定是"保守"的,甚至是"嫉贤妒能"的。很遗憾,现在网上有许多人正是这样看校长的,他们总认为校长都是些不学无术、喜欢讨好上级、钻营投机、以权谋私的人。有没有这样的校长?肯定有,但绝对不是大多数。从总体上说,校长群体的综合素质的平均值要高于普通教师。我还可以说,没有哪个正常的校长,不想把学校搞好!想通了这一点,你就不会与校长有对立感了。

想要校长理解自己,你是不是也应该理解校长?可我工作之初却并不是这样,我那时大搞"改革",比如,把语文课搬到油菜花地里上,经常带学生去野外活动……这些都曾被批评,还挨过处分。我当然也找过校长,甚至和他吵。后来校长和我多次沟通,我渐渐理解他了,我考虑的只是一个班,而他要考虑整个学校。比如,我的作文教学改革,是教学生改作文,最后我不再改作文。这个做法当然是很好的,但校长说:"我不可能公开支持,因为并不是所有老师和你一样真心搞科研,如果我公开支持你,完全有可能让不负责的老师钻空子,最后害了学生。"后来,我越来越理解校长，校长也越来越认同我，并支持我。

第二，在保持个性的同时服从大局，在勇于创新的同时增进理解。

1985年10月底，针对愈演愈烈的作弊风，学校决定在期中考试时采用"混班交叉"的考试方式，即同一个考室里交叉混合坐着两个不同年级的学生。我找到校长表明我的观点："这是对学生的不信任！"校长开始是循循善诱乃至苦口婆心地对我解释端正考风严肃考纪的重要性和紧迫性，但我偏偏想据理力争："不能因为极少数学生的作弊行为，而失去对绝大多数学生的信任。而师生之间的信任，是最可宝贵的教育前提！"当时我考虑的就是对学生的信任，因为我班早就在平时单元考试时实行无监督考试了！在我的固执坚持下，那次期中考试我班学生硬是没有分出去一个，而是都整整齐齐坐在自己的教室里完成考试！

这事如果放到现在我也不会那么固执。不是说我现在变得圆滑了，而是我现在更能从校长的角度思考问题。站在校长的角度看，当时的主要问题是遏制比较严重的作弊风，因此他必须"重拳出击"。我班虽然考风很好，但不能因此作为例外而不服从学校统一的考试管理。我应该服从学校，同时坦然地向学生说明学校这样做的原因，我会特别强调学校这样做并不是对我们班的同学不信任，然后统一按学校的方式考试。

凡事换位思考，也就是多站在校长的角度想想，我就减少了许多冲动，也避免了许多莽撞。

第三，要拿出成绩证明自己，让校长发自内心地欣赏你。

要想赢得校长的支持，关键是你要拿出成绩来。改革就意味着突破常规，所以一开始你就要校长明确支持你，恐怕比较难。但是，如果你能够用良好的班风和突出的成绩证明你的改革是正确的，校长不但会支持你，而且对你以后的改革会有更多的宽容。

我的班上曾有个学生成绩相当差，上课根本听不懂，还不安分，说话唱歌影响同学们上课，我便让他每堂课都抄精彩小说，于是，他上课安静了。然而，这样一来，科任老师们不答应了，说上课不听课居然抄小说，这算怎么回事儿？事情反映到校长那里，校长笑了笑，说："人家李镇西嘛，在搞教育科研！"为什么校长对我这么宽容？那是因为我刚刚带完一届高三，无论班级管理还是高考成绩都十分突出，校长自然会对我无限信任。所以现在我经常对一些年轻班主任说："质量才是硬道理！拿出质量比什么都有说服力。如果你的班级总是一塌糊涂，你的成绩总是惨不忍睹，你却说你在搞素质教育，谁信?"

多站在校长角度想问题，在保持个性的同时服从大局，在勇于创新的同时增进理解，尽量用出色的工作成绩说服校长并赢得校长最大程度的支持……这就是我对你的建议。

祝你尽早赢得校长的信任与支持！

远方的朋友　李镇西
2021 年 6 月 16 日

17. 如何与同事和谐相处？

琬云老师：

你来信的苦恼是关于人际关系方面的。你说："我说话直爽，常常得罪了同事自己还不知道。"你希望改变自己的性格，和同事搞好关系。

没有人的性格是完美的。虽不能说性格就绝对不能改变（或改善），但空间很小，不然怎么有"江山易改本性难移"一说呢？说话直爽有时的确会让听者不悦，但更多的人会感觉到你的率真，没有城府。我的意思是，不用太为自己"说话直爽"而烦恼，只要注意尊重同事，不伤害对方的尊严，就没问题。

至于如何和同事搞好关系，这是一个很大的话题。我只能着重说一点，就是要有一种胸襟，尽可能地欣赏别人。

当然，欣赏远方的人容易，欣赏和自己没有"利害冲突"的人不难，欣赏自己身边的人却不容易。我们可以欣赏其他行业的成功者，比如欣赏李娜，欣赏姚明，欣赏陈佩斯；我们也可以欣赏远方的同行，比如欣赏朱永新，欣赏魏书生，欣赏程红兵；但我们能够欣赏自己办公室的某个同事吗？能够欣赏和自己一个年级的同学科教师吗？实话实说，不容易。因为我们彼此之间可能有利益冲突，比如选先进、评职称，不是你上，就是我上。所以难有纯粹的欣赏。

不容易不等于做不到。欣赏别人，能够不断完善自己并提升自己，"以人为镜，可以知得失。"通过别人的长处，看到自己的不足，这不就提升了自己吗？同时，你欣赏别人，被欣赏的人感到了自信，心中充满阳光，对你自然特别感激，你给对方带去真诚的鼓励，还搞好了人际关系，多好！

当然，这和我们的胸襟有关。如果斤斤计较于一些琐碎的得失，弄得和同事成了"不是你吃掉我，就是我吃掉你"的敌人，你快乐吗？你如果心中有阳光，看谁都是阳光灿烂的，看谁都很顺眼，反之，如果你心里一直有阴影，你看谁都很阴暗，看谁都不顺眼。都是同事，工作中难免会有摩擦，有争执甚至冲突，事情过了就过了，积在心里干什么呢？

有人之所以心理老不平衡，老见不惯这个见不惯那个，是因为心小了。俗话说："心眼小了，事就大了。心胸大了，事就小了。"你看学校一些老师，随时都是那么开心那么大气那么乐呵呵的，难道他们就没有遇到过不顺心的事吗？当然不是。只是他们心胸很豁达，因此人缘也挺好的。而同样在一所学校，有的老师却总纠结一些事，老想着"要讨个公道"，找这个评理，找那个"说清楚"，结果招来许多人讨厌。他就不想想，再过 10 年 20 年 50 年，现在"咽不下"的"这口气"还算事吗？尘埃落定，什么都是浮云！当然，你现在没有，我只是提醒。

我接着提醒你。以欣赏的眼光看别人，就是要多看甚至放大别人的优点，一定不要老盯着别人的不足。完人是没有的。谁都有不足，甚至缺点，但这不妨碍我们向每一个人学习。多看看别人的优点，多想想自己的不足，你会感到周围的每一个人都比自己强，都值得自己学习。当你向别人学习的时候，别人也会把你当作学习的对象。

千万不要恨别人，这是自己折磨自己。一次和任小艾老师聊天时，她说的一句话我觉得很有道理："恨一个人，就是在自己心里钉一个钉子，是自己惩罚自己，自己折磨自己。"想想也是。如果你心中装着某一个"仇人"，这个"仇人"又是你的同事，不但一想起就郁闷甚至"气不打一处来"，而且还低头不见抬头见——天天如此，真是痛苦啊！

要珍惜缘分。想想，人生就这么几十年，茫茫人海中，能够相遇相识相伴于一所小小的学校，还居然能够成为一个办公室的同事，纯属偶然。但恰恰因为偶然，便让人感到多么奇妙！现在大家相处的每一天，每一分钟，都那么普通，但若干年后大家退休了，某一天在大街上或小巷里不期而遇，一定会非常惊喜，然后站在路边滔滔不绝，也一定会说到今天的一切，该多么亲切！假如你现在对周围的人——哪怕只有一个人——充满仇恨，这为你以后的退休生活留下了不快的记忆，何苦啊！但如果你现在和每一个人都和谐相处，真诚相待，这给将来留下多少温馨的记忆啊！

当然，一起共事不可能没有矛盾，可这些矛盾都是来自工作，源于各自看法的不同，可以也应该争论甚至争吵，然而这些不应该上升到道德高度，最后互相仇视和诋毁。教研组会上不同的观点的激烈交锋，不影响下班后照样结伴去逛商店，更不影响彼此尊重，和谐相处。

所以，我还是说，要互相欣赏，要学会宽容，要珍惜彼此的缘分。没理由不珍惜。

你这样一想啊，心情就平和多了，看见同事也顺眼了，甚至你发现，他们每一个人都很可爱呢！

你的朋友　李镇西
2021 年 6 月 14 日

18. 如何做好一次精彩的演讲?

敏芳老师:

你说你最近"愁死了",你要代表学校参加一个区级的演讲比赛,主题是"做新时代的好教师"。你说为这次演讲已经做了很充分的准备:领导亲自把关,成立了一个帮你"打磨"的团队,还指定学校一位语文特级教师帮你精心修改演讲稿,学校领导还安排你在学校大会上试讲过两次,稿子你已经背得很熟了,团队甚至还帮你设计了手势……那你为什么还"愁死了"呢?你说是因为紧张,怕到时候忘词儿。于是,你要我给你点建议。

既然你这么信任我,把我当朋友和老师,那我就直率地给你说一些可能会让你感觉到"泼冷水"的话。我认为,就凭你说的那些"充分的准备",我就断言,你的演讲不可能精彩!第一,这不是你的演讲,而是你们学校强加给你的演讲,连手势都要别人设计的演讲,这还是自己的演讲吗?第二,如此"打磨",你的个性已经没有了,你自己想说的话也没有了,有的只是无比正确也无比空洞的套话和大话。第三,靠"背得很熟"的演讲稿所作的"演讲",已经失去了亲切自然,你只是一个留声机而已,即使你刻意加上"感人"的表情和"动人"的声调,也很假,不可能真正感动人。

但这不怪你,因为现在就流行这样的演讲,就像流行反复打磨过的公开课一样。演讲者的个性消失了,他呈现的全是"集体智慧的结晶",承载的是"代表学校的水平",所以,一开口就是朗诵体、抒情体、印刷体——字正腔圆、声情并茂,别说没有一个病句,就连每一个标点符号都准确无误。这样的演讲毫无鲜活的生命气息。

在这种风气下，你作为学校一名普通老师，岂能免俗？

我认为，演讲就是真话、真事、真情的朴素表达。主要体现在以下三个方面——

第一，说自然的话。我搞不懂，为什么有的老师平时说话都是好好的，可一站到演讲台上，就拿腔拿调，表情夸张，矫揉造作呢？还是因为把"演讲"看得太神圣了。其实演讲就是说话，只不过是在公共场合围绕一个主题面对一定数量的听众说话。既然是说话，那么就应该"说自然的话"。当然，演讲有特定的主题，所以写个演讲稿是可以的，但这个演讲稿只是你的提纲和内容重点，不是拿给你背诵的。有人之所以喜欢背诵稿子，是因为他担心讲漏讲错。其实，你站在台上，讲什么不讲什么，多讲一句少讲一句，听众是不知道的，他们又没拿着你的演讲稿对照着听，就算你讲掉了一句，他们怎么知道呢？你偶尔出现点口误，也很正常。你这样一想，就不那么紧张了。

第二，讲自己的事。有的演讲者在台上声嘶力竭地讲着，却并没有打动听众，因为他讲的都是别人的事，总有一个"隔"的感觉。根据自己的演讲体会，我认为，讲自己的事是最有感染力的，讲自己的事最容易讲好，因为最真实，而真实是最能打动人的。比如我讲教师专业成长，就讲自己在当班主任和教语文方面的案例，因为是自己经历的，不用编不用背，自然讲得很真切，而且很动情，听众自然会感动，而且会引起共鸣，因为他们会想到自己类似的经历和故事。另外，讲自己的事不要仅仅讲自己成功的经验，也可以讲自己失败的教训。我在讲"学生教我当老师"时，就既讲了我主动征求学生意见，听取他们批评建议的案例，也讲了我通过自己的教训，在学生的帮助下意识到自己的错误，进而越来越成熟的故事，效果非常好。所以说，"讲自己"应该是演讲成功的一个重要因素。

第三，抒自发的情。最著名的演讲之一，即所有中学生都熟悉的闻一多先生的《最后一次演讲》，这篇演说之所以感人至深，就是因为闻一多先生表达了他自己的浓烈情感。本来他是不准备演讲的，因为在悼念李公朴先生的会场上，他看到有特务捣乱，义愤填膺，不吐不快，于是走上台去直抒胸臆，火山爆发，排山倒海。虽然这次演讲是即兴的，但他心中的情感却已经积蓄很久。所有成功的演讲，抒发的一定是从自己心灵深处发出来的情感。对比一下，现在许多演讲，演讲者讲的大话套话，说的都是别人的情感，或者别人要他表达的情感，这样的演讲怎么可能感人？所以，你在准备演讲时，不妨问自己一个很简单的问题：我要说的都是我想说的吗？我所说的，我相信吗？我表达的情感，是从我内心深处流淌出来的吗？

　　说自然的话，讲自己的事，抒自发的情——这就是我对你的建议。

你的朋友　李镇西

2021 年 7 月 22 日

第 二 辑
阅 读 空 间

　　阅读是教师专业成长的重要途径之一。教师在课堂教学上征服学生的主要绝招，就是自己课外广博的阅读。

　　阅读孩子们喜欢看的书，则是保持自己儿童心态的途径之一。和孩子多一个共同爱好，就多了一条通往孩子心灵的道路。

19. 没有时间读书怎么办？

春明老师：

你说你"确实没时间读书"，我完全理解，毕竟现在许多一线老师的工作量的确很重。班级管理、教学任务、备课、批改作业、找学生谈心、处理各种突发事件，还有学校布置的一些工作……真的让老师们喘不过气来，下班回家只想躺在沙发上，实在无暇静下心来读书。

但是，教师这个职业必须不停地阅读。如果教师的大脑没有"活水"，何以胜任教书育人的使命？阅读对于教师的意义我不打算多说，我只想强调，阅读是教育职业的刚需。

我经常想，为什么有些事无论再忙，我们都有时间去做呢？那是因为这件事是发自我们内心的需求，不需要任何人或其他外在因素的强迫，我们都会心甘情愿地去做，哪怕少吃一顿饭，少睡几个小时的觉，我们都要去做。比如，对于打麻将的人来说，再忙他都能够找到打麻将的时间；对于迷恋打电子游戏的人来说，再忙都有时间打电子游戏；对于恋爱中的人来说，再忙都有时间和恋人约会……为什么？因为这是发自内心的需要。

那么，阅读也应该成为教师的内在需求。都说教师的业务技能具有不可替代的专业性，但随着时代日新月异的发展，每一天都有新的知识或理论诞生，你不及时更新自己的知识储备，不随时提升自己的教学技能，随时都可能被"替换"。很多年前，我做过一个手术，直到手术的前一天晚上，我的主刀医生还给我打电话，说他刚刚读到最新医学杂志上对我这种手术的最新研究进展。我听了大吃一惊，当时想，有多少老师在第二天要上课时，头天晚上还在阅读相关教学内容的"最新研究成果"？这种职业知识与技术日新月异所带给我们的紧迫感，应该转化为我们阅读的内在需求。

除了内在的需求能够让我们主动阅读，养成习惯也是持续阅读的重要原因。所谓"习惯"，就是情不自禁地做某件事。比如无论多忙，我们都不会忘记每天早晨起来洗脸刷牙，一起床我们就会不由自主到盥洗间抓毛巾拿牙刷，这完全是因不由自主的习惯而"自动运行"，无须规划，也不用提醒。同样的道理，对于吸烟的人来说，无论多忙，他总能找到吸烟的时间，其实也不用"找时间"，他就那么不知不觉地做了。读书也一样，如果我们真正养成了习惯，你也会手不释卷的。

而一旦读书成了你内在的需要，且已经养成习惯，你想不读书都不太可能。不需要"毅力"，不需要"坚持"，不需要"坚韧不拔"，不需要"战胜自己"……一切顺着惯性走就是了。按说，我也很忙，要找不读书的"理由"也容易。我在当校长期间，曾经兼任班主任，还经常应邀到全校各个班去上课，还有许多社会活动……我不敢说我比其他人更忙，但我可以自由支配的时间至少不比任何人多。但因为习惯了，我在候机（车）室看书，在飞机上看书，在高铁上看书，在排队时看书，在局长办公室外等候见领导时看书……总之，看书的时间"无孔不入"。

有一年国庆假期间，我和学校几位老师结伴自驾游川西高原，结果堵车堵得厉害，走走停停，开不了多远就得停下来，一停可能就是一个小时乃至几个小时。当时大家不停抱怨，心急火燎，我则默不作声，拿出早已准备好的《倒转红轮》读了起来。结果，就是利用堵车的时间，我读完了几十万字的《倒转红轮》。当我得意地向同事们炫耀时，他们说："李校长的勤奋，我们是无法比的。"

我说："不需要勤奋，习惯而已。一个人只要对什么有了兴趣，并养成了习惯，那和勤奋是没关系的。"的确，兴趣而已，习惯而已，关"勤奋"什么事呢？

我想起一次在飞机上，邻座的男子见我读书，也是夸我"勤奋"，还说"从没见过这么勤奋的人"。我当时就笑了："什么勤奋啊！习惯罢了！你看我们成都人喜欢打麻将，有人通宵打麻将，如果你赞美他勤奋，那不是很滑稽吗？人家兴趣在那里，熬通宵哪是什么'勤奋'呢？人家快乐着呢!"

    当然,习惯没有养成之前,通过毅力强迫自己每天读书,也是有必要的。比如,你可以给自己规定:每天必须至少读半个小时的书。这半个小时哪里来呢?我建议你每天提前半个小时起床,读半个小时的书再去洗漱。如果万一有什么特殊情况早晨没能读书,睡前一定要补上。坚持一段时间,当你哪天没读书就总觉得哪里不对劲,甚至有些内疚时,那就说明你已经开始养成读书的习惯了。

    春明老师,如果你觉得我这个建议不错,那就从明天早晨开始吧!

你的朋友　李镇西

2021 年 4 月 22 日

20. 青年教师阅读什么比较好?

明磊老师:

你要我给你开一个"必读书目",这让我有些为难。

阅读是一件很个性化的事,很难有统一的标准,所以我一直反对"必读书目"的说法。何况,"必读"的说法带有强迫的味道,谁有权力强迫谁"必读"呢?

不过,说实话,现在并不是所有教师都热爱阅读的,这令人担忧。我曾经说过:"中国教育最大的问题之一是,教人读书的自己却不读书!"胸无点墨的老师,除了课本、教参和一些辅导资料,其他什么都不读,怎么可能是合格的教育者?所以,你作为刚参加教育工作的年轻人,愿意把业余时间花在读书上,值得赞赏,应该得到鼓励。

毕竟阅读是教师专业成长的重要途径之一。教师在课堂教学上征服学生的主要绝招,就是自己课外广博的阅读。

因此,虽然我无法给你开"必读书目",但作为一名老教师,就教师的专业阅读给你提点建议是可以的。今天,我简单谈谈青年教师值得阅读的四类书吧!

第一,教育类。我这个推荐似乎多此一举,因为教师读教育类的书理所当然。但有一些老师往往只读有"直接指导意义"的教育教学书,比如《班级管理50招》《语文课堂设计艺术》等。当然,作为刚入门的青年教师读一些这类可以"拿来就用"的技术操作类书籍,是有必要的。但是我对你强调的是,除了读这些书之外,还应该多读读教育经典:孔子、卢梭、陶行知、苏霍姆林斯基……古今中外的教育大师们的作品,都应该进入你的阅读视野。不要以为他们都已经"过时",不,经典之所以是经典,就在于其穿越时空的魅力。无论是孔子的"因材施教"，还是苏霍姆林斯基的"人是最高价值"，对今天的中国教育，不是依然闪耀着真理的光芒吗？

第二，人文类。教师，作为人类精神文明的传承者，除了认真阅读教育教学专业书，还应该读一些与教育教学"无关"的书，即读一些教育以外的书，尤其是人文著作——政治的、哲学的、经济的、历史的、文学的……包括山水游记、人物传记等。注意，读人文类的书没有学科界限，不只是所谓"文科教师"的事。因为每一个教师都承担着引领学生精神成长的使命，那么自己的灵魂是否饱满充盈呢？而教师一颗沉甸甸的大脑，更多地取决于我们是否有上面所说的与教育"无关"的阅读。其实，与教育有关还是无关也是相对的，教育本身就和时代风云、社会发展息息相通，所谓"教育以外的书"，实际上直接或间接和教育都有着千丝万缕的联系。因此从广义上说，所有书籍都与教育有关。

第三，科技类。和提倡人文类著作的阅读一样，科技类著作的阅读同样与教师所教的学科无关，而是所有教师的通识提升。这是一个科技飞速发展的时代，一台笔记本电脑最多用三年，性能更优功能更强的产品便出来了，手机更是如此。那么作为人类文明成果传承者的教师当然应该与时代的发展息息相通。否则，一个"科盲"是无法胜任教育育人的神圣使命的，哪怕他的学科专业并非数理化。即使是语文老师，也会在许多课文中遇到最新科技的一些内容，如果没有一定的科技阅读，课堂上必然捉襟见肘，甚至胡说一通。教师的科技类阅读，其实并非仅仅关于"科技"的阅读，而是包括科学著作、科技书籍和科幻作品的阅读，还包括科学史和科学家传记的阅读。这些阅读必然有助于我们对学生进行科学精神的培养和科学品质的造就。

第四，儿童类。教师每天都和孩子打交道，理应和他们心心相印，如果暂时做不到，至少应该知道孩子们在关注什么，包括他们在课外都爱读些什么书。尽管现在是网络时代，纸质书依然是不少孩子阅读的选择。好的教育者应该具备"儿童视角"，在某种程度上把自己变成孩子，用他们的心灵感受世界，用他们的眼光打量周围。而阅读孩子们喜欢看的书，则是保持自己儿童心态的途径之一。和孩子多一个共同爱好，就多了一条通往孩子心灵的道路。有了共同的话题，师生之间的心不知不觉便贴近了，往往感觉不到所谓"代沟"的存在。当然，儿童毕竟不成熟，他们的阅读内容往往良莠不齐，教师应尽可能有充分而广泛的"儿童阅读"，才可能有效地引导孩子们健康阅读。

明磊老师，请原谅我没给你开"必读书目"，但我希望以上建议能够对你的阅读有所帮助。

你的朋友　李镇西

2020 年 12 月 20 日

21. 怎样才算是将一本书读懂了？

云箫老师：

你说你苦恼于喜欢读书却不知是否读懂："有时候拿着一本书翻来覆去地读，似懂非懂。"

这是一个很有意思的问题。书是否读懂没有一个统一的客观标准，不同的读者因为不同的人生阅历和知识背景，对"读懂"的理解也不尽相同。这里，我只能谈几点我的看法，供你参考。

第一，读到自己。即在读一本书时，读到自己曾经有过的相似的思想、情感，包括熟悉的生活、时代……比如，读《把整颗心献给孩子》时，我由苏霍姆林斯基所描述的充满诗意的教育故事，以及他所揭示的教育那纯真、纯正、纯净的人性之美，想到自己每一天平凡而同样美丽的教育实践，进而心潮起伏，难以自已。这其实是一种"共鸣"，而这种"共鸣"就是我所说的"读到自己"。没有这种和作者心灵互动的体验，很难说真正读懂了。读到自己，是欣赏，是联想，是审美。

第二，读出问题。即读出书中不明白的地方，不同意的观点，甚至可以批判的思想。对于自己专业以外根本不懂的书，我们读的时候是发现不了任何问题的，但一个问题都提不出来恰恰证明我们一窍不通，根本没读懂；而对于我们的专业书，我们读的时候却会发现很多问题，这恰恰证明我们读进去了，也就是读懂了。我正在拜读的《"教育学视界"辨析》，作者陈桂生教授对许多人们习以为常的教育"常识""公理"提出的质疑，敲打着我的心房，使我对作者的质疑以及其他一些教育"常识"也投去质疑的目光，以至放下该书后，我那被作者点燃的思想火把还在继续燃烧。读出问题，是质疑，是追问，是批判。

第三，与作者"互相照亮"。即在阅读时，如果你已经不知不觉和作者心灵契合，甚至感觉和作者在精神对话，那就说明你已经沉浸于书中，就是读懂了。我举一个具体的例子——

年轻时，我爱带着学生玩，和他们在郊外摸爬滚打。结果不但领导批评我"带着学生游山玩水忘记了自己是一个老师，对学生完全不负责任"，还听到了一些老教师的讥讽："他在显示自己爱学生啊！"

这时候，我读到了苏霍姆林斯基《帕夫雷什中学》中，作者对自己买船带着学生去探险的一段描述。他这样评论："可能有人会想，作者想借这些事例来炫耀自己特别关心孩子。不对，买船是出于我想给孩子们带来快乐，而孩子们的快乐，对于我就是最大的幸福。"

我感到我的心一下子被苏霍姆林斯基照亮了："可能有人会想，作者想借这些事例来炫耀自己特别关心孩子。不对，……孩子们的快乐，对于我就是最大的幸福。"这说的不就是我吗？我仿佛听到苏霍姆林斯基拍着我的肩膀说："小伙子，别怕，你没错，一点都没错！"同时，我感到我也把苏霍姆林斯基这段话照亮了，我以一名中国青年教师的名义，用自己的案例为苏霍姆林斯基这段话加了一条中国式的注释，增强了这段话的真理性。

这就是我所说的读者与作者的"互相照亮"。这就是"读懂"了。

第四，能够将"读"转化为"写"或"说"。即读了之后，能够把读到的东西表达出来，或写成文章，或与人口头解说。我在读书时，喜欢一边读一边勾画批注，这就是一种简单的表达，表达我对书中某些段落或某个观点的评价。能够作出这样的评价，就是初步的读懂。所以，一本书越是被批注得"体无完肤"越证明你读懂了，相反，一本书读了之后干干净净，很难说你是读懂了的。

我一直有读一本书写一篇文章的习惯，即写书评或读书笔记，尤其是国外作品。除了我多次提到的苏霍姆林斯基的著作，还有马克斯·范梅南的《教育机智——教育智慧的意蕴》、帕克·帕尔默的《教学勇气》、玛莎·努斯鲍姆所著《告别功利——人文教育忧思录》、尼尔《夏山学校》、蒙台梭利《童年的秘密》等，因为是翻译作品，读起来不是那么轻松，得一边读一边想，所以我每读一篇都要写一篇文章，概述作者的基本观点并作评价。我把这当作读懂的标准。

读一遍是第一次理解；为了写文章心里要梳理一遍，这是第二次理解；梳理之后又要写出来，这是第三次理解。到了这时，可以说基本上读懂了。前不久，我重读马克思的《1844年经济学哲学手稿》和恩格斯的《费尔巴哈·路德维希及德国古典哲学的终结》，这两本书应该说并不是特别通俗，但当我写完读书笔记后，我告诉自己："我至少基本上读懂了。"

云箫老师，你可否也试着把以上几条作为"读懂"的标准来检验一下自己的阅读呢？

你的朋友　李镇西

2021年4月22日

22. 网络阅读算是"阅读"吗?

建涛老师:

你说你不太喜欢读书,喜欢在网上浏览各种信息,但总觉得不安。你因此问我:"这算是阅读吗?"

我的回答是,这当然算是阅读,只是不能仅仅有这样的阅读。

世纪之交的 2000 年前后,互联网逐步开始普及。人们开始有了纸质报刊书籍以外的信息渠道——先是网络论坛,后来是博客(包括微博),再到现在的微信公众号,以及各种 APP……现在打开百度,便可以搜索到海量的知识和信息。一些工具辞书,基本上也可以被网络取代。至少我现在很少查《新华字典》和《现代汉语词典》了,以前这两本书都是我的案头必备,而现在我通过"百度汉语"APP,随时都可以搜到我需要查询的字词。而以手机为载体的移动互联网出现后,网络阅读更是方便极了。手机在握,天下在望。

长期以来,我们对网络阅读总是负面评价,什么"碎片化阅读"啊,什么"肤浅阅读"啊,等等。还有人总是对网络信息持不信任态度,总觉得"网上的东西都不靠谱"。在不少人眼中,只有静坐书房,沏好一杯茶,庄重地捧着一本厚厚的书,那才叫"阅读"。

这实在是一种偏见,只要是信息、知识和思想的主动吸收,都是阅读。只不过是信息、知识和思想的载体发生了变化而已。如果按照"只有阅读纸质书才是阅读"的逻辑,那么,只有阅读竹简甚至甲骨文才是阅读。正如用毛笔写字是书写,用钢笔写字也是书写一样,对着电脑或手机屏幕阅读,当然也是阅读——我且把这种基于互联网的阅读方式,称作"互联网阅读"或"新媒体阅读",或干脆简称"新阅读"。

相比传统的纸质报刊书籍的阅读，新阅读最大的优势是实现了"阅读面前，人人平等"。在过去，阅读是一件很"贵族"的事，你首先得有钱买书，才可能读书；同时，以前的阅读还是一件很"特权"的事，有的书你有钱也买不到，那是需要"级别"的。而互联网所具有的天然的平等属性，让所有信息、知识和思想都平等地呈现在人人皆有的电脑或手机屏幕上。在开放的互联网时代，信息不再被封锁，知识不再被独霸，思想不再被垄断……这样的新阅读不是人类的进步吗？

的确，新阅读很容易停留于碎片化阅读，但它同时也极大地方便了人们将碎片化的时间用于阅读。如果说过去我们只能专门安排出读书的时间才能阅读的话，现在，我们在等公交车的几分钟时间里，都可以读一篇文章，这不很好吗？再加上现在网络阅读还具有了"听书"的功能，连微信公众号上的每篇文章都可以通过人工智能转化为声音朗读，我们散步、开车甚至在做家务的时候，都可以"阅读"，这就将碎片化的时间都利用了起来，成为"读书时间"，这是传统纸质阅读很难实现的。

说到"碎片化阅读"，也不要一概否定。有的东西本身就没必要那么"深刻"地阅读，"碎片化阅读"足够了，比如到一座城市，想大概了解一下这座城市各方面的情况，打开网络搜索一下相关词条，捕捉自己亟需了解的信息，浏览浏览足够了。"碎片化"一下，有什么关系呢？

所以，我们不但不要鄙薄新阅读，反而应该积极主动地拥抱新阅读，让我们更多的边角余料的时间被新阅读填满，或者说，让我们的阅读占领更多的时空。

建涛老师，你完全不必因为"喜欢在网上浏览各种信息"而"总觉得不安"，网络阅读也是阅读。

只是——你不能仅仅有新阅读。作为一名教师，应该有着完整的阅读，即不但要有网络阅读，还应该有纸质阅读。二者不可偏废，应该互相补充。

传统的纸质阅读是不可能被新阅读所替代的。从阅读内容上看，网络阅读更多的是新闻报道，是时政评论，是杂感随笔，是生活资讯……而传统阅读则往往是学术著作，是科学理论，是相对比较完整、系统的精神产品，所谓"不朽的经典"；从阅读过程来看，网络阅读往往一目十行，一般不需要沉下心来边读边想；而传统阅读则是静静品味，细细咀嚼，伴随着联想、思考、质疑，有时候对着几页书翻来覆去反复推敲，即所谓"深度阅读"；从阅读方式来看，网络阅读只需用眼睛则可，而传统阅读不但要用眼睛，还得动笔，勾勾画画，圈圈点点，点评批注，所谓"不动笔墨不读书"。

针对人们看不起网络阅读，我说了新阅读许多好话，但这绝不意味着我主张用新阅读取代传统阅读。既紧握手机网上冲浪，又捧读经典沉醉其中——这才是完整的阅读。

你的朋友　李镇西
2021 年 4 月 21 日

23.《陶行知教育文选》的精髓是什么？

明全老师：

你说你买了一本《陶行知教育文选》，看过之后发现他的有点乱，感觉每一篇都很好，但是又不成系统。你问我，您那么推崇陶行知，那在您看来，这本书的精髓是什么？

不错，我的确非常崇敬陶行知先生。你所读的书"有点乱"，但判断一个教育家的思想价值，不在于看他有多少"逻辑严密""论证严谨"的"学术著作"，而是看他的文字中有多少真情实感和真知灼见。

以我阅读陶行知的体会，"民主""创造""生活"等词都可以说是陶行知教育思想的精髓，但先生最打动我的还是他那颗伟大的爱心："要想完成乡村教育的使命，属于什么计划方法都是次要的，那超过一切的条件是同志们肯不肯把整个的心献给乡村人民和儿童。真教育是心心相印的活动。唯独从心里发出来的，才能打到心的深处。"

我认为，"心心相印"这四个字，可以说是《陶行知教育文选》的精髓。

一、奉献之心："不要你的金，不要你的银，只要你的心"

陶行知曾大声疾呼："乡村教育之能改造，最要紧的是要问我们肯不肯把整个的心献给乡村儿童。……我今天要代表乡村继而投向全国小学教师及师范生上一个总请愿：'不要你的金，不要你的银，只要你的心。'"

先生本来已是一位留洋回来的大学教授，但为了要改造中国的教育，为了"要使全中国人民都受到教育'，他毅然脱下西装革履，穿上布衣草履，奔赴乡村，挥锄办教育。他说："只要是为老百姓造福，我们吃草也干。"这是何等崇高的人生观，又是何等彻底的奉献精神！

二、理解之心："我们要懂得儿童"

陶行知多次告诫教育者："我们必须会变小孩子，才配做小孩子的先生。"所谓"会变小孩子"，我的理解就是教师要尽量用儿童的大脑去思考，用儿童的眼光去打量，用儿童的情感去热爱，用儿童的兴趣去探寻！

对此，先生还有一段十分感人的话："您不可轻视小孩子的情感！他给您一块糖吃，是有汽车大王捐助一万元的慷慨。他做了一个纸鸢飞不上去，是有齐柏林飞船造不成功一样的踌躇。他失手打破了一个泥娃娃，是有一个寡妇死了独生子那么的悲哀。他没有打着他所讨厌的人，便好像是罗斯福讨不着机会带兵去打德国一般的怄气。他受了你盛怒之下的鞭挞，连在梦里也觉得有法国革命模样的恐怖。他写字想得双圈没得着，仿佛是候选总统落了选一样的失意。他想您抱他一忽儿而您偏去抱了别的孩子，好比是一个爱人被夺去一般的伤心。"

三、平等之心："拜小孩为老师"

从某种意义上说，陶行知的伟大正在于他对学生真诚的平易亲切。他说："我们最注重师生接近，人格要互相感化，习惯要互相锻炼。人只晓得先生感化学生锻炼学生，而不知学生彼此感化锻炼和感化锻炼先生力量之大。先生与青年相处，不知不觉的，精神要年轻几岁，这是先生受学生的感化。学生质疑问难，先生学业片刻不能懈怠，是先生受学生的锻炼。"

正是这样真诚平等的态度，不但使先生赢得了他所有学生的由衷爱戴，也不仅使他自然而然地走进了学生的心灵世界，更重要的，是使他心甘情愿拜学生为师；他也因此成为中国最伟大的教育家之一，而且也成为无数孩子及广大的平民百姓最真诚的朋友！

四、责任之心："创造出值得自己崇拜的学生"

最能体现先生人生观、价值观和责任心的，是他的一句非常朴素而又十分精辟的话："教师的成功是创造出值得自己崇拜的人。先生之最大的快乐，是创造出值得自己崇拜的学生。"那么，在先生看来，什么是"值得自己崇拜的学生"呢？

第一，要有改造中国的抱负。"我们要到民间去的学生，不要到天上去的学生。不能把坏的环境变好，好的环境变得更好，即便读百万卷书有何益处？"第二，是"人中人"而不是"人上人"。他说："做人中人的道理很多，最要紧的是要有'富贵不能淫，贫贱不能移，威武不能屈'的精神。"第三，要有科学的精神。"我们要极力锻炼学生，使他们得到观察，知疑，假设，实证，推想，会通，分析，正确，种种能力和态度，去探求真理的源泉。"第四，要有创造力。"启发解放儿童创造力以从事与创造之工作。"……

上面我简单概括了陶行知教育的要点，先生所有的教育思想和实践，都是这棵爱心大树上结出的硕果。陶行知的著作很多，《中国教育改造》、《古庙敲钟录》《斋夫自由谈》《行知书信》《行知诗歌集》……还有12卷的《陶行知全集》……

相信你会像我一样，被陶行知先生征服的。

你的朋友　李镇西

2021年8月9日

24. 为什么校长要给我推荐《致教师》?

慧萍老师:

你说新学期一开学,校长就给全校老师推荐朱永新老师的《致教师》,听说我是朱永新老师的学生,便想听听我对这本书的看法。

是的,20多年前,我是朱永新老师的博士生。所以我非常愿意和你聊聊朱永新老师和他这本《致教师》。对了,有一个现象很有趣,作为民进中央副主席、全国政协副秘书长,朱永新的追随者却很少叫他的"官衔",而是不约而同地叫他"朱老师"。

这不仅仅是因为他同时担任多所大学的教授和博导,更主要的原因是他总是给周围的人以师长般的关怀和影响——不仅仅是我们这些曾师从于他的学生,还包括许多素不相识的一线教师。我曾经把他称作"中国第一教育义工",因为他几乎把他的周末和节假日都无偿(的确是"无偿")奉献给了中国的"新教育实验",引领了许多普通老师的成长。除此之外,他还利用无数个清晨或飞机上的时间,通过书信方式为许多远方的老师解惑。所以,他是千千万万追随者心目中名副其实的"朱老师"。

这本《致教师》,便是他作为"朱老师"的又一种注释。

这本书是朱老师就一线普通老师最关心最困惑的问题所作出的解答:"如何学会思考?""如何进行专业阅读?""如何应对自己不如学生的困境?""如何写论文?""如何对待问题学生?""如何让领导认可自己的探索?""如何在压力下坚守?""如何同时成为好老师和好妈妈?""如何合理安排时间?""如何交往才会受人欢迎?"……所有的问题都来自校园鲜活的气息,来自教室纷繁的生活,来自讲台流淌的瞬间,来自教师成长的心灵。

朱老师是怎么回答这些问题的呢？他没有摆出教授博导的架子，用高深莫测的理论和晦涩艰深的术语谈这个"原则"那个"性"，而是亲切平易的态度，用朴素却不乏生动形象的语言，讲述着一个个教育的真谛。朱老师特别善于讲故事，比如在讲"教师的幸福在哪里"时，朱老师讲了一个大师口中的神的故事；又比如在讲"如何保持教育热情"时，他讲了著名特级教师李吉林的故事；再比如在讲"如何寻找生命的原型"时，他讲了著名物理学家范德瓦尔斯的故事……结尾朱老师的落款总是"你的朋友朱永新"，读着读着你就不知不觉真的把朱老师当朋友了。这就叫"接地气"。

当然，毕竟朱老师本人就是一位真正的教育专家，他的文化功底和教育素养决定了他讲故事不仅仅是浅薄的"举例"，他所讲的故事都指向老师们一个个需要解决的难题。对每一个难题，朱老师都有着具体而不空洞又富有操作性的建议。比如，回答"如何做论文"时，朱老师讲了如何进行文献检索，详细介绍了传统文献的分类和文献检索的三个阶段和要注意的问题，还特别耐心地讲了如何确定教育研究的课题："对青年教师来说，最便捷最有效的途径，是从自己的教育实践中提出问题。"并谈了一线老师进行研究应该注意的几个问题。最后，朱老师说："作为一线教师，还可以从记录自己的教育生活开始，如记录自己的课堂，对课堂实录进行分析；记录学生的个案，对个案进行诊断分析和改进的探索等。研究的关键是善于积累，积累的材料多了就能够发现规律。"这么详尽而切实可行的建议，能让读者有实实在在的收获。

朱老师的语言也值得称道。他往往在娓娓道来之中显示出他思考的深度与思想的魅力，而这种"深度"与"魅力"又是通过富有哲理与诗意的语言表达出来的："真正的信仰是最为恒久炽热的希望，能在厄运中鼓舞起勇气，激荡起乐观。信仰造就的乐观，是生命中的太阳，任何境况下的人生都会因此温暖明亮，并指引着生命的明亮那方。"（《为自己赢得心灵的自由》）"一般来说，同一个职业的八小时内的生活都相差无几，八小时以外的业余生活才预言着未来。真正的人生，往往是业余时间所决定的。"（《业余预言未来》）"每个生命都是这个世界的唯一。关注每个生命，关注每个孩子，为每个生命颁奖，为每个生命喝彩，应该是我们教育的使命。"（《为每个生命颁奖》）"一位老师抓住了每一天的生活，关注了每一个教室里的每一个日子，让每一天都值得孩子记住，他就能创造教育的传奇，就能够拥有真正的幸福。所以，珍惜每一个平凡的日子，用心过好每一天，是教师幸福感形成的重要途径。"（《教室就是幸福源泉》）……这样隽永的句子在书中比比皆是。

听了我的介绍，你应该理解校长为什么要给老师们推荐这本《致教师》了吧？其实，朱永新老师还有许多书值得推荐：《新教育》《未来学校》《过一种幸福完整的教育生活》等，都非常值得读。

你的朋友　李镇西
2021 年 8 月 11 日

25.《面向个体的教育》写了什么教育理念?

晓妹老师:

你知道我和李希贵是好朋友,便请我给你推荐几本李希贵的书。的确,从《为了自由呼吸的教育》开始,李希贵的书我读了不少,值得推荐的也不少。我首先给你推荐这本《面向个体的教育》。

本书并不是谈所谓"新理念"的,虽然书中不少观点颇有新意,比如"教育学首先是关系学""校长要走在改革队伍的中间""发现和教育同样重要""帮助孩子在集体之外成长""寻找质优价廉的师德"等;但从总体上看,在根本的教育理念上,希贵所论述的不过是教育的常识,或者说,他让我们的教育眼光投回到了教育的起点,让我们思考一个朴素但又被许多教育人忘记了的问题:我们的教育究竟为了谁?

其实,我们似乎从来都没有停止过对诸如"办学目标""教育目的"之类话题的讨论,而且答案好像越来越"明确"了——"办人民满意的学校"呀,"一切为了学生"呀,等等。但我总觉得这些写在许多学校墙上的醒目标语似是而非——"人民满意"中的"人民"又是谁?大家约定俗成或者说心照不宣地认定就是家长,还有各级领导,所以"办人民满意的学校"其实是"办家长满意的学校""办局长满意的学校";"为了一切学生"好像指向很明确,但实际上也很模糊甚至空洞,因为"一切学生"在这里是一个集合概念,这个"一切"让一个又一个具体的人失落了。

而李希贵在本书中提出,我们不应该让一个个孩子消失在"人民"和"一切学生"的概念中,我们应该追求"面向个体的教育"!

这个主张好像不是李希贵的原创。我们的老祖宗不早就说过"因材施教"吗?所以他所呼吁的"面对个体的教育"似乎并不新。但是,我同意这样的观点——当一些理念渐被遗忘，复又提起的时候，它就是新的；当一些理念只被人说，被人做的时候，它就是新的；当一些理念由模糊走向清晰，由贫乏走向丰富的时候，它就是新的；当一些理念由旧时的背景运用到现在的背景去继承，去发扬，去创新的时候，它就是新的……

正是在这个意义上，针对当今中国教育无视个体的现实而提出"面向个体的教育"，便显示出了它的改革新意。李希贵不光这样说，而且这样做——书中展示了李希贵无声无息但有声有色的实践。这是该书让我震撼的真正原因。

马克思有一句名言："哲学家们用不同的方式解释世界，而问题在于改变世界。"希贵之可贵，就在于他不仅以"面向个体"来解释"世界"（教育），而且已经并将继续用实践"改变"着他的"世界"——北京十一学校。他将"面向个体"的教育观实实在在地化作了北京十一学校常态的教育生活：根据每一个孩子的特点与需求设计课程，让每一个孩子选择适合自己的课程。因此全校每一个学生都拥有一张只属于自己的课表，也就是说，在拥有 4174 名学生的北京十一学校，就有 4174 张独一无二的课程表！当然，所谓"面向个体的教育"远不只是每人一张课程表，课程表背后还有国家课程校本化、分层、分类、综合、特需的课程体系，包括专门为有特殊需求的学生"私人定制"的一对一课程……他所做的一切，都是基于常识的改革。

《面向个体的教育》一书主要是理念阐述，但这些阐述并不枯燥乏味。相反，因为作者夹叙夹议的行文风格，将其富有深度的思考与学校鲜活的案例融为一体。思考深刻而不咄咄逼人，观点新颖而不花里胡哨；于温文尔雅的行文中显示思想的力度，在落地生根的实践中展示教育的力量。读者在轻松惬意的同时，往往情不自禁浮想联翩。我自己在阅读过程中，不由自主地会将李希贵的文字与我同样喜欢的吴非的文风作比较，同时也和我的文字作比较。我感觉希贵和吴非同样富有思想，却不如吴非犀利，但文字和他一样深刻；希贵和我同样心灵赤诚，却不像我这样直抒胸臆，但字里行间同样散发着对教育的一往情深。语言内敛而有教育的亮色，行文理性而有人性温度，且不乏活泼机智，常有出其不意而又妥帖准确有时还不乏诗意的比喻，比如："在原始森林中穿行，我们很容易被大自然的造化所震撼，可是当我们走出森林，让我们描述其中每一棵树的样子时，却常常语焉不详，因为我们心不在树木，满目不过一个壮阔的林子罢了。""校园里小池塘的水温、水深与将来那个社会大海里的水温、水深越是接近，我们的孩子便越容易生存，也越可能有顺畅的人生。"这样的句子，在书中俯拾皆是。

你从这本《面向个体的教育》出发，还可以读他的其他同样精彩的著作：《为了自由呼吸的教育》《学生第二》《学生第一》《新学校十讲》《学校转型》……

你的朋友　李镇西

2021 年 8 月 11 日

26. 如何才能《不跪着教书》?

秋月老师:

你说你最近读了吴非几篇杂文,感觉非常痛快,他说出了你许多不敢说的心里话。你听说吴非有许多著作,想请我给你推荐几本。

吴非,本名王栋生,是南京师大附中语文特级教师,现已退休。他也是我国著名杂文家,吴非是他的笔名。

吴非的著作很多。他给读者的首先不是什么知识或观念,而是良知。或者说,他用文字时时提醒每一位教师,不要忘记良知。比如,我首先要给你推荐的是《不跪着教书》。

吴非文字的一针见血,掷地有声,并不是因为他有多么深刻——我不认为吴非有多么"深刻",他洞察人们浑然不觉的假象和道貌岸然的虚伪,所用的武器无非就是"常识"。我曾读到过一句话:"比知识重要的是见识,比见识重要的是胆识,比胆识更重要的是常识。"吴非的胆识就在于他敢于说出常识。他能够从许多司空见惯的"常态"中揭露出病态,他说的不过是常识,但在一个互相欺骗的社会,说出常识便是深刻,更是勇气。读他的文章,我好多时候感到惭愧,因为从中读到了我的庸俗和苟且。

吴非的文字读来沉重,但这沉重后面有着深厚的人道主义的爱。正因为这种爱,他对一切非人道的"教育"深恶痛绝。他是真正爱孩子的,我甚至从书页中感觉到了吴非那颗纯真爱心的温度,简直就是热透纸背:

> 还记得很多年前第一次默许学生课上睡觉的事。课上到一半,发现后面有位学生睡了,小声喊他他也没醒,想到他也许实在是累了,

怕他着凉，就请同桌帮他盖件衣服。学生睡了一会儿就醒了，神情内疚，我安慰说没关系，并对大家说，以后上课谁如果睡着了，就轻轻地替他盖件衣服，少听几分钟语文课不要紧，万一生了病，损失就大了。我不认为这样做有什么不对。(《小睡有何不可》)

我喜欢孩子，特别是那些刚刚会说话的小孩子。看着他们清澈的眼睛，捧着他们白白的小手，我的心灵常常会有一种震颤，我的眼眶会莫名其妙地湿润。我畏惧，我担心。我们能把这个孩子教育成一个人吗？这个孩子纯洁的心灵究竟会在什么时候、在什么地方，会被什么样的人、用一种什么样的方式，洒上第一滴难以抹去的污垢？(《第一滴污垢》)

……

吴非在《不跪着教书》的自序中这样写道——

年轻时以为教育就是诗，教师的一生也在为教育写诗，没想到后来总是要为教育写申告状，为学校的堕落而愤怒，为教师的尊严而呼喊。作为教师，我认为自己应当是理想主义者，而现实却总在种植悲观；我以为自己的工作对青年成长能有意义，没想到青年常常会对一个教师的理想投来同情的目光……我就这样在困惑和矛盾中走向耳顺之年。然而，和很多同行一样，我心中的信念不会消逝。

想要学生成为站直了的人，教师就不能跪着教书。如果教师没有独立思考的精神，他的学生会是什么样的人？在巨大的麻木和冷漠面前，我的确有过放弃的念头，然而一想到中国人有千百年下跪的历史，想到"文革"给中国人带来的耻辱，想到下一代人还可能以各种各样的形式下跪，就觉得我们中国首先得有铁骨教师，教育的辞典中才能有"铸造"这样的词条。

我从吴非全部的文章和著作中，包括他的《前方是什么》《致青年教师》等等，就读出了两个字——良知。

每一个教育者都有过热血沸腾的时候，都有过透明的童心，只是随着时间的推移和年龄的增长，我们的热血慢慢冷却，我们的童心渐渐锈蚀。最可怕的还不是热血冷却和童心锈蚀，而是我们居然还振振有词地为这"冷却"和"锈蚀"找出许多自我安慰的"理由"："社会是这样的，我有什么办法?""教育体制是这样的，我有什么办法?""教师也是人呀!""我要生存呀!"……于是，理想心安理得地缴械，良知毫无愧色地堕落。"因而在我们中国，茶馆里依旧热闹非凡，精神牢狱里的寂寞者依旧寂寞。"（吴非）

然而，历经沧桑的吴非居然还保持着火热的激情，赤诚的情怀，透明的童心，纯正的良知。我只能说，这是中国基础教育界的希望。我再次想到了罗曼·罗兰的话："真正的英雄主义只有一种，就是看透了这个世界，并仍然热爱它!"（大意如此，不是原话）

所以我真诚而强烈地向你，也向一切有良知的老师推荐吴非的作品。他的文章非常好读也耐读。自然流畅，毫不做作，行云流水，犀利尖锐，诙谐幽默，真的是"嬉笑怒骂皆成文章"。读来既酣畅淋漓，又是一种美的享受。

不信你试试。

你的朋友　李镇西
2021 年 8 月 11 日

27.《文字侦探》破解了什么秘密？

兰静老师：

你说你最近对汉字产生了兴趣，觉得日常生活中看似寻常的汉字却蕴含着丰厚的历史文化，尤其是象形字，每一个字都有一个充满想象的故事。你请我给你推荐一些这方面的书。

好多年前，在某大学的博士生宿舍里，三个男生准备出门，但他们想给另一个在外面的同学留个纸条，告诉他回来后到哪里去取钥匙。可是三个人想来想去，就是想不起"钥匙"二字怎么写，最后大家恍然大悟——用英文"key"来替代不就行了吗？

这个笑话让人笑不起来，因为它表明，中华文化的灿烂从汉字开始，在某些年轻人心中暗淡了。所以，你能够对汉字感兴趣，实在是令我欣慰。

关于汉字文化的书很多很多，我想给你推荐一本非常通俗而且有趣的书：《文字侦探——一百个汉字的文化谜底》。你看，书名是不是就很有趣味？作者流沙河说："解说文字好比侦探破案，进程曲曲折折，必须从典籍里翻查主证，又须从词语里找到旁证，还须从百科知识里觅得印证，更须有胆有识，推倒权威的旧说，自创切实的新解。"他把解说文字比作侦探破案，所以在这本书里，流沙河先生讲了一百个常用的汉字的写法、意思，还解出这个字的创造过程、历史演变、文化内涵，包括和这个文字有关的典故。

我有幸作为流沙河先生的忘年交，多次请他来给我的学生讲汉字。先生讲汉字，不但深入浅出，而且妙趣横生。比如，"米"字是怎样造出来的？他当时给我的学生说——

去看北方农民，把小米收了，拿回来到晒场上。拿根棍子敲，敲了，它就一颗颗地落下来了，连带着壳壳，然后放到石舂里面舂。舂了之后，要弄到筛子里面筛，一筛，小米就从筛子眼儿里面漏下去了，面上这层壳壳就倒了。米字就是这样造的。因为小米实在太小了，他就画小米怎样过那个筛子，这就是"米"字，只是那中间只有一根经线、一根纬线，有四颗小米从网眼儿里面漏下来。这个不得不佩服。我让诸位老师造，造不起，就是因为你们没有舂过小米，没有直接去筛过，所以你们想不到办法，我也想不到办法。你看古人这样造，恍然大悟，好聪明啊。就凭这个"米"字，我们应该向古人致敬，他们的这种思维方式，这种反映事物所掌握的一种办法，这就叫象形。

先生这样解说"工"字——

你看"工"字这样简单，可为什么这样造就叫"工"？最早的"工"，完全不是我们今天用的"工业"这个"工"。原始社会哪有工业？但是"工"字早就造出来了。这个字的古音读"杠"，gang。《孟子》说"十一月徒杠成"，孟子说行仁政，每一年到了阴历十一月，政府一定要负责把独木桥搭起，免得老百姓赤脚踩水，把脚冻坏。因为华北平原气温低，十一月份已经非常冷了，就一定要把独木桥搭起，独木桥就叫"杠"。《孟子》一书中叫"徒杠"，就是一根木料搭在上面。这个"工"就是杠，就是象形，一根木头搭在两岸，就这么简单，最初所谓的"工"就是这个。

大家想想，人类社会的工业建设，最早的就是搭建一座独木桥。这么简单一个汉字，还包含了这么多的古代历史，甚至连工业是怎样产生的，工程完工，都是这个"工"，最初就是个独木桥。一座独木桥还是要有"工"哦，要把树砍了，皮剥了，树圆的一边要推平，然后在河的两岸，要用石头砌，然后才搭上去。最早的工程，也不过就这样一件事情。所以这个"工"字，使我肃然起敬，它居然把我们祖先的历史包含在里面了，我们天天在使用它，工作，工业，用的都是祖先造的这个字。

流沙河先生就是这样一位"文字侦探"，他把一个个寻常汉字所埋藏的奥秘给我们一一解开。但又不是简单讲汉字故事，而是伴随着充沛的感情和隽永的思想。他说：

> 汉字是世界上最悠久而唯一还在使用的文字。
> 讲同样的意思，单位面积内，汉语最简洁，说起来最从容。
> 联合国各个国家的文件里面，中文文件最薄，因为用的是汉字。
> 林语堂发明了汉字打字机，一群新加坡的年轻华人发明了汉字的电脑输入法，这证明世界上最古老的汉字具有自我创新的能力，具有与时俱进的品格！
> 汉字对于我们中国人来说，是和阳光、水、空气同样重要的，是我们每时每刻都在使用的，这四样对于我们来说缺一不可。但凡是我们最熟悉的，我们反而不去思考它，是最陌生的。我们每个人都在使用的名字，又有几个人知道这几个字代表的意义呢？
> ……

每一个教师，无论教什么学科，只要是中国人，都应该热爱、了解和熟悉我们的汉字，并有责任把这份文化传递给我们的孩子！

这就是我给你推荐《文字侦探》的原因。

你的朋友 李镇西
2021 年 8 月 11 日

28.《给教师的一百条建议》 有哪些建议？

慧萍老师：

你说开学第一次教工大会，校长就向你们推荐苏霍姆林斯基的书《给教师的一百条建议》，特别要求年轻老师认真读。而你又特别不喜欢读教育理论书，所以请我谈谈对这本书的看法。

和你一样，我大学时也不喜欢读教育理论书，因为我最怕读到诸如"后××主义""结构效度""认知编码""心理复合体"之类深奥、晦涩的名词术语——也许这些术语本身是科学的，但无奈我一看就头疼，因而连书也索性丢在一边。而且，我敢说，这种"心灵的折磨"不只我和你才有，恐怕许多第一线的教师都有过类似的"自卑体验"。

但是，我相信你读了《给教师的一百条建议》，会感慨："哦，教育学理论居然还可以写得这样平易而富有魅力！"

也许你还不是特别了解苏霍姆林斯基这个人，我简单做个介绍。瓦·阿·苏霍姆林斯基（1918—1970）是一位来自乌克兰乡村的平民教育家。第一次走上讲台时，他年仅17岁。然而，这不妨碍他向一届又一届的学生挥洒自己赤诚的爱心。也正因为如此，从那以后直到他逝世为止的35年教育生涯里，他无论是担任小学教师、中学语文教师、教导主任，还是中学校长、区教育局局长，都一刻也没有脱离教育教学第一线，更没有停止对教育科学的思考与研究。他一生中写了四十多本书，六百多篇论文，一千多篇供儿童阅读的童话、故事和短篇小说。他的生活工作规律总是几十年如一日：每天早晨五点至八点从事写作，白天则亲自上课、听课和当班主任，晚上整理笔记，思考一天工作中遇到的问题。因此，在他的教育著作中，既有大量生动活泼的事例，又有深思熟虑的理论概括。他的书被人誉为"活的教育学""学校生活的百科全书"。《给教师的一百条建议》正是这样的一本书。

《给教师的一百条建议》显然不是那种刻意追求"理论体系"或"引起轰动"的著作，苏霍姆林斯基也不想以教育家的身份对教师们进行空洞的说教，他只是怀着真诚的情感与教育同行们谈心。《给教师的一百条建议》无疑有着丰富而深刻的理论内涵，但所有涉及教育学、心理学、教学论的重要原理，都是自然而然地融会渗透于语言生动形象的夹叙夹议之中。作者非常理解一线普通教师的工作甘苦，因而他提炼出一般教师在工作中经常容易遇到的 100 个棘手难题，有针对性地提出 100 条建议，而且每一条建议都不是抽象的教条，而是谈作者自己教育实践的体会，读来令人倍感亲切而又深受启发。

纵观全书，作者阐发了这样一些重要的教育观点：应该通过课堂教学发展学生的智力，让教学成为学生智力发展的手段；一个学校应该有丰富多彩的智力生活；应该根据学生的思维特点个别施教；应该保证基本技能、基本知识的掌握和知识的积极运用；应该在教学中激起学生高昂的情绪；应该充分发挥教师个人对学生的直接影响，"人只能由人来建树"；教师应该把学生的家庭教育纳入学校教育的体系，因为"家庭的精神文化气氛，对于儿童的发育成长具有非常重要的意义"；教师要善于运用集体这个有力的教育工具；教师应该正确引导学生的自我教育，因为"真正的教育是自我教育"；教师要善于发挥书籍的威力；教师要密切注视街头结交对学生的影响……简言之，在他的教育旗帜上，鲜明地写满了"人性""人情"和"人道"。

即使是从文学的角度看，《给教师的一百条建议》也完全可以被视为一部"教育散文"。生动的事例、深邃的思想通过朴素而优美的语言表述出来，给读者以一种文学的美感："思想应该像高大的橡树一样坚强，像出弦的箭一样有力，像烈火一样鲜明。真理的坚定性、真相的鲜明性和思想的不可动摇性，是从同一个名叫困难的源泉中涌出的泉水。""亲爱的朋友，请记住，学生的自尊心是一种非常脆弱的东西。对待它要极为小心，要小心得像对待一朵玫瑰花上颤动欲坠的露珠，因为在要摘这朵花时，不可抖掉那闪耀着小太阳的透明露珠。""能力只能由能力来培养，志向只能由志向来培养，才干也只能由才干来培养。"……

读着这样的语言，我们甚至会忘记自己是在读书，而是正徜徉在情感的无边原野，飞翔在思想的万里晴空，品味着灿烂的教育诗篇，观赏着一片片绚丽的人文风景……

我相信，你会像年轻时代的我一样，通过这本书迷上苏霍姆林斯基，进而迫不及待地去读他的其他著作。所以，这里顺便给你推荐苏霍姆林斯基另外几本书：《要相信孩子》《和青年校长的谈话》《把整颗心献给孩子》《家长教育学》《帕夫雷什中学》《公民的诞生》《给教师的建议》……

愿苏霍姆林斯基陪伴你教育生涯的每一天！

你的朋友　李镇西

2021 年 8 月 9 日

29.《学校无分数教育三部曲》
真的没有"分数"吗?

志雷老师:

你说最近校长给老师们列了一个暑期推荐书目,其中有《学校无分数教育三部曲》。你感到奇怪:学校会有"无分数教育"吗?

《学校无分数教育三部曲》的确是非常值得老师们阅读的书。本书作者为苏联教育家阿莫纳什维利,他讲述了自己在苏联小学四年制背景下于格鲁吉亚一所小学开展没有分数教学的实验过程。第一部《孩子们,你们好!》描述小学预备班的教学和教育工作,第二部《孩子们,你们生活得怎样?》描述小学一、二年级的教学教育工作,第三部《孩子们,祝你们一路平安!》描述小学毕业班的教学教育工作。通过这"三部曲",阿莫纳什维利阐述了他的教育实践和教育主张。

令你费解的是"学校无分数教育"这个说法。是的,教育有评价是天经地义的,而评价的依据是考试,考试的结果便是分数,所以没有分数还有教育吗?这可能是很多人的疑惑。但是在阿莫纳什维利看来,学校教育不可缺少的评价不一定是分数。因此,他在教育实验中大胆地取消了分数,但这不等于对学生的学习不作任何评价,而是用对学生的学习活动进行多方面的、内容丰富的评价取代用数字或其他符号表示的分数。这种评价被称作"实质性评价",又称"激励性评价""认识性评价"。它是学生的学习和认识活动的整体结构的一个组成部分,是与学生的整个学习活动并存的。

如果你想了解阿莫纳什维利如何取消了分数而实施"实质性评价",

我不多说，你还是自己去看书吧。本书非常容易读进去，因为作者采用的是叙事性表达，一个又一个的案例呈现了生动的教育场面。

下面我引述一个书中的小故事——

作者说："如果我力图显示出自己对儿童真正的爱，我就必须以最完美的形式去显示它。"我理解，这"最完美的形式"不一定是指多么激动人心的方式，更多的恰恰体现于一些似乎不经意的细节中，其中就包括新学年第一天，就能够叫出孩子的名字。

这位杰出的教育家正是这样做的。新学年快开学了，他把即将教的全部学生的人事案卷拿回家去，他想在见到孩子们之前，就尽可能了解他们的有关情况。晚上，阿莫纳什维利把孩子们的相片从案卷中取出来，一张张地排列在桌上，宛如孩子们就站在他的面前。他拿起一张张相片，看背面写的孩子的名字，同时对着照片的正面开始记每一个孩子的名字。

阿莫纳什维利这样写道：

我拿起第一张相片。"捷阿"——在相片背面写着这个向我微笑的女孩的名字。应该记住她的脸，以便明天见到她时能够认出她，叫出她的名字。

在另一张相片的背面写着——"戈恰"。他留着这样子的一头卷发！我不必要求家长给他剪发。就让他这个样子吧！戈恰在笑，我好像已经听到了他的清脆的笑声。"你等着吧，孩子，明天我就要在36个孩子中认出你！你不是一个爱跟人打架的孩子吧？你不调皮捣蛋吧？"

"尼娅"——我念着下一张照片上的名字。她微笑着，不——她咧着嘴在笑，因此，我一眼就看出，她的门牙全掉了。也许，有很多语音她将很难正确地念出来。不过，这也没有关系，我一定不允许任何一个孩子讥笑她。"尼娅，请告诉我，你不会毁谤他人吧？请记住，孩子们，在我们的班上，严禁互相毁谤！"

……

"孩子们，你们的笑容是多么可爱！请你们明天不要迟到。我对你们每一个人都很喜欢，我急切地期待着你们的到来！"我在想象中同我的学生进行的会面结束了。我把他们的相片放回到了人事案卷里。

就这样，在开学的前夜，阿莫纳什维利把全部孩子的名字都记住了！

第二天，阿莫纳什维利来到教室，那里已经站了几个早到的孩子了。

阿莫纳什维利笑眯眯地问其中一个男孩子："你叫吉哈，是吗？"

那个男孩子露出十分惊异的神色，说："是的，我叫吉哈……您怎么会知道的？"

"你好，吉哈！"阿莫纳什维利伸出手把男孩子的小手紧紧地握住。

然后，他对一个女孩子说："你叫玛里卡！"并握住了小女孩柔软娇嫩的小手。

……

准确地叫出孩子的名字，而且就像叫自己的老朋友那样亲切自然，让孩子们惊讶而温馨，这是阿莫纳什维利送给他的孩子们的第一份见面礼！

阿莫纳什维利说："谁爱儿童的叽叽喳喳声，谁就愿意从事教育工作；而谁爱儿童的叽叽喳喳声已经爱得入迷，谁就能获得自己职业的幸福。"

我多次被教育家这样深情的语言打动。而此刻的你，是不是迫不及待地想翻开《学校无分数教育三部曲》了呢？

你的朋友　李镇西

2021 年 8 月 9 日

30.《夏山学校》写了一所怎样的学校？

欣怡老师：

你说你听说过夏山学校，但详情不甚了了，想在读《夏山学校》之前，听听我对这所学校的评价。

简单地说，《夏山学校》写了一所空前自由的学校。但《夏山学校》不是作者尼尔虚构的小说，而是他亲身实践的现身说法。是的，世界上的确有一所叫"夏山"的学校——诞生于1921年，位于英国，至今依然存在。

学校没有任何强加给学生的课程，所有课程的设计都是基于学生的兴趣，甚至源于学生的某一项个人爱好；学校也有课表，但那是给老师准备的，学生是否上，或者上什么课，完全取决于学生自己；学生也没有规定必须穿统一的服装，他们可以在任何时间穿他们想穿的任何衣服；在这里，学生谈恋爱不被鼓励，但也不会受到压制；学校非常重视体育运动，但没有一个老师会催促学生："快点，快去操场！"他们尊重孩子的兴趣……这些让我们看来不可思议的自由，源于一个理念："让学校适应学生，而不是让学生适应学校。"

坦率地说，我并不能完全赞同《夏山学校》的每一个观点和做法，但是，《夏山学校》的灵魂——爱与自由，我却认为是教育永恒的真谛。

尼尔的教育之爱，是基于他对人性的尊重与信任。他坚信孩子的天性是善良的而不是邪恶的："也许夏山最大的发现就是孩子生来就是真诚的。因为我们不去影响他们，才能发现他们的真实情况，所以不干涉是我们管理孩子的唯一方式。"

尼尔所做的努力，就是让爱、尊重和信任融入教育，让教育回到其本来的面目。他认为教育的爱，应该体现为尊重孩子的天性，这种尊重同时也是一种信任。因为这种尊重与信任，夏山学校才会把一切都交给孩子。是的，是"一切"，即学校管理的方方面面。比如，对一个犯了错误的孩子如何处理，由学校大会投票判决。"孩子的正义感永远使我佩服，他们的行政能力很强，自治在教育上实在有无穷的价值。"尼尔自豪地写道。

如此自由的学生，最后离开夏山学校的时候，会是怎样的人呢？这个学校是否培养了被世俗标准定义为"成功"的学生？

让人惊奇甚至难以置信的地方就在这里。1949 年 6 月，当时的教育部在对已经创办 28 年的夏山学校进行了全面考察评估之后，写了《英国政府督学报告》。其中有这样的评价："夏山教育并不与世俗的成功背道而驰。毕业生中有英国皇家电器机械工程兵上尉、炮兵中队长、轰炸机队长、幼儿园教师、空中小姐、名乐队竖笛手、皇家学院荣誉会员、芭蕾舞明星、无线电台长、报纸专栏作家及四大公司市场调查主管。除此之外，他们曾得到下列学位：剑桥大学荣誉经济学硕士、皇家艺术学院奖学金研究生、伦敦大学物理学荣誉理学士、剑桥大学历史学荣誉文学士、曼彻斯特大学近代语言学荣誉文学士。"

如何解释这种现象？其实很简单。看似"放任"学生——"放任"到"学生可以不上课"，"放任"到即使愿意上课的学生"也只选他喜欢的学科"，甚至"放任"到"在性方面给予学生完全的自由"……其实学生自己并不"放任"自己。因为夏山学校教育的精髓，是培养出对自己对他人对社会有责任感的人——尤其是培养孩子对自己负责。而反观中国（也许还不仅仅是中国）现在的教育，我们培养的多是"为别人而存在"的人：为老师的表扬、为家长的奖励、为成年人的种种期待与愿望而"成为好人"。但夏山学校的目的，是让孩子成为自己成长的主人，是能够对自己负责的主人。所谓"对自己负责"就意味着，你犯了错误就得承担相应的责任，并付出代价；同时，你的成长过程中所要做的一切都是自己的事，比如上不上课，这与老师无关，与家长无关，与别人无关，只和你自己有关。

夏山学校的孩子无疑拥有远远超过一般传统学校的自由。然而作者写道："学校奉行的宗旨为自由，但并非无限制的自由。""自由的意义是，在不妨碍别人自由的情形下，做你自己想做的事，因此你能完全自律。""只有当孩子能完全自由地管理他们的集体生活时，才有真正的自由。"这是关键所在——自由，同时意味着自律。

无论历史背景，还是文化传统，夏山学校的做法肯定不可能也没必要在中国"推广""复制"。尼尔也不认为夏山的做法"放之四海而皆准"。他在书中说："世界各国即使采用夏山的教学方法，也不会维持很长时间，将来也许会发现更好的方法，只有夜郎自大的人才会觉得自己的方法是最好的。……夏山学校的前途也许不太重要，但夏山观念的未来，却对整个人类有重要的影响。新的一代一定要有机会在自由中长大，给他们自由就是给他们爱。唯有爱才能拯救这个世界。"

你是不是对夏山学校越来越感兴趣了？那就打开这本书吧！

你的朋友　李镇西
2016 年 3 月 4 日

31.《教学机智——教育智慧的意蕴》里面有什么智慧？

茜媛老师：

你说最近有人给你推荐《教学机智——教育智慧的意蕴》，你说首先是"机智""智慧"这样的词把你吸引了。你想先听听我的看法。

我们喜欢谈教育爱心，这当然是对的，但抽象的爱并不能解决教育问题。真正的爱理应包括教育的专业能力，这种"专业能力"，体现在具体的教育情景中，就是教育智慧。

加拿大学者马克斯·范梅南《教学机智——教育智慧的意蕴》正是这样一本给教育者提供智慧的书。在许多一线教师眼里，教育学著作——尤其是外国人写的教育学著作，往往理论深奥，语言艰涩，"不好读"。但这本《教学机智——教育智慧的意蕴》是一本"好读"的书，因为它——用目前中国比较流行的一个词来说——"接地气"。

对"教学机智"，马克斯·范梅南这样解释："我们把机智说成是瞬间知道该怎么做，一种与他人相处的临场智慧和才艺。展现机智的人似乎都具有在复杂而微妙的情景中迅速地、十分有把握地和恰当地行动的能力。"我理解，通俗地说，所谓"教学机智"就是面对突发的教育难题迅速作出正确的选择，并立即付诸行动的一种应急行为，一种灵机一动的智慧。但任何教育行为与方法的背后，都蕴含着对教育的认识——用作者的话来说，机智是一种"充满思想的行动和充满行动的思想"。因此，《教学机智——教育智慧的意蕴》绝不仅仅是谈"操作性"的书。作者用了大量的篇幅阐述自己对教育学的理解，提出了不少朴素而深刻的教育观点。

比如"教育学就是迷恋他人成长的学问。"这句话揭示了教育学的某种本质，这个本质用另一位教育家苏霍姆林斯基的话来说就是："教育，这首先是人学！"既然是"人学"，自然就有"迷恋"。似乎正是为了消除人们对教育学"客观"的迷恋，马克斯·范梅南说："教育学的研究和实践从科学意义上来说永远不可能是'客观的'。"迷恋他人成长，就是对孩子的每一天倾注情感并保持思考与研究。这就是教育学。

此外，"教学就是'即席创作'。""对孩子信任就是给孩子以力量。""简单的一个触摸比千言万语更有意义。""当嘴巴和眼睛互相矛盾时，孩子往往相信眼睛。""一个用温暖和支持的目光机智地鼓励孩子的老师必须要有对孩子温暖的感情。这个老师必须成为他或她所传递的目光本身。""教育学就存在于我们每天与孩子说话的情境中，教育学就存在于我们与孩子在一起的方式之中。"……书中这样精彩的论述比比皆是。可以毫不夸张地说，无论你打开哪一页，都可以读到这样朴素而隽永的句子，听到作者思想的涛声。

基于深刻的教育理解，作者对"教育机智"做了细致入微的条分缕析，包括机智的呈现、功能和达到的途径。教育机智是怎样表现出来的？作者认为，机智表现为克制，机智表现为对孩子的体验的理解，机智表现为尊重孩子的主体性，机智表现为"润物细无声"，机智表现为对情境的自信，机智表现为临场的天赋。

但本书并不是纯理论的教科书，相反它是一本饶有趣味的具有某种随笔风格的教育著作。在深邃思想的观照下，作者极富有现场感地描述了许多教育案例。比如——

在其他同学面前演示一个十年级的科学实验的结果时，考瑞完全失去了他的潇洒和信心。现在他感到十分尴尬，简直就希望能钻到地底下去，这样他就永远也不要见到他的同学们了。孩子们注意到了他内心的斗争，有些开始窃笑，而其他的同学则为考瑞感到尴尬，于是假装不去注意。这使得情形变得更糟。考瑞僵立在那儿，脸上抽搐着。那种安静变得让人无法忍受。就在这个时候，老师打破了这种尴尬，递给考瑞一支粉笔，并问他是否能够用两三个要点将主要的结果弄出来。考瑞这时有了一个机会转过身去，镇静一下自己，不面对其他孩子。同时，老师在班上作了一些评论，以帮助考瑞回忆和梳理结果。结果，考瑞的实验结果陈述做得还不错，老师最后说："谢谢你，考瑞。你刚才经历了一个很艰难的时刻，我们都经历过类似这样的时刻。你做得很好。"

考瑞的老师所做的是让一个可怕的、尬尴的经历变得可以承受。她通过机智的干预，使得考瑞的体验要轻松些，可以承受。虽然这是一个考瑞不会觉得自豪的尬尴时刻，但他还是可以挺过去的。老师闯进来挽救局面，而不是取消考瑞作为陈述者的地位（比如，建议他坐下来），她实际上挽救了考瑞的空间，使他能够恢复对局面的控制。在闯进情境之后，她又迅速地撤了出来，让考瑞自己去处理。

这样的描述，你会忘记是在读一本教育学专著，而情不自禁地进入场景之中，或掩卷沉思，回望自己的校园，自己的学生……

相信你从这本书里会收获更多的教育智慧！

你的朋友　李镇西
2021 年 8 月 11 日

32. 如何理解《教学勇气——漫步教师心灵》 这本书？

涵宇老师：

你说最近受同事们的影响，也想读《教学勇气——漫步教师心灵》，想听听我对这本书的看法。

这的确是一本非常棒的书。书名便揭示了作者对教学的理解：真正的教育勇气源于教师的心灵。全书除了导言，分为七章："教师的心灵：教学中的自我认同和自我完善""恐惧的文化：教育与分离的生活""潜藏的整体：教与学的悖论""求知于共同体：引人入胜的伟大事物""教学于共同体：以主体为中心的教育""学习于共同体：同事之间的切磋与琢磨""不再分离：心怀希望的教学"。

本来教学技巧和教师的职业态度都很重要，但在人们过度关注教学技术和技巧的时候，作者提醒大家，比技术和技巧更重要的是教师的精神世界和充满智慧的学习环境（学习共同体）。他认为，一切好的教学，都源自心灵："本书的所有理论都基于一个简单的逻辑前提，好的教学不能降低到技术层面，好的教学来自教师的自我认同与自我完善。"

作者认为，完美的教育取决于教师是否构成自我的内心景观："要描绘出这份内心景观的全景图，必须通过三个重要的途径——即理智的、情感的、精神的——三者不可偏废。把教学简化为纯理智的，它就充满了冷若冰霜的抽象概念；把教学简缩为纯情感的，它就弥漫着孤芳自赏的自恋气氛；把教学概括为纯精神的，它就丧失了系牢现实之舟的抛锚之地。理智、情感和精神之间相互依存，构成不分彼此的整体，三者本应相得益彰地交织于人的自我之中，结合于教学之中，因此我在本书中也努力阐明它们之间如何形成水乳交融般的相互关系。"

这就是作者所说的教师应有的心灵世界。拥有这种"内心景观全景图"的教师，就是好教师，因而才会有好的教学。

作者甚至以虔诚的信徒般的口吻说："好的教学来自好人。"

请让我直接摘录作者几段话，并做简单点评，和你分享——

"教学——如同任何真实的人类活动——无论好坏都来自内心深处。"从某种意义上说，教师即教育的全部。教师本人的人格、学识、视野、情感、智慧……无一不投射在其每一堂课、每一次谈话甚至面对学生的一笑一颦之中。

"学前班教师通常比那些有博士头衔的人更能心领神会地把握教学技巧，或许正因为'最低'年级的学生，恰如童话《皇帝的新装》中的幼童，他们不会在意你上的是哪一所大学，你的论文答辩委员会主席是何许人，更不会在乎你写出了多少部专著，却能一眼看出你是否真实，还能一口道破实情。天真无邪的幼童就能辨别真伪，这一事实更加增强了我的信念：无论在哪一个教育层次，教师的自我状态都是关键。"

这是作者在以儿童的眼光看教育。面对孩子，我们有时候更多呈现的却是成人的"荣誉""头衔""光环"，而这些往往会遮蔽我们本来有的"儿童的眼睛"，妨碍我们以纯净的教育和儿童的眼光去打量教育。当我们忘记我们的"学位""职称""著作""奖项"时，可能我们便真正接近儿童，也接近教育了。因为"鸟翼系上黄金，就再也飞不起来了"。

"差教师在教学中先就疏远了自己的执教学科，继而疏远了自己的学生，而好的教师则在教学中将自我、学科与学生融为一体。"是的，"在教学中将自我、学科与学生融为一体"的教师，是好教师。但三者融为一体的标志是什么？我认为，就是学科已经人格化为教师，而教师在教学中忘掉了自己。

"每个人必须发言，而且必须按统一口径发言，那么人人发言可谓'多此一举'，而不同意见只能'胎死腹中'，没有个人的独处，也就没有真正的学习。"应该允许课堂的"冷场"，甚至应该给点儿时间"冷场"。

作者这里说的"独处"指的是学生独自默默思考。当学生凝神思考时，属于他的学习就开始了。

......

《教学勇气——漫步教学心灵》一书中类似的金句，比比皆是，层出不穷。读着这些句子，你会情不自禁想到自己的教学，并产生马上重返课堂的"勇气"。

作者在本书的《导言》中说："如果你是从未熬过苦日子的教师，或是虽说艰苦度日却不以为意的教师，那么你不必费心来读本书。有些教师既有过'苦日子'也有过'好日子'，他们对有的日子之所以感到'苦'，恰恰与其心中之挚爱息息相关；还有一些教师决不放任自己，如铁石心肠那样冷酷无情，因为他们热爱学生，热爱学习，热爱教学，本书就是为了这些教师而写的。"

我认为，你正是这样一位"热爱学生、热爱学习、热爱教学"的老师，所以，《教学勇气——漫步教师心灵》正是为你而写。

你的朋友　李镇西

2021 年 8 月 11 日

33.《教育的目的》写了些什么？

卢玥老师：

你说你最近准备读怀特海的《教育的目的》，想请我为你"导读"一下。

这本书是一本教育演讲录，是怀特海有关教育的演讲集，较为全面地反映了他的教育主张。作者艾尔弗雷德·诺思·怀特海是英国著名数学家、哲学家和教育理论家，他在哲学、数学、逻辑学、教育学等领域著述颇丰。

第一章谈"教育的目的"，作者集中阐述了他的教育主张。他认为，学生是有血有肉的个体，教育的目的是激发和引导他们的自我发展，特别是要培养学生既有专业知识，又有文化修养。他说："一切教育的核心问题，是让知识永葆青春活力和防止知识呆滞腐化。""对教育而言，唯有一个主题——那就是丰富多彩的生活。"

第二章谈"教育的节奏"。一看到"节奏"，我就理解为音乐或诗歌中有规律的快慢、长短、强弱，以为作者也是谈教育过程均匀而有规律的"节奏"。但读了之后，才知道作者谈的是教育的原则及其应用。作者也解释道："我所谓教育的节奏，是指特定原则，其中的实际应用为每一个接受过教育的人都熟知。"他说："这个原则其实就是——在学生心智发展的适当阶段，为学生提供不同的学科和学习方式。"他特别指出了人的智力发展所表现出的阶段性和周期性循环往复的特点，而教育的原则就是要尊重并遵循这些特点。受黑格尔辩证法思想的启发，作者把人的智力发展周期划分为"浪漫""精确""综合运用"三个阶段，这三个阶段刚好对应着学生的学前及小学阶段、中学阶段和大学阶段。

第三章谈"自由和纪律的节奏"。如果我没有理解错的话，这一部分主要说的是教育中自由与纪律的关系，而这种关系是由人的大脑特点和智力发展的特点决定的。他指出："教育中自由和纪律的对立，并没有我们在对这两个词语的含义进行逻辑分析时所想象的那么尖锐。……一种理想的教育的目的应该是，纪律是自发选择时的自愿结果，自由因为纪律的保障会获得丰富的机会。"要把握好自由和纪律的平衡点，但二者并非在任何时候都绝对均衡，而是有所侧重，比如他认为，在浪漫阶段的重点就应该是自由。但最精妙的把握全在于教师："教育是一个复杂的问题，无法借助简单的公式加以解决。"

第四章谈"技术教育及其与科学和文学的关系"。说到技术，人们很容易理解为枯燥的工作，但怀特海认为，如果技术操作者本人富有创造精神和人文情怀，那么"工作就是娱乐，娱乐就是生活"——他把这视为技术教育的理想。为了达到这个理想，必须重视通识教育，即"培养热爱工作的工人、科技人员和雇主"。在这一部分，怀特海对通识教育有非常精辟的论述："通识教育在本质上是一种培养人类思维能力和审美能力的教育。"

第五章谈"古典文化在教育中的地位"。作者论述了古典文化的教育价值："几世纪以来的实践证明，以古典文学和古典哲学为主要基础的教育，使受教育者在接受人格锤炼的同时也收获了快乐。"他还指出了学习古典文化的途径、方式与目的，从语言分析出发，通过对语言的全面学习，发展学生在逻辑、哲学、历史以及文学的审美情趣等领域的心智。

第六章谈"数学课程"。作者着重指出了数学教育的价值、当时数学教育中存在的晦涩难懂之处、学科的不宜之处和如何走出数学课程深奥的误区。他认为数学是训练学生的一种哲学思维："我的观点是，教育的目的不是漫无目的地积累特定的数学原理，而是最终意识到，持续多年的学习已经说明了那些数字、数量和空间的关系，这些关系至关重要。这种训练应该作为全部哲学思想的基础。……无论如何，我们都应该避免无意义地积累细节知识。尽你所能地出些例题，让孩子们学上几学期，或几年。但这些例题应该对主要概念做出直接的说明。以此方式——也只能以这种方式，才能避免深奥性对教育造成的致命伤害。"

第七章谈"大学的功能"。大学为什么要存在？怀特海说："它把年轻人和老年人团结在一起，充满想象地思考学术问题，把知识和生活热情联系起来。大学传授知识，但它是以充满想象的方式传授知识。……大学的职责就在于，把想象力和经验完美地结合起来。……一所大学的全部意义，就在于把年轻人带入到一群极富想象力的学者的智慧影响之下。"

第八章"思维的组织"、第九章"科学概念的分析"和第十章"空间、时间和相对性"，作者主要谈的是科学研究过程中的种种关系，比如心理事实与物理事实、归纳与演绎、主体与客体、时间与空间等之间的关系，作者是在表达他的科学哲学思想。

不知我这样提纲式的介绍，是否有助于你的阅读？更多的精妙之处，你还是自己去品味吧！

你的朋友　李镇西
2021 年 6 月 12 日

34.《先生们》是一本怎样的书?

文琴老师:

你说最近和老同学聚会,大家都聊到《先生们》,你没读过这本书,想请我给你介绍一下大概内容。

好的,我就给你谈谈我读了这部书的点滴体会吧!

我认为,这是一部所有中国人都应该读的书,尤其是知识分子。该书作者李辉曾先后担任北京晚报和人民日报记者,因为工作关系,他经常采访一些文化名人,自然就和他们有了交往。比如所涉及的巴金、冰心、老舍、常书鸿、沈从文、王世襄、于光远、吴冠中、夏衍、卞之琳、黄永玉、贾植芳、黄苗子、曾卓、杜高等先生。

和以往重点写人生命运不同,该书主要写的是先生们和作者的交往。因为这些见面大多并非正式的采访,而是朋友般(忘年交)的相处,无论是作者,还是读者,从巴金们身上感到的就不仅仅是教科书上的"高尚人格""深厚学问",而是极具日常生活气息的"先生风范"。

请让我举几个书中所写的例子。

1997年,作者随一批老作家前往杭州参加一个笔会。李辉的房间与黄宗江相对。有一天早晨,早起的黄宗江说话大声了一些,而他的房门又没关,让习惯晚起的李辉"实在无法忍受"。"我跑了过去,大嗓门对他说:'你能不能声音小点儿?把门关上?'他大概没有见过我这样不懂事的后辈。阮阿姨也说他,黄宗江连说:'好的,好的。'吃饭时,我一个劲儿地道歉,他也是一笑而过。"

一个有血有肉的黄宗江跃然纸上。面对晚辈的批评与抱怨,从善如流。这样的名家,恐怕现在不多了。

让我动容的，还有先生们的爱情。在那个时代，先生们大多有过妻离子散、骨肉分离的人间悲剧经历。在无边的暗夜里，纯净而忠贞的爱情愈加珍贵，也尤为动人。当然，所谓"动人"是若干年后我这样的读者才有的感觉，而作为当事人的先生们，则觉得那是一种自然的人性。

书中写了吴冠中先生这样一件事——

90年代初，妻子突然患了脑血栓，半身不遂。可以想象，这对吴冠中是一个多么大的打击。在她住院期间，他的生活规律和创作规律都被打破，他心神不宁地惦挂着妻子，而儿女又不让年岁已高的他常去医院。一天下午，他一个人独自坐在家里，似乎什么也不愿意去想，任凭时光流逝。突然电话铃响了。过去都是妻子接，为他安排一切。他拿起电话，话筒里直呼他的名，是女人的声音，他猜想大概是哪个老同窗来问候她的病情吧，但恰恰是他的妻子！原来她也惦挂着家中的吴冠中，居然从病房被扶到电话机前同他直接通话了。中风后的她，声音已有所不同，他竟然听不出她的声音，他为妻子挣扎着来打电话而感到意外。因这突然和偶然，他哭了，哭她复活了。

这样的爱情，朴素而伟大。

周有光先生在妻子张允和去世七年后写了一篇题为《窗外的大树》的散文，那年，先生已经103岁。在这篇散文中，周有光写到曾与张允和一起悠闲地度过晚年——

两椅一几，我同老伴每天并坐，红茶咖啡，举杯齐眉，如此度过了我们的恬静晚年。小辈戏说我们是两老无猜。老伴去世后，两椅一几换成一个沙发，我每晚在沙发上屈腿过夜，不再回到卧室去。

我的眼睛久久凝视着"我每晚在沙发上屈腿过夜，不再回到卧室去"，想象着年逾百岁的先生，屈腿于沙发独守长夜思妻的情景……

那一代先生们这样的爱情已经成为古典的童话，但愿不会成为无法重现的神话。

如我前面所说，这些先生们毕竟不是平常人，他们是创造现当代中国文学艺术辉煌时代的大师——没有了他们的名字，现当代中国的文学艺术还有什么灿烂可言？他们对自己有着明确的历史责任感，如萧乾在给李辉的信中所说："人，总应有点历史感，其中包括判定自己在历史中的位置。"

李辉这样评价先生们——

> 我接触的许多先生，无论在任何环境里，哪怕身处逆境，做事一直是他们心中所系。做事，让他们内心沉稳从容。文化的一点一滴，其实就是在做每一件事情的过程中的积累、延续。正是如此，他们的生命才没有荒废，才在文化创造中安身立命。

都说他们那一代人经历了太多的战乱与动荡，可谓"岁月蹉跎"。但现在回望 20 世纪的中国，正是因为有了哪怕身处逆境也不停地做事的先生们，文学艺术的殿堂才琳琅满目，动荡了大半个世纪的中国，多少有了一些文化尊严。

我曾说过："和老一辈大师相比，我们连学者都谈不上。"

我们可能永远达不到他们的境界，但这不妨碍我们尽可能努力向他们靠近。

我们共勉！

你的朋友　李镇西

2020 年 7 月 21 日

第 三 辑
写 作 指 津

　　一线教师写文章，不是为别人，而是为自己；不是为物质，而是为精神。

　　你写的每一篇文章，哪怕一个字都没发表，也是你为自己记录的"第二生命"。

35. 一线教师为什么要写文章？

嘉瑞老师：

你来信说你知道写作对于教育来说很重要，可具体到自己，你就是不知道为什么要写，于是问我："一线老师为什么要写文章？"

你的想法应该说带有一定的普遍性。如果拿这个问题去问老师们，可能会得到这样的答案："因为评职称需要呀！""校长要我们必须写！""搞科研需要写。""年终考核可以加分。""写文章和绩效挂钩。"

可是，如果评职称不需要论文，如果校长不要求写，如果不搞科研，如果写了文章年终考核也不加分，如果论文和绩效无关……那么，一线教师还需要写文章吗？

我的回答是：当然需要。

一线教师写文章，不是为别人，而是为自己；不是为物质，而是为精神——

让自己的教育更加有滋有味，让自己的生命更加有声有色。

当然，我得特别声明，这番话是对发自内心愿意当老师并希望自己成为好老师的人说的。如果是根本就不想搞教育的老师，不必继续往下读。

但对于所有热爱而且希望能够从自己的教育中享受成功与幸福的老师，我愿意真诚地对你们说——

第一，教育写作，能够促使你更好地实践、思考与阅读。所有年轻教师的成长，无非就是"四个不停"——不停地实践，不停地思考，不停地阅读，不停地写作。写作以实践为基础，同时，写作的过程又伴随着思考，同时又与阅读紧密相连。只有做得精彩，才能写得精彩；而精彩地写，能够促使我们更好地做。思考是写作的灵魂，经常写作能够使我们思维更活跃，思考更深刻。写作需要有广博的阅读，以人类文明的精神之火照亮我们的文字。

第二，让我们更有成就感和尊严感。且不说发表文章、出版著作，能让自己感受到一种沉甸甸的成就感，也有了一种让学生崇拜、同行敬佩的尊严感；其实即使一个字都没有发表，自己的写作也是有价值的。一篇又一篇凝聚着自己心血的教育文字，让自己看到了自己教育行走的坚实脚印，自己的成长过程也清晰可见。一个是现实生活中的自己，一个是教育文字中的自己，两个"我"交相辉映，这就是一种生命的成就感，也是作为教育者的尊严感。

第三，能够传播我们的教育智慧。每个真正的教师都有着起码的责任感，无论班主任工作还是教学工作，都希望能够与人分享经验、共享智慧。若只是面对面地交流，传播的时空毕竟有限。如果自己的经验和智慧能够通过文字传播，那么在网络时代，辐射和影响的范围是无限的。

在微博、博客或微信公众号上，看到自己的文字动辄被成千上万的网友阅读，得意之情是不是油然而生？而且你的一些成功做法可能因你的文字让远方的教师和学生受益，这种成就感几乎是无与伦比的。

第四，通过写作，每一个人都可以发现一个卓越的自己。我多次去过苏霍姆林斯基当过校长的巴甫雷什中学，看到他办公室厚厚的文稿，联想到他几十本影响全球教育的著作，不禁感慨：从某种意义上说，苏霍姆林斯基是用教育写作成就了自己，塑造了自己，发现了自己！我有一位叫钟杰的朋友，曾经是四川省乐至县的乡镇中学教师，热爱教育的她，且教且写且思且读，专业素养快速提升，现在已经出版十多本著作，并获得多项国家、省、市荣誉。她说："写作改变了我的专业意识，提升了我的专业能力，还改变了我的精神长相；是基于实践的写作让我从乡镇走向深圳，不然，我估计我现在就坐在乐至县的茶馆里打麻将。"不只是一个钟杰，无数优秀教师的成长已经证明，坚持不懈的教育写作，能够使一个教师由普通走向卓越，由平淡走向幸福！

第五，为未来留一份让自己或怦然心动或热泪盈眶的温馨记忆。从某种意义上说，生命体现于记忆，一个人失去了记忆，等于精神死亡。设想

一下，忙忙碌碌几十年，却什么文字都没留下，退休后所有曾经激动人心的故事都想不起来，记忆一片空白，你凭什么说你有过有滋有味的教育生涯，有过有声有色的青春年华？所以，你写的每一篇文章，哪怕一个字都没发表，也是你为自己记录的"第二生命"。当自然生命走向夕阳，但因为有了这样依然鲜活的文字，白发苍苍的你，依然会青春永驻，不断被年轻的自己感动着。

读到这里，你是不是有些动心了呢？

你的朋友　李镇西
2020 年 5 月 16 日

36. 每一个老师都可以写出好文章吗？

杨璐老师：

你说你担心自己写不好文章，因为觉得自己没有写作天赋。问我："每一个老师都可以写出好文章吗？"

我的答案是肯定的。当然，我没有把握能让每一个老师认可我这个观点。因为我知道，有太多的老师对自己的写作缺乏自信。

关键是"好文章"之"好"的标准是什么？

如果"好"的标准是写诗歌、小说、剧本，那我估计绝大多数老师做不到，包括我。

但是，对一线老师来说，只要能够得心应手地表达出我们的教育思考和教育情感，写出我们的教育案例、教育故事，就是好文章。内容实在，感情真挚，文从字顺，思路清晰，就是我们说的"好文章"。

应该说，这个标准一般的老师都能达到。这和教师本人的专业是文是理没有关系。写好教育文章的能力，应该是每一个教师的"标配"。

陆游曾对学诗的儿子说："汝果欲学诗，功夫在诗外。"教育文章也是如此。写好文章当然需要技巧，但比技巧更重要的是技巧之外的"功夫"。

哪些"功夫"呢？根据我三十多年的教育写作体验，我认为至少有三点：敏于感受、勤于思考和急于表达。

所谓"敏于感受"，是说置身于同样的生活中，你有一颗敏锐的心，总能够比其他人更有所发现，有所感动，有所喜悦，有所忧虑……不一定"多愁"，但一定"善感"——感悟、感动、感触、感慨、感叹……

面对高考结束后考生们欢呼着撕书、撕作业本的漫天雪花，一般的老师也就笑笑而已，我却在想：在欢呼什么呢？是欢呼一段不愿再过的生活

112

终于一去不复返了。可是，退回去 12 年，他们刚读小学一年级时，是多么地憧憬上学！那时候他们能够想到，自己那么向往的生活，12 年后将成为被诅咒的岁月吗？对这些校园中常见现象的感受，是写作的第一步。

批改作业，看到一个孩子答完题后，又写了一行字："老师，最近突然降温，今天看您穿得很薄，注意多加衣服！"我想，所有老师都会因这一行文字而感到温馨，但对多数老师而言，过了就过了，可我却由这寥寥数语联想到这个孩子，想到他的调皮，想到他不太好的成绩，想到我曾对他狠狠地批评……一个细节，引发教师的心潮起伏，浮想联翩，是写作的起跑线。

所谓"勤于思考"，是说面对大家都看到了的现象，或者说面对大家都已经司空见惯因而觉得理所当然的现象，你却能透过现象想到其背后的东西——由此及彼，由表及里，由近及远，由果及因……

不仅仅停留于高考学生撕书的感慨，而是通过 12 年前后对校园态度的对比，再往深处探究：为什么会这样？难道孩子天生就憎恶学习吗？孩子们究竟是因为什么、从什么时候开始对他们曾经蹦蹦跳跳向往的学校生活产生了厌恶？不怪孩子，是畸形的教育一次次摧毁了他们的学习兴趣。如何让学习符合人性？如何让教育回到起点？这样的思考，是写作的灵魂。

不仅仅是被孩子对自己的关心感动，更有关于这个孩子情不自禁的遐想：这个孩子是个"差生"，却依然有一颗善良的心，而且他不因为经常挨老师的批评而怨恨老师，相反还记得提醒老师"多加衣服"；但如果我被校长批评了，多半会记恨校长很久。由此可见，孩子的胸襟远比教师宽阔！关于这个孩子的往事一件件涌上心头，这样的联想，是文章的血肉。

所谓"急于表达"，是说有了不由自主的感受和情不自禁的思考，我们自然而然会有一种想与人分享的欲望，总想找人诉说，不然憋在心里难受。到了这一步，一篇谈观点或讲故事的教育文章已经孕育于心，且呼之欲出了。

我的《好的教育，就是孩子高考结束后不撕书的教育》和《孩子的胸襟总是比教师宽阔》就是这样从心里流淌出来的。写作就是这样自然而然，自由自在，瓜熟蒂落，水到渠成。

关键是，你要有一颗细腻的心，要比别人更容易"怦然心动"和"若有所思"。而让你"心动"和"所思"的可能仅仅是一个普通的电话、一次有效的对话、一抹真诚的微笑、一声常见的问候……

有了这些"心动"和"所思"，你就会有写作的冲动了。

你的朋友　李镇西

2020 年 5 月 14 日

37. 教育写作有哪些形式？（上）

书亚老师：

你问我："什么是教育写作？教育写作包括哪些形式或文体？"

我把有关教育的写作，简称为"教育写作"。

对一线老师来说，教育写作有哪些形式呢？

以我个人的理解与实践，教育写作可以大致分为"教育备忘""教育杂感""教育故事""教育案例""教学实录""教育论文""教育书信""教育文学"……

一、教育备忘，就是俗称的"记流水账"

"写流水账"似乎是一个贬义的说法，因为语文老师往往给学生强调："不要写成流水账。"但对于教师而言，有时确实太忙，来不及把有价值的思考和案例写下来，但不写又觉得可惜了，于是，"流水账"便成了很好的形式。少则几个字，多则几十个字，一般不超过百字，就把"想到什么""做了什么""发生了什么"记录下来了。

我现在保留着我多年前的工作日志，都是"流水账"：

1995 年 5 月 4 日，找陈峥谈心。要点：1. 塑造高尚人格（以居里夫人为例）。2. 树立远大目标。3. 学会治学，带动学风。

1996 年 1 月 17 日，张凌转学，向我告别，不舍，流泪。

1997 年 3 月 2 日　陪宋怡然踢足球，结束后与她谈心，鼓励她自信。

　　这些文字的意义，是为周末或假日有时间写作时，留一个记忆的线索。这三言两语就是某个教育思考和故事的标记，根据这些标记，我们可以回忆起当时的情景，写下比较翔实的文章。如果没有这些流水账，某些有价值的教育经历便永远被时间淹没了。

　　二、教育杂感，就是对因某些教育现象而引发的即兴思考的有感而发

　　教育杂感是一个不太严谨或者说比较宽泛的术语，凡是教师对教育现象有感而发写成的杂文或随想录甚至小言论等等，都可以归入这一类。这是最为随意的一种写作形式。

　　因为"随意"，所以硬要列出几条写作要求，是比较困难的。我只能大体这样说，以小见大、由浅入深、夹叙夹议，都是教育杂感所需要的。教育杂感也可以写事件，但不追求故事的完整，可能只是一个引发思考的片段；但是对这片段的分析一定要有深度。

　　"杂感"之"杂"更多的是指思考对象非常宽泛，"杂感"之"感"则是思考由此及彼，由表及里，从小处着眼，往大处思考……

　　三、教育故事，在这里特指自己实践中发生的值得记录的一段有情节、有寓意的教育经历

　　写作中应注意：

　　1. 故事应该含蕴着某种意义，或是成功的经验，或是失败的教训，或其他方面的启迪，等等。

　　2. 故事应该完整。有的老师在写教育故事的时候，往往虎头蛇尾，或者结构不全。一个完整的故事，一般来说应该有开端、发展、高潮、结局这样几部分。

3. 要尽量保持故事本身的曲折性，注意叙事顺序。

4. 尽可能保持现场情景，特别是原汁原味的有价值的细节。

5. 夹叙夹议，但不要过度阐释，切不可让"理论分析"冲淡了故事；可以写出当时的心理活动，但必须是当时的真实想法，不要以写作时的认识取代当时的思想。

四、教育案例，就是对一个教育（含教学）实际过程的描述和分析

这个过程包括了具体的情景，也可以是一个相对完整的片段，也可以表现为一个包含有教师和学生的典型行为、思想、感情的内在的完整故事。案例选取的应是含有研究价值在内的真实发生的事件。因此，事件必须要有典型性，即这个事件不是罕见的特例，而是几乎人人都可能遇到的，这样的案例才具有交流和启迪的价值。

就故事的叙述而言，前面所谈对教育故事写作的要求同样适合于教育案例，但教育案例更侧重于对教育过程的分析。不是说在教育案例中分析、议论的分量应该超过叙事，而是说这里的叙事是为了分析。或者说，在教育案例中，故事只是载体，分析议论是将蕴含在这载体中的意义提取出来。

完整的教育案例应该包括三部分：案例背景（事件发生的原因及相关情况）、案例介绍（事件的经过，包括细节）和案例分析（事件的意义和价值）；但千万不能过于机械地把这三部分当作文章的结构。只要有这三个要素，顺序是可以灵活安排的。

教育写作还有四种形式，我下次再讲。

你的朋友　李镇西
2020 年 5 月 14 日

38. 教育写作有哪些形式? (下)

书亚老师:

今天,我接着上次的话题,继续讲教育写作的另外四种形式。

五、教学实录,就是对课堂教学过程完整而详细的记录及其反思

教学实录最大的特点是原汁原味的现场感。说起来,教学实录是很容易写的,无非就是忠实记录课堂教学的全过程,包括师生的互动、讨论,有什么就记录什么。不过,在记录的方式上,可以有两种:一种是对话式,一种是叙事式。

对话式的教学实录,有点类似于剧本。教师的每一句教学语言和学生的每一次互动讨论都分别记录,并在前面注明"师""生"。

比如,钱梦龙老师《愚公移山》教学实录(片段)——

师:同学们在自读中有什么问题吗?可以提出来。

生:"河曲智叟"的"曲"是什么意思?

师:谁会解释这个"曲"字?都不会?那就请大家查字典。

生:(读字典)曲,就是"弯曲的地方"。

师:嗯,这个解释选对了。后面还举了什么词做例子?

生:河曲。

师:对。河曲就是黄河弯曲的地方。你们看,有些问题一请教字典就解决了。还有别的问题吗?

......

大家看，这样的记录，在形式上就像剧本，所以我称之为"剧本式"。

叙事式的教学实录，就是执教者以第一人称的方式，写出教育过程，类似于一个教学故事。

比如，我的《世间最美的坟墓》教学实录（片段）——

学生开始读，我来回巡视。我发现有同学没有读出声，只是默看，便提醒："要读，一定要读出声来。"

我看到一个同学在认真地勾画，问："你勾画的是什么？是不理解的，是吧？"

"是我想问的问题。"

"很好，一会儿你就可以提出来。"

……

这样写的好处，是我可以随时写出教学过程中我的想法，而且读者读起来比较流畅。

注意无论哪种形式的教学实录，都一定要有分析和反思。

六、教育论文，就是专门论证自己某一个教育观点的文章

如何写出属于自己的有血有肉的教育论文呢？我的建议是——

1. 一定要源于对真实的问题的思考与研究，千万不要追赶时髦。之所以要谈论某一个观点，是因为自己在教育实践中遇到了真实的问题，自己进行了真实的思考。

2. 忠实于自己的心灵与生活的本色，不乱贴标签。即自己思考多深，就写多深，所用的论据都是自己生活中的鲜活事例。

3. 从问题出发，用思考统帅，以事实说话，让数据发言。

4. 整个文章的大体结构，可以是"问题"（是什么触发了你的思考）——"思考"（你是怎样思考的）——"实践"（如何在实践中验证

自己的思考）——"结论"（最后得出怎样的启示）。

5. 行文朴实，语言准确。

七、教育书信，即教育过程中，与学生往来的带有教育意义的信件

也许并不是所有老师都有给学生写信的习惯，但我有。我认为，对于处在青春期的中学生，有时候交谈并不是心灵沟通的最好形式，在这种情况下，书信便成了师生对话的合适途径。对学生来讲（尤其是对一些性格内向的学生），这样做既避免了面谈的局促不安，又能与自己信任的老师进行有趣的心灵交流。

不只是青春期教育的通信，对一些特殊的学生，我也通过长期保持通信，自然而然地予以影响和引导。

所有的信件我都留有底稿。多年以后，这些书信成了我教育思考与实践最原始也最珍贵的记录。我出版的第一本教育专著《青春期悄悄话》，就是由我和学生的通信整理而成的。

八、教育文学，就是有关教育的诗歌、散文、小说、剧本、报告文学等

可能只有极少数老师才热衷并擅长这样的写作，我曾经写过诗歌、散文和报告文学，不过作品都不多。这需要一定的文学基本功，对多数老师来说，可能不太适合。所以我这里就不打算多说了。只是教育文学毕竟也是教育写作的一种形式，所以我也得提一提。

最后需要说明的是，我对教育写作的分类仅仅是个大概，并不那么严密，只是根据我自己的写作体会，为了便于表述，姑且这么分类。老师们千万不要机械地以这个分类标准去判断丰富多彩的教育文章。

关键是要养成教育写作的习惯，这才是最重要的。

你的朋友 李镇西

2020 年 5 月 14 日

39. 如何"递进式"论证观点?

麟雅老师:

你说你写叙述性的文章还勉强可以,但如果要写论证性的文章就比较吃力了。想请我"指导指导"。

一般来说,老师们的教育文章无非两大类:说观点,讲故事。

如果以中小学的作文分类标准看,"说观点"大体可以叫做"议论文","讲故事"大体可以叫做"记叙文"。

今天,我简单谈谈如何写"说观点"的文章。即你说的论证性的文章。

以做饭打比方。如果,米,就是主题或观点的话,那么做饭就是论证。当然,无米之炊是不可能做饭的。但是,有了米(观点),又如何做饭(文章)呢?

你是由什么现象触发思考的?这个现象说明了什么?除了这个现象,还有没有其他类似的现象?这些现象背后蕴含着什么道理?为什么会这样?这些道理对我们有什么启示?这些启示对改进我们的生活或工作有什么意义?……

写文章之前,多问问自己上面一系列问题,对这些问题的记录,其实就是文章的结构。

就这么简单。

一天,课间休息时,一女生来到办公室:"李老师,我想借个杯子喝水服感冒药。"我坐在椅子上,用手指了指角落的书柜:"喏,第二格抽屉里有,自己拿吧!"学生找到杯子,自己倒开水服了药,说:"谢谢李老师!"然后走了。

上课了，是作文课。学生在下面写作文，我在讲台上批改作业。这时，手中的红色圆珠笔没油了。于是，我轻声地问前排学生："谁有红色圆珠笔，借来用用？"虽然是轻声，但许多学生都听见了。于是，坐在前几排的学生都争先恐后地从书包里拿出文具盒，然后以最快速度打开，找出圆珠笔，他们纷纷把握着笔的手伸向我："李老师，用我的笔吧！""李老师，用我的！用我的！"每一双眼睛都充满了真诚的渴望。还是那位课间向我借杯子的女生反应敏捷，坐在第三排的她几乎是小跑着上前，把笔递到我的手中——在递到我手中之前，她还细心地将笔芯旋转了一下，把原来的蓝色旋转成红色。

这么一件司空见惯的小事，却引发了我的思考：为什么学生向我借杯子，我想都没有想过亲自把杯子递给她，而我向学生借笔时，为什么学生没有对我说"喏，文具盒里有，自己拿吧！"？

还有没有类似的现象呢？我继续联想：为什么校园里师生相逢，往往是学生先招呼老师，而不是老师先招呼学生（而且有时学生招呼老师，老师还爱理不理的）？为什么上课前学生毕恭毕敬地向老师鞠躬"老师好！"而老师往往只是敷衍地说声"同学们好"，甚至只是"嗯"一声？为什么学生到医院看望老师不过是"应有礼貌"，而如果老师到医院看望病中的学生就成了难能可贵的"事迹"？为什么老师去家访时，学生总会为老师搬来椅子，而学生来到办公室很少享受"请坐"的"待遇"？为什么学生违反了校纪被处分是"理所当然"，而老师犯了错误接受班规惩罚就成了"品德高尚"？……

这些现象背后的原因是什么？一切都源于根深蒂固的潜意识：师生是不平等的。

为什么会这样？追根溯源，是封建社会等级秩序意识在教育上的反映，对学生而言，首先体验到的"等级"，便是师生关系。我由此展开了相应的剖析：所谓"一日为师，终身为父"，表面上看，强调的是学生对老师的尊敬；而实质上，强调的是学生绝对服从的臣民意识和教师至高无上的家长权威，以及学生对教师的绝对服从。

这些道理对我们有什么启示和意义？重新认识师生关系。尽管就一般

122

情况而言，教师在学科知识、专业能力、认知水平等方面远在学生之上，但就人格而言，师生之间是天然平等的；教师和学生不但是在人格上、感情上平等的朋友，而且也是在求知道路上共同探索前进的平等的志同道合者。也许在不经意之间，我们就为未来培养着公民或顺民。

有了这些启示，我们该怎么办？平等只能靠平等来培养，让我们从细节做起——比如，下次学生再向我借杯子，我一定亲手递上……

以上，其实就是20年前一篇随笔《"老师，用我的笔吧"》的基本内容和结构。

以小见大，夹叙夹议，写文章真的就这么简单。

你的朋友　李镇西

2020 年 5 月 14 日

40. 如何"并列式"地论述观点?

丽娟老师:

你问我,论证性的文章除了"递进式"的结构,还有其他结构吗?

当然有,我就谈谈另一种结构——"并列式"。

所谓"并列式",就是围绕一个话题,分别从几个方面展开论述。当然,所谓"并列"也是相对的,几个小论点之间可能也有主次之分。但毕竟从大的结构看,是并列的。

为了避免抽象而枯燥的理论说教,我还是用自己的一篇文章为例来说明吧!

1992年,有一个学校请我去讲"如何提高青年教师的科研修养"。于是,我就开始琢磨这个问题:是呀,如何提高科研修养呢?我想到我自己,从参加工作开始,是如何一步一步走向教研科研的;为了搞科研,我是在哪些方面着力的。

回顾自己的实践,我发现有几点特别重要:乐于请教,勤于思考,广于阅读,善于积累,勤于写作。然后,我一个一个地解释、阐述。

关于"乐于请教",我主要说的是向中老年班主任以及其他优秀班主任请教,而且这种"请教"不应只是几次交谈或听课,而是长期观察、跟班见习;学习的重点不在于具体的做法,而是悉心领会其教育思想和带班艺术。乐于请教,还包括以书信方式向一些有影响的教育专家请教,从而开阔自己的视野,丰富自己的思想,从专家们的指点中受到鼓励。最后,向学生请教,也是很重要的。这主要是指多在学生中进行调查研究,及时了解他们对班主任工作的评价,听取他们的建议与批评。

关于"勤于思考",含义主要有二:一是不迷信权威。在尊重并继承古今中外一切优秀教育理论与传统的同时，敢于以追求科学、坚持真理的胆识，辨析其中可能存在的错误之处；即使是向当今公认的教育专家学习，也不应不加分析地盲目照搬，而应经过自己的头脑，结合自己的实际情况消化、吸收。二是要善于发现问题。发现问题是研究问题的前提。每天遇到并处理的各种各样的教育问题，正是一个又一个的研究课题向我们源源不断地涌来。三是敢于创新，对一些似乎已有定论的教育结论，我们也可以根据新的实际予以重新的认识与研究，或修正，或补充，或发展。

关于"广于阅读"，主要是四个方面：一是经典教育理论书籍，包括教育学、心理学、教育史等著作。这是青年班主任必不可少的理论素养来源。二是杰出教育家的专著。三是反映国内外教育研究最新观点、最新动态的教育报刊。四是反映青少年学生生活、心理的各类读物，包括学生写的和写学生的散文、小说、报告文学等等。

关于"善于积累"，一是学生的作文、作业、日记、周记等书面材料。当然，不是所有的学生文字都要收存，而是注意保存那些最能真实反映学生心灵世界的文字。二是建立"特殊学生档案"。对这些学生进行长期跟踪观察，记载他们的成长过程、变化情况、学习状况、社会交往、家庭环境等。三是班主任本人进行教育实践、试验的有关记录材料，班级重大活动资料，对学生的个别教育、对偶发事件的处理等。四是对学生进行调查的结果，包括各种数据统计等。

关于"勤于写作"，我也谈了四点。一是记录自己平时在教育教学方面的思想火花：一次联想、一回顿悟、一个念头、一缕思绪……都可以以随感、格言的形式记下来。二是教育笔记：在班级教育与管理中成功或失败的做法，对"特殊学生"的跟踪教育，等等。三是教改试验报告、学生心理调查报告、班主任工作总结等材料。四是根据自己的工作经验或体会写成的有一定理论高度的教育论文。

上面就是我《青年教师如何提高科研修养》一文的内容。就结构而言，本文是典型的"并列式"：围绕一个观点，并列展开几个理由，而且每一个理由的阐述，也是并列式，比如"乐于请教"，我谈了"请教身边的老师""请教远方的专家""请教自己的学生"三点；又比如"广于阅读"，我谈了四个方面的阅读内容。

　　围绕一个话题或观点，并列展开论述，"大并列"里面又有"小并列"，如此有条有理，从容不迫，这样的文章是不是很好写呀！

你的朋友　李镇西

2020 年 5 月 14 日

41. 写文章如何"讲道理"?

聂宏老师:

你说你写文章的时候,缺乏讲道理的逻辑力量,虽然觉得自己的观点是对的,但写出来总是会有人找到漏洞。

你说对了。一篇文章,特别是有点理论色彩的文章,"说服力"尤为重要。

所谓"说服力",就是让读者一边读一边情不自禁地点头:"嗯,有道理。"

这种让读者心悦诚服的说服力来自何处?

来自作者的"讲道理"。

也就是说,文章让读者感到"有道理",是因为作者"讲道理"。

语言往往一词多义,一个短语也往往含义丰富。比如,"讲道理"这短语至少有两个含义:或者是指论证一个观点,或者是指说话写文章要符合常理。在本文中,我取后者。

生活中两人吵架,双方往往会互相指责:"你怎么不讲道理啊?"

这里的"讲道理",就是讲逻辑,讲常识。

写给别人看的文章,当然是想让别人接受自己的某种观点。那么,把话说清楚就很重要。

而"讲道理"就是把话说清楚。

有的老师可能会说:"我怎么可能写不讲道理的文章呢?"

是的,没人会故意不讲道理,但有的文章就是让我们感觉"不讲道理"。本来是作者力图想说服读者的观点,读者却大摇其头,在心里直说"不敢苟同"。

为什么会南辕北辙，事与愿违？

就是行文中不会讲道理，即不讲逻辑，不讲大家约定俗成的思维规则。

比如，概念模糊。有的作者对自己所运用或所要论述的概念没有清晰的理解，而是以片面模糊的理解去大谈特谈某一个观点，这样的"论述"，往往越说离真理越远。

请看这段话：

> 素质教育好是好，但不过是看起来很美而已。理想很丰满，现实很骨感。如果脱离现实搞素质教育，会造成教育不公，因为高考是相对比较公平的制度，是我们社会最后一道公平的防线，如果连高考都取消了，贫寒子弟将失去上升的唯一通道。

这段话非常煽情，颇有"平民情怀"，很能触动人们渴望教育公平的神经，因而赢得很多人的喝彩。但仔细一推敲，这段话是典型的"不讲道理"。首先概念就没搞清楚。作者不由分说，就将"高考"从素质教育的内涵中剔除，然后对着一个没有高考的"素质教育"大加抨击。

如稍微讲点常识，我们就会知道：素质教育并非取消考试，更不是废除高考。素质教育的内涵，理所当然地包括了考试制度，而且追求高质量的教学成绩（包括高考升学率），但素质教育绝不是只有考试（高考），还有考试之外学生的体质、人格、素养的全面发展。因此真正的素质教育，也意味着真正的教育公平，保证每一个学生的健康成长，包括贫寒子弟考上大学。

又如，以偏概全。近年来，学生伤害老师的事件时不时见诸媒体，这当然令人震惊和痛心，但有人因此而断定："教师已经成为高危职业！以后我们还是穿着防护服上课吧！"固然，哪怕只有一例这样的恶性事件，法律都不能容忍。但这样的案件毕竟是个别的，将个别案例视为普遍化的现象，在此基础上滔滔不绝地"论述"，这样的文章显然缺乏说服力。

再如，前后矛盾。前面说："不要把考试成绩作为教师绩效的唯一标准!"后面又说:"一个教师好不好,不看教学成绩还看啥?"前面说:"学校是学生健康成长的主阵地。"后面又说:"家庭教育是孩子人格形成的主要原因。"……这样的论述,很难让读者明白作者究竟想表达什么。

再如,思维单一。一听说教师是"蜡烛""春蚕",就只是想到这是无视教师本人的生命,也无视教师正当的权利和合法的物质待遇,进而撰文大加"批判",却不理解或不愿理解,这是对教师辛勤劳作、奉献知识精神的比喻,而比喻的特点就是"抓住一点,不及其余"。类似单一的思维方式,如果成文,很难有说服力。

我还可以继续"再如"下去,而且没有止境,因为类似的逻辑错误,在一些文章中实在是层出不穷。

写文章要讲道理,意味着作者要遵守公共常识,遵循思维规则。不只是写文章的时候要随时提醒自己"讲道理",而且文章写完后,不妨自己多读读,看自己是不是"讲道理"。

你的朋友　李镇西

2020 年 5 月 15 日

42. 如何让文章在逻辑上更严密？

学林老师：

你说你想知道，怎样才能让自己的文章在逻辑上更严密？

嗯，我们写文章是为了证明立论的正确性。为此，我们会写出许多道理，这就是找论据来论证。

举个简单的例子。我们要论证"人必需吃饭"，会以"吃饭"能够保证人体必需的营养，能够维持我们的健康状况，甚至延续我们的生命等论据（理由），来证明"人的确必需吃饭"。

这么简单的道理，这么充足的论证，似乎无懈可击。

如果只站在自己的角度，确实很"严密"。但写文章，不能自言自语。一定要站在读者的角度多琢磨一下，别人会怎么反驳你？

比如，有人会反驳："难道只有吃饭才能保证人必需的营养吗？"

你看，就这么一句话，就暴露了一个逻辑漏洞：概念不准确，或者说，用词不严密。吃饭，只是获取营养的途径之一，而不是"唯一"。除了吃饭，我们还要吃荤菜素菜，需要淀粉之外的其他养料。

于是，赶紧补救，把"吃饭"这个概念做个界定：吃饭，相当于修辞上的借代，其含义不只是指吃米饭，还包括了吃饭过程中其他食物的摄取。

这样一来，至少在概念上，就严密多了。

但问题还没完，可能还会有人反驳："有的人，特别是信奉某种养生方式的人，就可以不吃饭，却照样能够维持生命。比如辟谷，有人辟谷七天都没问题。"

反驳者说的是事实，不过毕竟只是个别现象。但这至少证明我们简单地说"人必需吃饭"这句话从逻辑上说还不够周全。

好，再进行补救，方法有二：要么加个状语"通常而言"，有了这样的状语作为前提，"人必需吃饭"就站得住脚了，因为这句话指的是一般情况，并没有排除特殊现象；要么在论证"人必需吃饭"后，加几句话："当然，在某些特殊情况下，有的人可以不吃饭，也能暂时维持身体机能……"等等，然后强调："但就一般规律而言，从总体上说，人是必需吃饭的。"

这样，逻辑就更加严密了。

当然，生活中不太可能有人对"人必需吃饭"的观点如此抬杠，我这里只是为了通俗地说明问题而设例。

最近，我写了一篇文章：《为什么写诬告信的家长总是赢家？》，初稿写成后，我在推想：别人会怎样反驳我？我假设自己是一个"杠精"，设想了许多"论敌"的反驳。

我想到，可能会有人质疑："难道举报不是公民的权利吗？你批评诬告，会不会连正常行使民主监督权利的公民也否定了呢？"

应该说这个反驳是站得住脚的。于是，我专门补充了几句：

"必须特别声明，我这篇文章抨击的对象，不是正常行使自己权利的家长。因为举报是每一个公民的权利，尤其是在倡导民主与法治的今天，每一个家长都有权利参与并监督学校和老师。这是无可争议的。但这里说的'参与并监督'应该体现于一定的制度，而不应该是家长随心所欲地'胡来'。"

这样，文章立论就相对严谨了。

又如，前段时间我还写了一篇《请不要用"摸底考试"的棍子把复学的孩子们打得晕头转向》，明确反对疫情后复学之初的"摸底考试"，因为这是违反孩子学习心理的。但写的过程中，我把自己想象成质疑我的对手："难道教学不应该摸清学生的学情吗？"

于是我加了几句："仅仅从教学的角度看，这样做一点错都没有。教学的前提是要了解学生，通过考试而摸清学生当前的学习状况和知识储备，以便研究学情，更有针对性地教学，这不正符合'教学规律'吗？"

先肯定"摸底考试"在一定意义上的合理性和正当性，在这基础上，我写道："但真正的'教学规律'必须符合孩子的'学习规律'，而'学习规律'又必须吻合孩子的心理特征。"

这样，我的立论基石就更加坚实了。

要知道，批判总是比建设更畅快，反驳总是比立论更容易。可以说，无论立论者写作时如何思考周密，文章出来后都很容易被人戳得"千疮百孔"。尽管我们并不能穷尽所有可能地反驳，但尽可能地堵死漏洞，十分必要。

所以，写文章的时候，应尽量把篱笆扎牢，尽量防逻辑疏漏于未然。而扎牢篱笆的主要方法，就是题目所言：多想想，别人会怎么反驳你？

你的朋友　李镇西

2020 年 5 月 15 日

43. 怎么把故事写得波澜起伏？（上）

白薇老师：

你说你在写故事的时候，明明故事很生动，可到了你的笔下却平淡无奇，你问我，怎么把故事写得波澜起伏？

并不是所有的事都"波澜起伏"，其实生活中大多数发生的事都很平淡。但既然我选中了某件事来写，说明这件事不那么平淡。所谓"有故事"，很多时候就指的是"有情节"。

但如何把"情节"写好呢？

有时本来很生动的一件事，一写出来就平淡无味，连自己都不愿意多看。

很重要的原因之一，就是不会安排叙事的顺序。

"文似看山不喜平。"在写作中善于安排结构，情节平凡的故事也能摇曳多姿；而如果不会安排结构，故事本身的跌宕起伏也可能会被写得一马平川。

说到"波澜曲折"，总会想到扣人心弦的"悬念"和出人意料的"包袱"。问题是，有的故事并没有什么"悬念"，也没有什么"包袱"，怎么办呢？

读小学时，语文老师就告诉我们："写记叙文有'顺序''倒叙'和'插叙'三种方式。"一般人认为，只有先说结果的倒叙（让读者产生悬念："为什么会这样？"再回头写事件的起始和经过），才能让故事曲折。

1988 年 7 月，《中国青年报》曾发表我写的一个女生自杀的长文。我写作时就是用倒叙的方式，一开始便写道——

宁小燕怎么也不会想到自己在欣然叩开死亡大门的同时，会给人间留下一道难解的人生方程式。

应该说，她走得格外从容而坦然。有她自杀前一天晚上写的遗书作证："我明天早晨要去远行，悄悄地、默默地、自由地。"

应该说，她去得相当冷静而周密，有她半年前一则日记作证："昨天，我给一个同学写信，撒了个谎，让她替我买二十包磷化锌，我的生命仅值四毛钱，比小老鼠强不了多少，但我很愿意，也很高兴放弃它。我将快乐无比！"

但是，面对她那安详的遗容，人们还是惊呆了！

——因为，她只有十六岁！

——因为，她是连续两届市级三好学生！

……

读者一下就被这个悲剧所吸引，并情不自禁地会想："怎么会发生这样的事？"于是，我就顺着读者的心理，写死者的成长经历，展示其学校教育和家庭教育的情况，披露她的日记片段，让人们直接倾听其心声，这样一步步揭示她走向绝路的原因，并剖析教育的责任："脱离心灵的教育，只能使学生精神窒息。"文章结尾我明确指出："看来，悲剧的确不仅仅是宁小燕的，尤其是心灵的悲剧！"

本文发表后，引起强烈反响，除了这个题材本身发人深省并容易引起关注之外，和我叙事的结构方式也有一定关系。

不过，并非"倒叙"才能让故事显出曲折起伏。有时候如果先说结果，文章恰恰会索然无味。而有时候如果遵循事件本身的流程，忠于我们自己真实的感受，写出的故事也会有出人意料的精彩。

有这么一个故事。古代有一个眼睛近视得厉害的书生，一天他去买东西，到了店铺却发现大门紧闭，一个人也没有。他模模糊糊地看见门板上方贴着一张告示，却看不清写的什么。于是他吃力地爬上柜台欠起身，几乎全身都贴着门板了，终于看清告示上面的一行字："店铺装修，注意油漆未干。"

这个故事我给许多人都讲过，每次讲的时候，开始听的人都很平静，但讲到最后一句，大家都会爆笑。按说这故事本身并没有"包袱"，可为什么大家会觉得有意外的"包袱"？

其实，最后抖出来的"包袱"是由我的叙事角度产生的，这个角度就是书生的角度。这个角度，就不是先说结果，而是按照书生本来的感受变化说的。

如果我们换一个角度，换成掌柜的角度讲这个故事，先把结果说出来，效果会怎样——

古代一个掌柜装修了铺面，暂时停业。他怕顾客弄脏衣服，便在门板上告示："店铺装修，注意油漆未干。"但第二天某书生来买东西，见店门没开，又看不清告示，便吃力地爬上柜台看，结果被油漆弄了一身。

这样"倒叙"，是先说结果（店铺装修，油漆弄脏书生衣服），再说原因（书生近视），效果是不是就远不如前面那个叙事角度？

平时，我们在写教育故事的时候，不妨先琢磨一下，怎么安排故事叙述的角度和顺序，才能让写出来的故事更加生动？

你的朋友　李镇西

2020 年 5 月 16 日

44. 怎么把故事写得波澜起伏？（下）

白薇老师：

我今天继续上次的话题，接着聊如何写好故事。

上次讲了如何在安排叙事的顺序上下功夫。其实，有时候遵循故事本身的自然流程也可以让叙述引人入胜。

下面，我通过点评一篇故事来说明这一点。

八十年代，我曾写过一篇《〈故事会〉的故事》。

开学之初，新当选的学习委员王红川建议在教室里放一个小书柜，号召同学们捐献书籍，同学们立即响应。第二天，韩军同学从家里搬来了一个小木箱算是书柜，不少同学纷纷捐献了《外国童话选》《少年文艺》《十万个为什么》等书籍近200本。

但是，怎么管理这些书呢？我建议学生们凭借条借阅。可大家不同意，说："李老师，让我们自由取看吧——想看时自己拿，看完后放回书柜。这多方便啊！"

我担心地问："万一书丢了怎么办？"

学生们纷纷说："不会的！不会的！"

个子矮矮的陈建同学满脸不高兴地说："哼，李老师一点都不相信我们！"

（埋下伏笔一。）

"是啊，李老师，您就相信我们吧！"学生们这么恳切，我终于同意了。不过，我还是指定王红川每天在放学前负责清点书柜里的书。

两天、一周、两周，甚至一学期都过去了，书果然一本不少。

（故事依然波澜不惊，但水面越是平静，水下越可能暗流涌动。）

我不断表扬鼓励他们："看来李老师以前真没想到我们班的同学这么纯洁。希望大家保持这颗童心，永远不要给班级抹黑！"

外班的同学和老师知道后，也赞叹道："这真是一个诚实的集体！"而且渐渐地，外班一些同学也在利用午休时间来我班看书。

（埋下伏笔二。）

但是，有一天一本《故事会》却丢失了。同学们都不愿相信，这事会发生在我们班。

（第一次意外。故事发生转折，但这不是我写出来的转折，而是生活本身的转折。）

放学了，大家都不愿走："再清理一遍！""清理仔细些！"他们自信而又担心地催促图书管理员王红川同学再将小书柜清理一遍。

我尽量耐心地对大家说："同学们知道，我们班一直是个诚实的集体啊！可今天，一本《故事会》的丢失，可能将使他染上污点。外班同学知道了会怎么说呢？"

教室里静默得让人难以忍受，每个人的心都很难过。

突然，坐在前排的陈建同学站了起来，说："李老师！《故事会》……是我……拿了。"

（第二次意外。照应伏笔一。）

同学们都很诧异。因为陈建平时一贯关心集体。

（埋下伏笔三。）

陈建红着脸说："我中午拿回家去看，忘了带来。"

第二天，陈建果然从家里拿来了一本《故事会》，交给王红川。

几天后的一个下午，邻班的一位女同学给我一本书："李老师，这是您班的《故事会》。那天中午，我到您班教室借来看的，可忘了还。今天清理书包才发现。真对不起！"

（第三次意外。照应伏笔二。）

我非常惊讶：怎么会多出一本《故事会》呢？

我似乎一下子明白了，立即找来陈建："那天你带来的《故事会》究竟是谁的？"

"班上的啊！"他还在撒谎。

当我拿出刚找到的《故事会》时，他什么也不说了。

我当时真想问他："你为什么要这样做呢？"可终于没问。因为答案很清楚：他撒谎"欺骗"了老师和同学，恰恰是因为他有一颗非常纯正的热爱集体的心！

（照应伏笔三。故事戛然而止，把感动和思考留给读者。）

大家看，我叙述的顺序，就是故事本身的顺序。是不是同样波澜起伏？

但是，有几个地方我还是刻意"讲究"了一下的：比如，我先突出了我最初对同学们不放心和后来图书一本不少的欣慰，这是一个对比；我还突出了我的信任与后来书却少了一本的"痛心"，这又是一个对比。这双重的对比，让故事有了一些涟漪。又如，在说同学们希望我相信他们时，

特意讲了陈建的请求，这既是伏笔——为他后来的"犯错"埋下伏笔，又是对比——他言与行的对比。再如，陈建的"认错"，让我和同学们大吃一惊，这是一次跌宕；事态"平息"之后，邻班女生还书，让我意识到陈建的"撒谎"，又是一次"无风起浪"……

在写的时候，我不动声色地突出了三次意外（转折），故事便显得生动起来。

你也可以试试这样写。

你的朋友　李镇西
2020 年 5 月 16 日

45. 怎么把故事写得绘声绘色?（上）

秦梦老师：

你说你的问题是写人物总是不生动，问我有没有什么办法。

你提了一个很好的问题。写故事，不能仅仅满足于写得清楚，还要尽量写得生动。

比如，已故著名语文特级教师陈钟梁语言模仿力很强，特别幽默风趣。但所谓"语言模仿力强""幽默风趣"只是一个抽象的概念，对读者来说毫无感觉。我应该绘声绘色地写出他的语言模仿力如何强，又是怎样的幽默风趣，这样对读者就有感染力了。

于是，我这样写——

有一次在北京乘公共汽车去地安门，他问售票员"地安门到了没有"，结果被正在悠闲地修指甲的女售票员一顿训斥："不日（是）已经告入（诉）你了吗？你累日（死）我了！你站远一点！烦日（死）我了！"他是上海人，但用卷舌音快速模仿售票员的话，惟妙惟肖，我们捧腹大笑。

钟梁先生曾给我讲过他在北京的一次经历："有一次我去故宫，当时时间是 3：50，我怕关门，便问售票员：'还可以买票吗？'回答可以。没想到买了票还要求买鞋，可待买好鞋子穿上，门口不让进，因为 4：00 钟到了，这是故宫关门的时间。我急忙问售票员：'可以退票吗？'她回答：'不行'。'那为什么刚才要卖票呢？''刚才是几点？''为什么刚买了票又不让进呢？''现在是几点？''那么，这票明天可以用吗？''明天是几号？'"

他简直像在说单口相声。他的口吻时而是他自己，时而是那冷漠而不讲道理的售票员，特别是听他模仿"为什么刚才要卖票呢？""刚才是几点？""为什么刚买了票又不让进呢？""现在是几点？""那么，这票明天可以用吗？""明天是几号？"这几句对话时，我们仿佛就在当时的现场，看到陈钟梁先生正可怜巴巴企求着售票员。

"语言模仿力强""幽默风趣"被展开成这样绘声绘色的文字，读起来是不是就有感染力了？

所以，一定要学会"展开"。

写人叙事有两种表达方式：记叙与描写。

记叙，是简单的交代，告诉读者"是什么（特点）"，或"发生了什么"。

描写，是形象的刻画，告诉读者"怎么样（情形）"，或"如何发生的"。

比如，"陈钟梁很有语言天赋"，这就是记叙，是简单的交代，告诉读者"是什么（特点）"。而"有一次，在北京乘公共汽车……"这是描写，是形象的刻画，告诉读者"怎么样（情形）"。

又比如，"太阳出来了。"这是记叙，是简单的交代，告诉读者"发生了什么"。发生了什么呢？"太阳出来了。"

而"一轮红日，从东方的山巅冉冉升起。"这是描写，是形象的刻画，告诉读者"如何发生的"，如何发生的呢？"一轮红日，从东方的山巅冉冉升起。"

再比如，"他在吃饭。"这是记叙，是简单的交代。而"他正狼吞虎咽地吃着，摇头晃脑，嘴里发出'吧唧吧唧'的咀嚼声"，这是描写，是形象的刻画。

在散文《冬天》里，朱自清写他小时候特别喜欢吃白水豆腐。怎么"喜欢"的呢？"一上桌就眼巴巴望着那锅，等着那热气，等着热气里从父亲筷子上掉下来的豆腐。"三言两语，就把"喜欢"具体化了，这就是描写。

作者又写他在台州教书时很孤独，但一回家看到妻子和孩子便感觉很温馨。怎么个"温馨"呢？"楼下厨房的大方窗开着，并排地挨着他们母子三个；三张脸都带着天真微笑地向着我……似乎台州空空的，只有我们四人；天地空空的，也只有我们四人。"细致的描写将"温馨"形象化了。这就是我说的"展开"。

别以为只有朱自清才写得出这样的文字。请读这段文字——

"啊呀！好感动呀！我要赶快滴一下！"迅速拆开，滴一滴，两滴……清凉的液体缓缓地滋润着眼睛，也滋润着疲惫的心。"你看，我感动得掉眼泪了！"清澈的眼药水沿着眼角滑下来，像泪珠一样。我口中说着笑话，其实是真的想掉眼泪。

课间，四川大邑县一位名叫邓茜媛的乡村教师收到一个女生送她的眼药水。邓老师感动了，便把这个温馨的小事写了下来。她没有简单地写"我好感动呀"，而是写出了"感动"的动作、语言和心理。

这样的文字，你是不是也可以写呢？

你的朋友　李镇西

2020 年 5 月 17 日

46. 怎么把故事写得绘声绘色？（下）

李杰老师：

你说你对写作中的描写产生了兴趣，想请我具体说说。

描写，就是用书面文字将抽象的特点或印象展开。

小学语文老师说过：描写分为语言描写、外貌描写、动作描写、心理描写、景物描写……但如何将这些描写体现在自己写的故事上呢？

拙作《爱心与教育》里有一个故事，一句话就可以说清楚："一个男孩的随身听被盗之后，我很快便查出是万同干的。"

我说过，这叫"记叙"，只是简单地交代。这样的文字显然"干巴巴"的。如何让这个故事回到有声有色的生活本身？

我是这样写的（括弧里为点评）——

> 下午，游贤来向我报案："李老师，我的'随身听'被人偷了。"
>
> 我问："怎么回事儿？说具体些。"（这里，我要求游贤用"描写"的手法讲讲如何"被人偷"的。）
>
> "上体育课前，我把'随身听'放在教室里我的课桌抽屉里。刚才我回教室拿乒乓球拍，发现不见了。"
>
> 停了一下，他又说："李老师，我的'随身听'可能是社会上的人偷了。"
>
> "为什么呢？"我感到有些不解。
>
> "万同说，他刚才看见有几个不三不四的人在我们教室外面游逛，可能是那几个人偷了。"

"现在万同在哪儿?"

"他说他去帮我追那几个人去了。"

(以上为对话,即语言描写。如果不这样写,只是说"经过询问,我得知……"显然就没有了感染力。)

我想起来了,上体育课不久,万同就来向我请假,说他病了,要提前回去打针。我便同意了。

第二天早晨,游贤又来向我报告:"今天万同一到学校便叫我把'随身听'的使用说明书送他。他说他奶奶也给他买了一个'随身听',但说明书弄丢了。"

我一下来了兴趣:"万同还说了些什么?"

"他说:'反正你的"随身听"都被人偷了,说明书也没用了,干脆就送我算了。'"

我茅塞顿开,遂当机立断:"你马上把万同叫来。"

(设想一下,如果没有我和游贤的对话描写,这个故事读起来将是怎样的乏味?)

不一会儿,万同坐在了我的面前。蓬乱的头发,似乎从来没有梳理过;黑黑的脸庞,好像左脸颊上还隐隐约约有一块疤痕;由于下嘴唇比上嘴唇突出,所以随时都给人一种赌气的感觉;眼睛不大,眼神看不出有半点天真,却闪射着与他年龄不大相称的老练。此刻,这双老练的眼睛正坦然地迎着我对他审视的目光,他也审视着我。

(外貌描写,突出万同的"顽童"特点。如果不这样详细地描写,只是简单交代说"这孩子一看就是一个让人头疼的差生",显然就无法表现出他的特点,也不能给读者以深刻的印象。)

"今天，公安局的到学校来了。"我一直目不转睛地盯着万同，严肃而缓缓地说道。

他老练的眼光顿时闪烁出一丝惊慌，但仍然死死地与我的目光对视。

我继续不紧不慢地对他说："昨天，游贤的家长去报了案。公安局的人来学校后，先到政教处……"

万同的眼睛仍死死地盯着我，但眼光已是一片呆滞，仿佛他已没有了知觉。

他的眼睛已完全告诉了我他此刻的内心。我于是接着说："公安局的人说，破这个案子不过是小菜一碟。"

他终于垂下眼帘，说："我是与游贤开玩笑的。"

（连续三次写万同的眼光："眼光顿时闪烁出一丝惊慌""眼睛仍死死地盯着我，但眼光已是一片呆滞""终于垂下眼帘"……其实是写内心，即通过写外貌特别是目光揭示其心理变化。）

我顺着他的话说："就是嘛，我也在想，这里面肯定有些误会。所以，我才对公安局的人说，先让我来处理这件事。"

他于是急忙申辩："我的确不是想偷，我真的是和他开玩笑的！"

"我也想万同是不会做那种事的。"我语气更加缓和了，"但是，你这个玩笑可开大了，把公安局都惊动了。这样吧，我去向公安局的人澄清这个误会。你呢，下午一定记着把游贤的'随身听'带来交给我，由我还给他。好吗？"

他如释重负地点了点头。

（对话描写，但他越来越紧张，我越来越缓和，两种截然不同的心理，共同编织着这个故事。）

……

你可否试试，将你以前写过的"干巴巴"的故事，如我这样重新写一遍呢？

你的朋友　李镇西

2020 年 5 月 17 日

47. 如何让读者能够读懂自己的文章？

郑星老师：

你说你经常读不懂一些教育文章，问我是不是也有类似的情况？如何才能写出通俗易懂的文章？

的确，在读一些老师的文章时，我也常常读不懂一些句子，比如下面一段文字——

> 语文的主体是广泛的、复杂的、无穷的。这是指它作为知识本身不仅包含着基础的认知符号系统及其内部规律，同时包含着与之对位的人的情感状态、价值判断、过程描述等主体的共时性体验。因而，人们在教授和学习它时，不可能像对其他学科那样系统，有层次、有梯度地进行线性方式的知识传授和接受，而是要更大可能地构建学习主体能够深入、持续的语文学习的内在体验。在今天，尤其重要地凸现在现代教学中。

这是一篇题为《语文课程的本质：构建读写及审美的经验》论文中的一段话，作为语文教师，我坦承我没读懂。而且，我后来把这段话给几位语文特级教师看，他们也说"读不懂"。

同样是谈语文教育，我们再读一段话——

> 教师教任何功课（不限于语文），"讲"都是为了达到用不着"讲"，换个说法，"教"都是为了达到用不着"教"。怎么叫用不着"讲"用不着"教"？学生入了门，上了路了，他们能在繁复的事物之

间自己探索，独立实践，解决问题了，岂不是就用不着给"讲"给"教"了？这是多么好的境界啊！

这下我想所有人都读懂了。这是语文教育大师叶圣陶的话。

为什么会这样？

我想，可能是因为前面那位老师写的观点并不是自己的，是别人的；他脑子里想的是一定要有"学术性"，要有"高度"，怀着一种神圣感，写出的文字自然拒人于千里之外。

而叶圣陶先生在谈语文教学主张时，说的是自己的心里话，他没有想什么"学术""深度""原则"，只是想如何把自己的想法平白朴素地说出来，让大家理解并实践。

现在不少老师一想到写文章，便有一种"做"文章的庄严感。怎么"做"呢？往往一开头就是"根据现代心理学研究……"，然后就是一大堆让人头疼的心理学名词术语，还有这个"性"那个"原则"，让人云里雾里。如此"引经据典"，却没有自己朴实的东西。

我想到了曾读过沙叶新的讽刺小说《饱学之士》，主人公总喜欢说别人不懂的话。比如在书店，他看到有的书没放好，不便于读者查找，便说："浅表层次信息载体积淀于框架深层之书的群落耗散无序之网络淡化视象之走向致使文化消费呈现危机氛围。"又如，第一次相亲，他一边向女方伸出手去，一边说："一个角色期待使用非语言的重声姿态符号期待与另一角色系统的沟通与反馈。"他觉得自己说的话越让人听不懂，自己就越显得有文化——"饱学之士"嘛！

小说无疑是夸张的，但其实我也曾经犯过这样的错误。年轻时写文章我也喜欢玩弄点"耗散结构与教育"之类的时髦，有时还总想写点生僻的词，比如，明明可以用"演变"，却非要写成"嬗变"，因为估计"嬗变"这个词好多人可能读都不会读，这样不就显出我的"高深"了吗？这就是典型的"装"！不过，渐渐我感觉自己装不下去了，因为肚子里类似"耗散结构""嬗变"的学术词儿实在存货有限。干脆就不装了，老老实实写自己读得懂的话。

"谁爱儿童的叽叽喳喳声，谁就愿意从事教育工作；而谁爱儿童的叽叽喳喳声已经爱得入迷，谁就能获得自己职业的幸福。"阿莫纳什维利这话所蕴含的理念多么深刻，而他的表达又是多么朴素与感人！我们就应该学习这种文风。

　　1997年我写《爱心与教育》谈到"素质教育"时，曾经想过要用点什么术语来"深刻"阐释一下，但想了想，还是朴素地说说我的理解吧！于是，我的"素质教育观"从我心里流淌了出来——

　　　　一个真诚的教育者同时必定又是一位真诚的人道主义者。
　　　　素质教育，首先是充满感情的教育。
　　　　一个受孩子衷心爱戴的老师，一定是一位最富有人情味的人。
　　　　只有童心能够唤醒爱心，只有爱心能够滋润童心。
　　　　离开了情感，一切教育都无从谈起。

　　后来这几句话引起很多读者共鸣，甚至还被写在许多学校的墙上。
　　这样浅显但未必浅薄的话，其实很多一线老师都能写出来的。
　　我相信，你也可以写出这样含义丰富而明白晓畅的句子。

你的朋友　李镇西

2020年5月19日

48. 如何做到引文准确?

邝欣老师:

你说有一次写文章时引用了一句名人名言,但后来有读者指出,这话不是那人说的,弄得你很尴尬。

我认为,写文章免不了要引用权威观点或语录。这是很正常的。

本来,我不主张一篇文章过多引用别人的话,能够自己说清楚最好就别引用。当然,引用名人名言,会增加我们立论的说服力。同样的话,普通人说出来就不如名人说出来有权威性。比如,老百姓说:"说话要有依据。"但一引用毛主席说的"没有调查就没有发言权"。感觉就不一样了。所以有时适当引用点名人名言还是有必要的。

但是,引文一定要准确。

这里说的"准确",首先是指所引语录的出处要准确。随意地从别人的文章中转引,引来引去,可能会以讹传讹。比如,常常见到有老师的文章中这样写道:"苏霍姆林斯基说:'没有爱就没有教育。'"我就感到吃惊,因为我没有看到苏霍姆林斯基的哪本书里有这句话。后来又有人说这话是"冰心说""霍懋征说"……其实,这句话的意思几乎所有教育家都说过,很难说是谁首先说的。如果不知道出处,就别说是谁说的,直接说"没有爱就没有教育"也是可以的。

我还读过一篇文章,说"没有教不好的学生,只有不会教的老师"这句话是苏霍姆林斯基说的。其实不然,在《和青年校长的谈话》一书中,苏霍姆林斯基这样写道:"直到不久前,这种说法还是相当流行的:'没有不好的学生,只有不好的教师',既然如此,那就应当没有难教的学生了。而所谓难教的学生,是无能的教师臆想出来的而为自己的教育无能找借

150

口。"（《和青年校长的谈话》上海教育出版社 1985 年 6 月第一版第 132 页）

看清楚没有？在这里，苏霍姆林斯基是作为批驳靶子而引用这句话的，他接着便用了大量篇幅来论证："难教的儿童总会是有的，无论如何也不能摆脱他们。"苏霍姆林斯基严肃而详尽地分析了这样的儿童产生的原因，提出了积极面对这些孩子的建议。可是后来这话却被有些人认为是苏霍姆林斯基说的，并以讹传讹。这是不是冤枉了苏霍姆林斯基？

还有一句"教育名言"也流传甚广："教育就是一棵树摇动一棵树，一朵云推动一朵云，一个灵魂唤醒另一个灵魂。"读许多一线教师甚至是一些著名专家的教育文章，常常可以看到这句话；走进一些学校，看到墙上也写着这句话。无论是教育文章的引用，还是学校墙上的展示，这句话都被醒目地标明是"雅思贝尔斯"说的。

第一次读这段话，我就被打动了。我一直想找到这句话的出处，结果看到许多引用者都说出自雅思贝尔斯的《什么是教育》一书。于是，我买了一本《什么是教育》仔细阅读，但从头到尾没有找到这句话。

我猜想，能说出"教育就是一棵树摇动一棵树，一朵云推动一朵云，一个灵魂唤醒另一个灵魂"这样优美句子的人，一定也是一位非常有教育情怀的教育者，我为中国有这样的教育者而自豪。他看到自己的句子被误以为是雅思贝尔斯的"名言"而被广泛流传，估计是高兴大于遗憾吧？只是如果现在他真的站出来认领这句话，说自己才是这句话的作者，谁会信呢？

后来我终于读到一位严肃学者的严谨论证，论证了这句话是如何以讹传讹成为"雅思贝尔斯名言"的。这位学者叫陈俊一，他对这句话的来龙去脉进行了非常认真的研究考证，写了长文《雅斯贝尔斯说过这句话吗——对一句"教育名言"的源流考辨》。原来这句"教育名言"最初源自 2005 年的一个网页，中途不断被人引用同时又不断被人加工，逐渐演变为现在这样的句子。

引文准确是文章起码的要求。现在我写文章，很少引用名人名言——我怕查不到出处。一旦引用就一定要知道出处，尽管我不一定在文章中注明，但如果有人要问我，我能够说得出这话出自何处，否则我就不引用。

当然，要让一线老师对每一条名人名言都查到出处，这不是一件容易的事。如果非要引用却实在找不到出处怎么办？至少应该在引文后注明"转引自"什么什么文章。

我们都应该有这样一种老老实实的态度。既尊重别人，也尊重自己。这是写作的态度，也是做人的态度。

你已经意识到这个问题了，很好，相信你以后写文章会更加严谨，不会再有你说的"尴尬"了。

你的朋友　李镇西

2020 年 5 月 18 日

49. 遣词造句如何做到准确而通顺?

志康老师:

你说你写文章的毛病,就是文章中总会有一些不通顺的句子,而你写的时候又意识不到。问我该怎么办。

这个问题不只你一个人才有。请读以下文字——

2005 年"大学生投毒事件"和"钱学森之问"振聋发聩,引发了我对当时社会道德滑坡和创造力缺失的思索。"唯分主义"的功利思想甚嚣尘上……

2011 年在花园学校知行堂,一场"在农历的天空下"的课程报告,我邂逅了新教育……

作者对新教育实验的情感以及执着精神是令我敬佩的。但就文论文,这两段文字是有语言毛病的。

第一句"2005 年'大学生投毒事件'和'钱学森之问'振聋发聩"中,"振聋发聩"就用错了。"振聋发聩"的意思是"发出很大的响声使耳聋的人也能听见,用来比喻用语言文字唤醒糊涂麻木的人"。那么,在这一句中,"钱学森之问"可以"振聋发聩","大学生投毒事件"怎么"振聋发聩"?此处应该用"令人震惊"。

"引发了我对当时社会道德滑坡和创造力缺失的思索。"这句话没有主语:是谁(什么)"引发了我……"如果是前面说的"大学生投毒事件"和"钱学森之问",那就把"振聋发聩"去掉,改为:"2005 年'大学生投毒事件'和'钱学森之问'引发了我对当时社会道德滑坡和创造力缺失

153

的思索。"这就通顺了。

接下来"'唯分主义'的功利思想甚嚣尘上"一句中，"甚嚣尘上"也用错了。这个成语的原意是"形容军中忙于备战的状态"，后比喻消息到处流传，议论纷纷。今多用来形容某种传闻或谬论十分嚣张。那么"功利思想"既非传闻也非谬论（它是一种思想观念），怎么"甚嚣尘上"？

"2011 年在花园学校知行堂，一场"在农历的天空下"课程报告，我邂逅了新教育……"且不说"一场"在农历的天空下"课程报告"和"我邂逅了新教育"没有连接上——在"我"前面加一个"让"字就好了——单说"邂逅"一词就大错特错。"邂逅"的含义是"不期而遇"，是"意外相遇美好的人或事"。作者去听新教育的报告，一定是有准备的，怎么可能是"不期而遇"？

顺便说一下，近年来"邂逅"一词特别走红，但绝大多数情况下，表达的意思不过是"相遇"，可能使用者觉得"邂逅"更文艺一些，所以不用"相遇""相逢"，而用"邂逅"，结果实在让人不解。我看过一篇美国游记，作者的题目是《邂逅美利坚》。我就想，难道作者是被突然绑架去美国的吗？不然如何理解他的"邂逅"？如果是计划中的美国之行，得办护照、签证，还要订机票……有了这一系列"蓄谋已久"的准备，怎么会是"邂逅"美国呢？

平时一些老师写的文章中，类似语病的情况还真不少。当然，有的句子在语法上倒不一定有问题，但表达的意思令人费解。比如——

有老师在文中用"春风十里不如你"来深情表达对学生的爱。我感觉非常别扭。这话出自杜牧"春风十里扬州路，卷上珠帘总不如"，是杜牧写妓女的。而且这句话是从嫖客的角度看妓女。如果一个小伙子，为了表达对女朋友的爱，说："春风十里不如你！"他以为他很抒情，却不知道他等于对女朋友说："我刚才去红灯区走了一大圈，结果没有看到比你更漂亮的妓女！"这不把女朋友气死？我知道语言的运用也在不断演变，所谓"春风十里不如你"的用法也是前几年从某文化名人开始的，但比喻义的引申有个渐进的历史过程，如此跳跃式的迁移也太快了吧？当然，生活中有人喜欢用于朋友之间的调侃，或表达某种感情，这是人家的自由，那是没问题的。但你一个老师用"春风十里不如你",是什么意思呢？如果是一个男教师说女生,就更不妥了。女教师说女学生也不妥。总之,这句话用在教育上,实在是不应该。

另外,还有一些词语常被误用:"德育教育"(德育即"道德教育",包含"教育")、"七月流火"(指农历七月,天气转凉,并非说七月骄阳似火)、"差强人意"(勉强使人满意,不能理解为"不能使人满意")、"感同身受"(指感激的心情如亲身蒙受恩惠一样,不能理解为"共鸣")。

真不希望类似的语言错误,频频出现在老师们的文章中。

如何避免？很简单,就是写了之后自己多读几遍。我们说话很少有病句,但写文章却常常有病句,所以写了之后把文字转化成口头表达,一读就会发现一些句子的问题。

你的朋友　李镇西
2020 年 5 月 19 日

50. 如何让文章避免俗套？

正群老师：

你不希望自己的文章千篇一律，落入某种俗套，请我给你"支招"。

你的想法是对的，文章不应该落入俗套。

"俗套"，词典的解释有两个：1. 世俗的习惯和礼节。2. 陈旧的格调、程式。我这里取后一种意思，并略加引申，指文章程式化的套路。

的确，有的老师的"论文"往往这样写：先以"根据美国著名心理学家××最新研究表明……"开头，或直接说"加拿大著名教育学教授指出……"因此引出一个"最新理论"，然后概括出几条这个"性"那个"性"的"原则"，接下来就用自己的案例来"证明"这个理论，中间伴随着大段大段的引经据典，最后"综上所述"写个结尾。

这样的文章我们是不是很眼熟？

一些写专业成长的文章往往是这样叙事：刚工作时，自己如何有干劲却没方法，如何急功近利，如何以严肃的面孔维持在学生面前的尊严，后来慢慢有了懈怠之心，这时，"偶然"听了一场报告，或读了一本书，或"邂逅"了什么教育课题，一下"豁然开朗"，于是"找到了方向""充满力量"，后来获得了成长，取得了成功。

这样的文章我们是不是也很眼熟？

这就是我说的套路。当然，无论哪一类文章都有一些基本的元素，比如论证观点的文章，得有"问题的提出""问题的研究""问题的解决"等，而叙事性文章，则有事件的开端、发展、高潮和结局等要素。

但这并不意味每一篇文章都有固定的程式，都"必须"遵循既定的"套路"。即使是对同一个理论问题的思考与研究，也不可能在思维特点、研究对象、具体案例等方面绝对相同。同样，年轻教师的成长是有一定的共性，但毕竟都是独具个性的活生生的人，怎么可能"千人一面"呢？

记得我年轻时写有关学生青春期教育的专著时，迟迟不敢动笔，因为怕写出来和别人"雷同"。但后来我鼓励自己：只要忠实于自己的思考和生活，就不可能雷同。就算题材一样，我的立意可能不一样；就算立意一样，写作的形式也会有差别；就算写作的形式没差别，所用论据也可能不一样；就算论据差不多，可具体的案例不会一样；就算连案例也大同小异，可我的写法也会不一样；就算写法相似，可在青春期教育的思考与实践过程中我倾注的情感绝对不可能和别人雷同，因为每一个人的精神世界从来都是独一无二的。后来，我真的紧扣我的心灵和生活，以书信体的形式写出了《青春期悄悄话——与中学生的 101 封信》，出版后颇受欢迎。

后来写《爱心与教育》，我就根本不考虑什么"理论依据""结构框架""逻辑体系"之类，完全以"教育手记"的形式记录我的教育思考和教育实践，让自己对教育的理解和鲜活的故事自然而然地从心里流淌出来……一气呵成，酣畅淋漓。该书出版后产生了不小的影响。有著名专家甚至撰文评论，说《爱心与教育》是"一本有创新的'实例教育学'"。这当然过奖了，但至少说明，我忠实于自己的心灵与实践，便写出了不但不雷同其他类似著作而且还有创新含量的专著。

所以，避免俗套最根本的办法就是严格忠实于自己的心灵与生活，别管他人怎么说怎么写，越真实就越真诚，越真诚就越能打动读者——无论是观点，还是故事。

我们都希望自己的文章有"新意"。但只有严格忠于自己的真情实感和教育生活的本来面目，写出的文章才会使人耳目一新。我指导学生作文时，曾批评有的学生一写老师，就只能歌颂老师的"无私奉献"，写老师灯下备课或讲台晕倒等"感人事迹"，而不能多侧面地展示老师的喜怒哀乐。我对学生说："与老师相处本身就有许多富有生活气息而又富有戏剧性的起伏变化过程，如实记载下来不就成了文章的'尺水兴波'了吗？"

同样的道理，我们写文章谈某一教育观点，只要如实写出了自己的思维过程和不断深入的认识经历，以及相应的独特实践，就不可能写成一篇

"套文";同样,每一个老师的专业成长一定都有自己个性的烙印,我们上课和带班或多或少都会有自己的特点,把这些"烙印"和"特点"如实写出来,文章不就有"新意"了吗?

你的朋友　李镇西

2020 年 5 月 20 日

51. 语言如何做到得体？

虞娟老师：

你想让自己文章的语言尽可能得体一些，问我有什么办法做到。

你的想法非常好！很多文章的毛病就是语言不得体。

有一篇文章写一个三岁的孩子找不到爸爸了，孩子急得逢人便问："您见到我父亲了吗？"从语法上看，这句话不是病句；从词语上看，也没用错任何词。但我们听了就是觉得别扭。问题出在"父亲"这个词上，一个三岁小孩用"父亲"这词，显然不得体。

其实，和"父亲""爸爸"相同含义的词，还有"爹""爹地""老爸""老豆""阿玛""老爷子""大""老汉儿"……但这些词是不能随便互换使用的，只能在特定的情境中使用某一个称呼，才叫"得体"。

写文章时的语言得体，主要体现在两个方面——

第一，得文章用途之"体"，即你写的文章是做什么用的。因不同的用途，文章可以分为不同的文体：论文（谈策、明道、说理）、公文（规范、宣传、告知）、散文（记人、叙事、抒情）……而不同的文体显然在用语上是有不同要求的。

某学校写给初中生的《团的基本知识》宣传材料，开篇是这样的——

啊，青春正在燃烧，心儿飞起来了……

中国共产主义青年团是中国共产党领导的先进青年的群团组织，是广大青年在实践中学习中国特色社会主义和共产主义的学校，是中国共产党的助手和后备军。

普及共青团知识的文章算是公文，用语应该庄重而规范，这样令人啼笑皆非的文字，就是典型的不得体。

我常常读到一些教育小论文，题目就不得体，什么《那年花开》《美丽的邂逅》《心灵的绽放》《那座山，那条路，那棵树……》之类。文中充满了煽情的句子："感动的泪水浇灌心灵的花朵，思考的目光点燃思想的火炬"，还有一些故弄玄虚的句子，比如文章第一句便是："谁能想到，这次意外的相逢，却改变了我的教育人生。"这样语言不得体的文章，在一线老师当中，绝非个别。

第二，得读者对象之"体"，即你的文章是写给谁看的——领导、同行，还是学生、家长？你在动笔的时候，心中要想着受众，不同的人，自然用语是不一样的。这并不是说把读者分为高低贵贱、三六九等，完全不是，这纯粹是从对方接受的角度考虑不同的行文风格和语气口吻。

2020年，我为老师们写过一篇演讲稿《请记住这六位中国人》，因为是讲英雄的故事，所以我就以孩子为对象，直接对孩子说话。后来我还写过一篇《特殊时期的公民教育》，既要讲清楚有关公民教育的常识，又要说一些特殊时期的公民故事，前者主要是对老师讲，后者主要是对孩子们说，这把我难住了。后来我便将文章分为两部分，前一部分写给老师看，严谨而庄重；后一部分说给学生听，平易而亲切。

日常交往中，不同场合不同人，我们说话的风格完全不同。与同事分享经验，向领导汇报工作，同朋友聊天吹牛，给孩子辅导学习，和老婆打情骂俏……肯定都是不一样的语言，就像礼服、便装和睡衣不能随便乱穿。写文章也是这个道理。

不是说学术性或政论性的文章就不能有充满激情的文学语言，比如毛泽东《星星之火可以燎原》的结尾："它是站在海岸遥望海中已经看得见桅杆尖头了的一只航船，它是立于高山之巅远看东方已见光芒四射喷薄欲出的一轮朝日，它是躁动于母腹中的快要成熟了的一个婴儿。"

这是经典的政论名句，但原文的主要部分依然是严谨的说理而非空洞的抒情，而且这些优美的句子本身也绝非是单纯的文学形象，而是蕴含着深刻的哲理。

大多数老师的思考能力和表达水平显然还没有达到这种高度，所以行文还是注意语言得体为好。

你的朋友　李镇西

2020 年 5 月 21 日

52. 如何写教后记?

梦玉老师:

你想写教后记,却不知道该怎么写。于是,向我"求助"。

我首先要表扬你,因为你重视写教后记。

教后记,即课后对教学过程的反思性记录,所以也叫"教后反思"。

如果说,写教案是为上课画一个路线图的话,那么,写教后记就是对教学过程的回眸与审视,看看哪些地方走对了,哪些地方走偏了,下次遇到同样的情况又该怎么走……

并不是课上砸了才需要进行"检讨",不是的,任何一堂课都应该认真进行反思。这是写给自己看的,是将自己的思考凝结为文字,这样的文字既是自己教学成长的足迹,又是促进自己成长的财富。

经常这样回顾与琢磨自己的课堂,教学水平想不提高都难。名师就是这样炼成的。

1997年10月,我参加四川省赛课,现场抽签确定执教《孔乙己》。结果我获一等奖。那堂课反响不错,直到多年以后,还有一些老师对我说:"您那年上《孔乙己》给我留下的印象太深刻了!您早就在实践新课程理念了!"

但即使是对这堂获奖课,我也进行了认真的反思,并认真写了教后记——

应该说,这堂课有不少令我感到满意的地方,比如,面对陌生的学生如何寻找最佳教学切入点?原来我设想的课堂导入是与学生聊课外读小说,进而引入小说"三要素"。但临上课前,我发现学生第一

162

堂课学的是闻一多的《最后一次讲演》，而且学生的情感已投入到了闻一多讲演的凛然正气之中。于是，我决定利用学生已有的心理背景和情绪基础，以《最后一次讲演》与《孔乙己》的联系（都是"呐喊"）导入我的新课。这样开头，学生一下子便进入了一种庄严的境界，因而也就比较容易地进入课文。又如，教师如何在课堂上自然而然地体现出随机应变的教学机智？从这堂课来看，面对学生的提问，我还是比较从容自如的，整个课堂气氛十分和谐。当时，正是这一点，让看惯了常规公开课的老师们耳目一新。

但是，这堂课的问题也很明显，主要表现在整个课堂教学设计都着眼于我如何"教"，而不是学生如何"学"。课前我精心设计了一个"牛鼻子问题"："为什么鲁迅说'大约孔乙己的确死了'？"我打算通过对这个问题的剖析，让学生把握人物形象并感受特定的社会环境。在教学过程中，碰巧（这个"碰巧"对我来说是一个意外的惊喜）学生也提出了这个问题，因此后面的教学就显得很"自然"了；但是，如果学生没有提出这个问题呢？那我肯定要提出，因为我绝对不允许课堂的流程越出我预设的轨道。所以，尽管由于我富有经验的课堂调控能力，这堂课表面上很轻松自然，学生也很"自由"，但这一切的背后都有我不动声色的操纵，一切都在按我预先设计好的思路进行着，而表面上的"和谐"不过是故作姿态而已。

以后我应该真正把课文学习的主动权交给学生，解开思维束缚，让他们的思想燃烧，使课堂真正成为如苏霍姆林斯基所说的"思维的王国"。当然，这样做肯定会遇到一些师生都无法预料的问题，不要紧，我完全可以和学生平等地讨论甚至争论。教师的目的，不是让学生配合自己上一堂完美无缺的课，而是尊重学生，让他们的思想自由自在地飞翔。

下次，我一定试试。

半年后，我赴津参加全国课堂大赛执教《马克思墓前的讲话》时，完全把课堂交给学生，如此教法直接源于这篇"教后记"。

由此可见教后记的写法：第一，充分肯定自己课堂上的亮点，包括让自己得意的地方，这些地方往往蕴含着自己的智慧；第二，认真梳理自己教学中的不足甚至失误，这是难免的，但如果找出这些不足或失误，它们便能够转化为今后成功的财富；第三，写写今后可以如何处理同样问题的想法或策略。这三点不一定平均用墨，完全可以根据具体的课堂情况有所侧重。但无论如何，一定要把亮点和失误的具体情况写出来，这样更有利于自己教学艺术的提升。我上面这篇"教后记"就写得有血有肉，比较具体。

　　教后记不是为发表而写的文字，是为自己成长而对自己的激励与鼓劲。希望你能坚持写教后记。这是你走向优秀教师的必经之路。

你的朋友　李镇西
2020 年 5 月 21 日

53. 怎样避免无意抄袭？

屈舟老师：

最近，教育界几起抄袭丑闻令人震惊。你说你想到了自己，你是绝对不可能抄袭别人文章的，但你有时候会引用别人文章的文字或内容，你搞不清楚引用到怎样的程度就算抄袭了。

你提了一个很重要的问题。的确，不是自己的东西就不能要，更不能去偷。这是幼儿园小朋友都明白的道理。作为一名老师，我们都教育学生"要做一个诚实的好孩子"，可我们自己有时却明知故犯。把别人的文字当作自己的文字发表，就算会蒙骗一时，但最后一旦身败名裂，毁的是自己的形象。

我也多次被抄袭。曾有老师公然把我的文章毫不修改地署上她的名字在杂志公开发表；还曾有老师把我书的段落，作为他著作中的"有机组成部分"……这种抄袭相当精准，"一丝不苟"。还有的抄袭者，将我写的段落切成几节，然后在其文中这里"镶嵌"几句，那里"点缀"几句，如此"编织"，几乎浑然天成，这就叫"洗稿"。这种方式看似巧妙，实则依然是"抄袭"。

曾经有一个书商，把我的好几本著作拿去"加工"，然后写了一本书，叫做《向李镇西学什么》。全书的主干基本上是我的话，改动的只是人称，比如我的书中写"我认为……""我不同意这种观点……"在这本书中，全改成了"李镇西老师认为……""李镇西不同意这种观点……"我与该抄袭者取得联系，希望他道歉，他居然振振有词。于是，我不得不依法维权，最后胜诉。

所以，我对这种可耻的行径，相当鄙视。

是的，和你一样，也有老师对我说："我们真不想抄袭，可是有时候的确是不懂，无意中就犯错了。比如，摘录专家文章中的话算不算抄袭？引用了别人的观点算不算抄袭？借鉴了同行的做法然后写成文章算不算抄袭？……"

所以，我今天就来简单谈谈"抄袭"的界定，让老师们避免无意抄袭。所谓"抄袭"，就是把别人的文章、作品私自照抄作为自己的去发表。这里的要点，是"照抄作为自己的去发表"。如果不是这种情况，就不算抄袭。

适当引用语录不算抄袭。写文章有时候免不了引用别人特别是教育专家文章中的语录，一般都是几十个字，也有稍长一些的，但只要写明"谁谁谁说"，并加引号，就不算抄袭。比如——正如陶行知说："真教育是心心相印的活动。"这样引用，绝对不是抄袭。但如果你不加引号，直接把"真教育是心心相印的活动"作为自己的话写在文中，则是抄袭。虽然文字不多，还没达到法律追究的程度，但依然是抄袭。另外，如果大段大段甚至几页几页地引用，哪怕你写了作者并加了引号，也算抄袭。

关于这点，可看看《图书、期刊版权保护试行条例实施细则》的第十五条。"适当引用"指作者在一部作品中引用他人作品的片段，引用非诗词类作品不得超过2500字或被引用作品的十分之一，如果多次引用同一长篇非诗词类作品，总字数不得超过10,000字；适当引用他人已经发表的作品，必须具备下列条件：1. 引用目的仅限于介绍、评论某一作品或者说明某一问题；2. 所引用部分不能构成引用作品的主要部分或者实质部分；3. 不得损害被引用作品著作权人的利益。

只是使用思想不算抄袭。著作权法只保护表达形式，不保护思想。这是国际公认的法则。所以，别人的教育思想可以大胆用，比如苏霍姆林斯基的"和谐教育理论"，你完全可以用自己的语言和实践进行阐述，没人会说你抄袭的。当然，你最好也说明你是对苏霍姆林斯基教育思想的学习。

学习借鉴做法不算抄袭。北京十一学校的走班制教学，其实源于美国道尔顿学校，当然他们根据国情校情进行了创造性的实施，但即使原汁原味地照搬，这也不叫抄袭。魏书生老师的六步教学法、杜郎口中学的高效课堂……全国那么多老师在实践，都不叫抄袭。还是那句话，著作权法只保护用具体表现形式（文字、音乐、美术等等）所创作的作品，而不保护具体的实践。

规范转发文章不叫抄袭。现在包括微博、博客和微信公众号等形式的自媒体很多，看到别人的文章想转发，许多人又担心侵权。其实，只要规范转发，就不叫抄袭。所谓"规范转发"，其实就是三条：第一，征得作者同意；第二，署上作者姓名；第三，注明文章出处。只要做到了这三点，就与抄袭无关。

我相信，你和多数善良的老师都不会恶意抄袭的，只是在写作时的确应该谨慎一些，规范一些，让自己的每一篇文章都是凝聚自己智慧的原创。

你的朋友　李镇西

2020 年 5 月 21 日

54. 怎样才能让自己的文章发表?

国强老师：

你随信寄来了你的文章，托我向报刊推荐。你说："我多次投稿都没有回音。我多么想我的文章能够在报刊发表啊！可苦于没有门路……"

我想到了我的年轻时代，也曾有过和你一样的梦想。当初报考师范院校中文系，我首先看中的是"中文系"而不是"师范"。因为我从小就喜欢写作，作文经常被老师作为范文在班上读。因为这个爱好，参加工作后自然就保持了记录教育生活的习惯。一缕思绪，一份感动，一个故事……我都会随手记下来。我记得有一次，因为我嗓子哑了，学生们悄悄把药塞到我单身宿舍的门缝里，第二天我到班上去问是谁送的药。结果没一个孩子承认，但每一个孩子的脸上都洋溢着神秘的笑容，好像他们有一个共同的秘密，就李老师不知道，他们为此得意地看着我笑。那一刻，我发现每一双眼睛都是璀璨的星星。感动中，我写了一首题为《眼睛》的小诗，第二天投寄当地报纸，几天后便发表了。这是我发表的第一篇文章。后来编辑给我说，在众多的教育来稿中，这首小诗真诚的情感和新颖的构思打动了他。

我给你讲我这段经历，就是想告诉你，要发表文章，首先不是靠熟人搭建的"门路"，而是文章的质量。当时我也不认识编辑，只是贴上八分钱的邮票把装有稿件的信封投进街边的邮筒。后来我在《班主任》杂志上发表第一篇教育文章时，也是抱着试试的心态自发投稿的。再后来，我在《中国青年报》《光明日报》《中国教育报》《教育导报》《教育时报》等报纸的第一次文章发表，无一不是以默默无闻的普通作者身份投稿的。当然不是一投即中，像小诗《眼睛》第一次投稿就被用的运气也就只有那一

168

次。当然，现在都是报刊给我定向约稿，但在我"成名"之前，我投稿发表的概率大约是50%，也就是说有一半的稿件是没有被采用的。而这"落榜"的一半稿件，显然就是质量不过关。而且，即使现在，有时我应约写的稿子如果没达到编辑的要求，依然会被退回。

我不否认，现在一些报刊有"关系稿"，但绝对不是主流，除了那些纯粹以赚钱为目的、作者花钱就能发表"论文"的所谓"特刊"，但凡正规的出版物，无论报刊，还是书籍，编辑部都首先看文章的质量。不止一位编辑朋友对我说："我们不能砸自己的牌子啊！文章不好，报纸（杂志）没读者，我们的订数下降，这会危及我们的生存啊！"所以，我可以绝对地说，没有哪一个正规报刊的编辑不渴望优质稿件！在稿件质量和朋友关系之间，编辑首先是选择前者。不这样，报纸或杂志就办不下去。

我想我已经说清楚了，当你在考虑"如何让自己的文章发表"时，首先应该想的不是托"名家"找"门路"，而是如何提高自己的稿件质量水平。为此，我有几点建议——

第一，文章一定要是从自己心里流淌出来的，一定是你迫切想说的话、想抒的情、想讲的故事。这点非常重要。当你打开电脑拖出键盘准备写文章时，你要问问自己：这篇文章无论是否发表我都必须要写吗？如果答案是肯定的，而且你觉得不写就憋得难受，那你还未写的文章已经有了成功的前提条件——真诚。相反，如果你仅仅是为了评职称而不得不写，这样的文章好不到哪里去。

第二，要写自己看得懂的话，朴实自然地表达自己的所思所感所作所为。有的老师一写文章就想到许多套话大话，总想有"政治高度""理论深度"，于是乱用流行概念，套用时髦术语，看似高大上，却没有自己的东西。我经常建议一些年轻老师，把自己写的文章读一遍，看能否感动自己。如果连自己读起来都不知所云，那编辑读起来也肯定头疼，他怎么可能拿这样的文章去坑读者呢？

第三，要有基本的文字表达基础，比如文从字顺，中心明确，条理清晰……我看过不少老师发给我要我推荐的文章，说实话，不少文章不但主题不明，文体不清，而且病句连篇，让我很难相信是经常给学生讲作文的语文老师写的。说实话，这样的文章就是让中国作协主席推荐，恐怕编辑也不好用。检验一篇文章的文字是否流畅，还是我刚才说的那个很简单的办法，就是写完后自己读一遍，如果你自己都觉得读不下去，这样的文章还是不要拿去投稿。

最后，我还建议你多关注报刊的约稿启事。因为这些"约稿"在主题、内容、文体甚至字数等方面，都有明确的要求。如果约稿的主题刚好是你想写而且能写的，那你就可以按要求写，这样的稿子投到编辑部，采用的可能性就比较大。

另外，你可自己开微信公众号，自己给自己发表文章。这是一种很好的练笔方式。南京芳草园小学的数学老师郭文红，以前不爱写文章，后来开了"朴素小屋"，就写自己的思考和故事，每篇文章都不长，一千多字，结果她越写越顺手，文章质量不断提高，公众号也火起来了。不到一年，三家出版社联系她要给她出书。

你看，与其苦苦琢磨如何托"名家"推荐，不如多多打磨自己的每一篇文章。日积月累，总会成功的。

你的朋友　李镇西

2021 年 6 月 15 日

第 四 辑
师 生 之 间

对学生的爱，是教育过程中渐渐达到的某种较高的境界；而对学生的尊重，则是教师对学生一开始就应该恪守的职业底线。

55. 如何与学生搞好"关系"?

王川老师：

刚带一个新生班，仅仅因为不点名地批评了一个男生，他就回家对父母说你对他有"偏见"。你说你听了他家长的转述，感到很"冤枉"，因为"上一届学生，即使忍不住动了手，学生对我依然亲近"。

谢谢你对我的信任！对你"不点名批评"那个男生，我不了解更多的细节，无法做具体评价。读了你的来信，我最想告诉你的是，关键是师生关系。你的上一届学生，你连"忍不住动了手"，都不会影响学生对你的感情，而这个男生，仅仅是"不点名批评"，他就怨恨你了，这充分说明，师生关系的重要。

从某种意义上看，教育的核心是"关系"。你想想，这个男生是刚刚接手的新生，而"上一届学生"相处了几年，二者和你的感情与信任不可同日而语，与你的"关系"显然也不在一个档次上。我以自己几十年的教育经历多次说过，和学生关系好了，你就是骂他，他也很开心；如果关系不到位，你就是每天笑眯眯地对他，他心里也不买你的账。难怪有人甚至说："好的关系就是好的教育。"

是的，教育就是关系的建立。

为了避免误解，我还不得不特别说明，这里说的"关系"不是庸俗而毫无原则的人际交往。那种充满物质性和利益相关的"关系"，不是我们这里所说的有特定"教育内涵"的师生关系。

那么，有"教育内涵"的师生关系有什么特点呢？

首先是"真实"。这里所说的"真实"指的是教师本人的真诚、坦荡，不装，不端。我们当然是教育者，但不必随时戴着"教育者"的面具。相反，我们完全可以很自然地表现出我们本来就有的本色，比如童心。有时候忍不住和学生聊聊自己的郁闷，课余和学生一起玩，甚至玩扑克输了时偶尔要要赖——当然，这一切都应该是自然的而不是"做"出来的。苏霍姆林斯基说过，一个优秀的老师，"时刻都不忘记自己也曾是个孩子"。没有人是完美的，但不完美却很真实的老师，最容易被学生接受。

其次是"平等"。高高在上的老师，很难走进学生的心。平等，不是一种姿态，而是从心里把学生视为与自己人格平等的人。这种平等也不仅仅是一种观念，它完全可以体现在与学生相处时情感上的"一视同仁"，不把学生分为三六九等；同时在行为规范上自己也与学生"一视同仁"，比如和学生遵守同一规则，违反规则同样按规则处理。我曾经因下课拖堂而被按《班规》处罚，学生并不觉得我有多么"高尚"，而是习以为常。这才是真正的平等。

再次是"尊重"。爱是不能勉强的，对于刚刚接手的学生，暂时爱不起来很正常，但必须尊重。爱是内在的情感，尊重是外在的行为。所谓"尊重"，通俗地说，就是尽可能维护孩子的尊严，从学生的角度说，就是让他们感到自己在别人眼里很重要，尤其是被老师重视。在"问题学生"云集的昆明丑小鸭中学，我曾和几位被原来学校开除的男生聊天，我问他们："为什么这么依恋丑小鸭中学?"他们回答说："因为我们在这里感到了存在感。"让每一个学生都拥有"存在感"，就是对学生的尊重。

最后是"互助"。教育，不是单方面的教师对学生的引领和培养，同时也是学生对老师的影响和感染。教书几十年来，我真的从学生身上学了许多东西。我的好多缺点，比如爱发火、不守时等，都是在学生的帮助下渐渐克服的。苏霍姆林斯基说："最好的教师是在精神交往中忘记自己是教师，而把自己的学生视为朋友、志同道合者的那种教师。"陶行知也说："我们最注重师生接近，人格要互相感化，习惯要互相锻炼。人只晓得先生感化学生锻炼学生，而不知学生彼此感化锻炼和感化锻炼先生力量之大。"师生互相帮助，共同进步，是民主师生关系的特征。

我们对学生当然要谨言慎行。毕竟教师的任何一个言行，都可能对学生产生意想不到的影响——或激励，或挫伤。但教师也是人，不可能绝对完美，谁能保证自己的所有言行都恰到好处呢？没关系，师生之间良好的关系能够"自动调节"可能出现的"教育误差"。

　　或者我再通俗点说，只要师生之间有了亲密而充分信任的关系，嬉笑怒骂皆成教育！

远方的朋友　李镇西

2021 年 2 月 7 日

56. 实在不爱学生怎么办?

枫玲老师:

你说你最近接收了一个新生班,"真的很难爱上这些陌生人",尤其是几个学生特别淘气,你看见就心烦,"更是实在爱不起来"。你问我:"爱是一种自然而然的真情,我不爱学生难道非要装着很爱的样子吗?那样岂不太虚伪?"

是的,爱是一种情感,这种情感是装不出来的,即使装出了表面上的"和蔼可亲",可内心是很别扭的,也很难受。但从教育的角度说,这就陷入了某种困境:都说爱是教育的条件,有人甚至说"没有爱就没有教育",而爱的产生需要时间,是自然而然的感情积累。第一天见面的学生,应该说还是陌生人,凭什么就突然对他们产生爱呢?谁做得到对刚刚见到的陌生人就会有感情呢?但是,如果按"没有爱就没有教育"的逻辑,所有教起始年级的老师都无法实施教育了吗?

虽然有了爱也不等于有了教育,但"没有爱就没有教育"这话肯定没有错。只是从整个教育的过程而言,也就是说,在我们和学生相处的几年中,如果没有情感因素的伴随,我们希望传递给学生的价值观,将很难进入他们的心灵,所有教育措施也很难奏效。这也是陶行知强调"真教育是心心相印的活动"的原因。但这绝不是说,面对暂时还没有产生爱的新生,我们就不能进行任何教育,恰恰是在教育过程中,我们才得以和学生建立真诚的师生情感,那是一种情不自禁,如你所说,是一种"自然而然的真情"。

读到这里,可能你觉得我还是没有回答你的问题:"实在不爱学生怎么办?"

我的回答很简单，可以暂时不爱，但必须尊重。

爱是一种内在的感情，尊重是一种外在的行为。谁也无法强迫你的内心深处"必须"对学生充满感情，但是，在对待学生的态度上，你必须尊重，这种尊重体现于每一天具体的行为。似乎可以这样说，对学生的爱，是教育过程中渐渐达到的某种较高的境界；而对学生的尊重，则是教师对学生一开始就应该恪守的职业底线。

这样说可能有点抽象，那我还是举个例子吧！学生生了病，你可能做不到背他上医院，职业规范也没有要求老师必须背学生去医院，而教师主动背着学生上医院，无疑是一种师爱的体现，你暂时做不到或者不愿意，没关系的。但是，学生犯了错误你不能用侮辱性的语言批评学生，甚至体罚学生。也就是说，可以暂时不爱，但不能不尊重。因为——我再重复一遍——爱，是理想的教育境界；尊重，是起码的职业底线。

回到你的具体教育情境中来，面对一个又一个陌生的孩子，你暂时还没有爱是没有关系的；看到几个特别淘气的孩子，你心里烦也很正常。但这不妨碍你对他们的尊重，这种"尊重"体现在你对学生行为的善待，还体现于你为学生认认真真地备课、上课、批改作业……暂时没有爱，你同样可以做这一切啊！包括对那几个让你"心烦"的淘气孩子，他们犯了错误该谈心就谈心，该批评就批评，甚至该惩戒就惩戒（当然，不要轻易惩戒），只是不要因为他们问题多多，便讽刺挖苦、歧视冷落，甚至体罚或变相体罚。

当然，如果直到几年后学生毕业，你对学生都一直没有感情，坦率地说，不但你的教育效果会大打折扣，而且你的职业幸福也难获得。所以，还是想办法通过各种途径慢慢和学生建立感情——这份情感，不应该仅仅被看作是为了让学生"亲其师而信其道"的手段，更应该视为你职业幸福的标志。

怎么和学生建立感情呢？以我的经验，主要的途径还是多和学生交往。在教师素养中，有一点似乎被忽略了，那就是和孩子打交道的本事。这种"本事"体现在和孩子拥有某些共同的爱好、能够从孩子的角度思考和感受这个世界、能够用孩子的语言和他们沟通、放得下所谓教师的"架子"完全和孩子融为一体……当我们和孩子一起踢球、下棋、郊游甚至打游戏的时候，教师和学生正不知不觉地走进彼此的心灵。

教育必须有爱，这的确是真理。只是这份爱，是不能靠行政命令"规定"的，而是教师在教育实践中，特别是在和学生相处中油然而生的。暂时不爱不要紧，但必须尊重。只是，如果对学生一直都没有爱，这不仅是教育的遗憾，更是教师职业生涯的悲催——想想，每天都和自己不爱的学生相处，多难受啊！

我相信，你不会成为这样的老师的。我期待着你慢慢爱上学生，爱上教育。

远方的朋友　李镇西

2021 年 2 月 26 日

57. 怎样避免"看见孩子就烦"?

梅玲老师:

你好!

你说你教书才三年,却越来越累,"感觉不到幸福",甚至"看见孩子就心烦"。

这让我很忧虑,为你忧虑,你还有至少三十年才退休啊!未来的日子你怎么过?

其实,我也知道,虽然你说你"看见孩子就心烦",但我相信让你"心烦"的绝不是孩子,而是另外一些事。但我想说,排遣这些"心烦"的方式,恰恰就是多看看孩子!

道理我不多讲。讲几个来自学生的小细节吧——

一天,幼儿园里吃樱桃,诺诺小朋友不小心把樱桃核咽到了肚子里,跑到办公室一脸担忧地对老师说:"老师,我把樱桃核咽了,这可怎么办呢,它会不会在我肚子里长成一棵樱桃树?"啊,这可怎么办呢?老师想的"怎么办"是该怎么安慰小朋友,结果没等老师说话,小朋友突然又非常认真地说:"咦,我有办法了,从现在开始,我不喝水,不晒阳光,它肯定就长不出来啰!"说完,自己蹦蹦跳跳地走了。老师却忍不住"咯咯"笑了。

这是洛阳一名叫路方的幼儿园老师所感觉到的小确幸。

几年前,国家还没开放"二胎"生育的时候,那天,有一个一年级的小朋友来到班主任老师身边,非常郑重地说:"老师,我悄悄给你说一件事,一件很重要的事,但是我妈妈说了,叫我别告诉任何人——"小家伙附在老师耳朵边,说,"我有小、弟、弟啦!"老师乐了,问:"既然你妈妈叫你别告诉任何人，你为什么要告诉老师呀？"小家伙依然很郑重地说："我就是要你别告诉任何人呀！"什么逻辑！老师彻底被逗笑了。

这是赣州一位叫陈梅的小学老师所感觉到的小确幸。

大概是 1983 年的秋天，一个年轻教师正在批改学生的作文，当他翻到王军的作文时，不由自主皱起了眉头——不光字写得差，而且内容也很单薄。可是他翻到最后一页时，看到一行铅笔字："李老师，最近天气突然变冷了，您得多穿些衣服！"这个当年的小伙子至今不明白这学生为什么要用铅笔写这行字，也许是为了与前面的作文相区别吧？但如今已经退休的他还记得当时的心里感到的暖和。就在头天，这男生还因为上课说话而被这年轻老师批评，可他依然关心老师。孩子的胸襟就是比老师开阔！

这是我在工作第二年担任初中班主任时所感觉到的小确幸。

1989 年寒假，一个三十出头的小伙子带着一群高二学生向峨眉山进发，他们决意徒步登上金顶。蜿蜒的山路上，他们说说笑笑又打打闹闹；陡峭的钻天坡上，他们战战兢兢又嘻嘻哈哈。第一天夜里，住在半山腰的息心所，围着火炉聊天，讲笑话。第二天，冒着飞雪，一鼓作气，直跃金顶，并用自己青春的躯体，在白雪皑皑的山顶上摆出了"一班"二字——他们是高二（1）班的师生。依然青春的老师对正值青春的学生说："我现在还年轻，再过几年，也许我就登不上峨眉山了。"一个男生说："您到了八十岁，我们用滑竿把您抬上峨眉山！"

这是我三十多年前教高中时，所感觉到的小确幸。

梅玲老师，我没有把握我讲的这些"小确幸"，能够触动你。或者说，你是否也遇到过类似的小确幸？

我知道，"教育的幸福"是一个很大的话题，因为这涉及教师的待遇、职称、荣誉、住房、学校管理、校园环境、人际关系等等。我不可能在一封短短的信中就把这个话题说透彻。所以，我没指望用这几个小故事就改变你对教师职业"感觉不到幸福"的心态，我只是想善意地提醒你——

如果大的方面暂时没法改变，那不妨通过身边的细节来改善我们的心态。

你是不是也有过被孩子认真而稚气的话语逗笑的时候呢？你是不是也

有被学生自然而真诚的关心所感动的时候呢？

写到这里，我再次想到了伟大的苏霍姆林斯基在《把整颗心献给孩子》中的一段话："我总想和孩子们待在一起，跟他们同欢乐共忧患，亲密无间，这种亲昵感乃是教育者创造性劳动中的一大幸福。我曾时时试图参与某个儿童集体的生活，同孩子们一起去劳动或到家乡各地去远足，去参观旅游，帮助他们享受到一些不可多得的欢乐，缺少了这种欢乐就难以想象有完满的教育。"

我明白，原本热爱教育的你，是因为教育的许多问题才渐渐开始"厌倦"教育的。我没有掩饰教育问题的意思，教育的顽疾需要我们长期进行鲁迅所说的"韧性的战斗"，但在大环境没有改变之前，我们自己先试着从孩子那里感受一些小确幸吧！也或许能够让我们在感动中重燃教育的激情。

不妨一试，如何？

你的朋友　李镇西
2020 年 12 月 15 日

58. 我应该在学生面前保持一点"神秘感"吗?

延刚老师:

你苦恼于你和学生的亲密关系遭到校长的批评,这让我想到了我的年轻时代。

那时候,我刚刚工作,课余喜欢和学生一起玩儿。周末我带着他们去山上野炊,去江边摔跤,或者邀约学生到我家里做客,包饺子、吃火锅、打扑克、下棋……结果,有一天副校长把我请到他的办公室,对我一番谆谆教诲:"和学生太亲密了不好,你得随时想到你是老师啊!"他说得语重心长,"你毕竟是老师啊!和学生相处还是要注意分寸。一个老师如果在学生面前没有一点威严,你怎么管理好一个班?"

当时我不敢和他争论,但我心里是不服的,因为他并没有说清楚,为什么和学生建立亲密关系就管理不好一个班?

我并没有因为副校长批评了我而有所"改正",课余我依然和学生亲密无间。关键是,我的班风很好,并没有出现副校长所担心的情况。所以,后来他也就不再说什么了。

一直到我退休,可以说,几十年来,我都和学生保持着亲密的关系。

其实,我知道所谓"老师应该在学生面前保持威严""保持一点神秘感""要让学生对老师有点畏惧感"等等观点很有市场。一些老师认为,教师在学生面前固然应平易近人,但不可过分显得"孩子气",以致丧失起码的尊严感。许多年轻教师一工作,这些观点就被老教师当作"经验之谈"灌进了耳朵。比如你。

我经常听到一些老师向我诉说烦恼:"我也想和学生亲密,可一旦他们和我太随便,我就没威信了。"我却认为,只要注意环境、场合,只要把握准学生的情感，教师的任何"过分"的亲切、幽默、嬉戏都不会是多余的，这只会让学生把你当成真正的朋友来接纳。

在《把整颗心献给孩子》一书中，苏霍姆林斯基写道："我总是想和孩子们待在一起，跟他们同欢乐共忧愁，亲密无间，这种亲昵感对于教育者是创造性劳动中的一种极大享受。我曾时时试图参与孩子们某个集体的生活，同孩子们一起去劳动或到故乡各地去远足，去参观旅行，帮助他们获得一些不可多得的欢乐，缺少了这种欢乐就难以想象能有完满的教育。"

你看，在苏霍姆林斯基看来，师生间充满信任的关系，共同获得欢乐，正是"完满的教育"的条件，有时候甚至就是教育本身。

关键在于要把握好"良师益友"的角色。

"良师"意味着积极向上的人格引领，文明规范的行为养成，纠正学生的坏习惯，在帮助学生成长的过程中所进行的批评乃至处分，出于真正为学生一生负责的严格要求。"益友"意味着和学生建立平等的友谊，做学生真诚而忠诚的好伙伴，彼此信任，愿意和对方说悄悄话，拥有一项或多项共同爱好，能够一起玩，一起乐，彼此帮助，携手成长。

如果我们只注重做"良师"，脸上随时都挂着严肃的"教育表情"，学生可能会因怕你而服从你的管教，但他们在心里和你保持着距离，是很难真正接受你的教育的，最多是在行动上表现得很顺从而已。

如果我们只注重当"益友"，仅仅把师生关系停留于吃喝玩乐、嬉笑打闹，完全忘记了教育者的责任与使命，甚至在课堂上也一味迁就学生的违纪，那么一旦你严格要求，学生当然也就不买你的账了。

所以说，既做"益友"也为"良师"，两个角色应融为一体，不可分割。

可能你会问："那我是先做良师呢，还是先做益友？"有人认为，应该先做"良师"——先把学生"镇住"再说，等学生懂得规矩，服服帖帖之后，再拿出爱心做"益友"也不迟。

在我看来，既然"良师益友"是一体的，就无所谓先后。但是，如果一定要有所侧重，那宁可先做"益友"，即首先在感情上赢得孩子的心，而不是端着"神秘感"让学生敬而远之。有了情感，有了信任，有了发自内心的敬佩，举手投足都是教育！

有一点非常重要，就是教师本人要把握好纪律的严格要求与情感的真诚建立之间的界限与分寸，即课内与课后、时间与场合、私下与公开、个人与集体等具体时间与场合的情境不可混淆。

教师要用富有边界感的行为让学生明白，什么时候可以和老师"没大没小"，什么时候必须令行禁止。而做到了这一点，教师与学生无论多么亲热，都不会影响应有的严格要求。

还需要什么"神秘感"呢？

你的朋友　李镇西

2021 年 4 月 19 日

59. 怎么防止学生骂我？

沈略老师：

你说你批评了抽烟的学生，结果被学生大骂，还骂了二十多分钟，后来政教处请来其家长，家长不痛不痒地让该生勉强说了句"对不起"了事。你想不通，觉得被人骂了还不能揍，觉得教师很窝囊。问我："如果您遇到这种事情该怎么办？"

说实话，我特别不愿意回答老师们这种很具体的问题，因为任何一个教育现象都处于特定的情境，而且都是长期师生关系水到渠成的结果。我没有置身于那具体的情境，无法了解更多的细节，我得到的只是一个结果，我很难追溯或无从挖掘后面深藏的原因，所以我是无法给这样的难题提出有效的解决办法的。就好像任何一个高明的医生，都不太可能仅凭家属的电话描述或书信介绍就给一个千里以外的病危者做出准确的诊断并开药方一样。

我设想过，如果有哪个学生用极其污秽的语言公开骂我，而且骂那么长的时间，我会怎么做？想来想去，如果为了维护自己的尊严，除了揍他一顿，没别的办法。大不了挨个处分呗！

读到这里，你一定很解气：哇，原来李老师也会为了尊严而揍学生。是呀，公开辱骂二十多分钟，任何一个有血性的人恐怕都很难控制住自己的情绪。所以，你当时能够任其骂你，你的涵养比我好。真的。

问题是，从教近四十年，我没有遇到过这样的学生。而且，我可以自信地说，如果这是我班上的孩子，他如此破口大骂我，可能性很小。——本来我想说"不可能骂我"，但为了不把话说绝对，我只好说"可能性很小"。

你也许会说，"您那个年代没有这样的差生"，或者说，"您运气好"。不是的，我多次带过全校最差的班，有一个高一学生被开除后，被绝望的家长送到我班上，他妈妈对我说："我儿子除了没有吸毒，什么坏事都干过，还被警察抓去关过几天，只是因为年龄小而被放了，让家长教育。"据说，这学生初中还打过老师。可在我班上直到高中毕业，他虽然也曾顶撞过我，也曾气得我情不自禁握紧了拳头，但从没有像你说的那样骂过我。当然，后来他转变很大，还考上了大学，获得了硕士学位。

关于我和这个孩子的故事可以写一本书，这里显然不可能多说。我以他为例只想说明，顽劣学生的顽劣行为，原因很多，如果追根寻源，我觉得首推家庭教育，在一个没有教养的家庭中长大的孩子很难有教养，我这里没有推卸学校教育责任的意思，但一个孩子的品行首先是家庭教育的结果。另外，还有他的人际结交，苏霍姆林斯基说有六种力量同时影响着学生：除了教师，还有家庭、学生集体、学生本人（自我教育）、书籍和街头结交。其中"学生集体"和"街头结交"都属于孩子的"人际结交"，这对孩子的品格和行为的影响是很大的。

但作为教师，如果能够和孩子建立良好的关系，即使孩子非常顽劣，有的行为也是很难发生的。

估计你会着急了："凭什么学生犯了错误，要把责任归结于老师没有和他搞好关系？"

恕我直言，你理解错了。你把"师生关系"狭隘地理解为"和学生搞好关系"，而所谓"搞好"就是"迎合""迁就""纵容"甚至庸俗的吃喝玩乐，以为这样才能让学生不骂自己。

我这里说的"师生关系"不是具体的相处方式，而是一种精神共处、灵魂相伴，这是哲学意义上的概念。我曾说过，好的关系就是好的教育，甚至从某种意义上说，教育就是关系的建立。而这种关系的内涵，包括真实、平等、尊重、互助……

每接一个班，面对五六十个陌生的学生，我总是告诉自己，相处三年（有时候是相处六年，因为我有时是把学生从初一教到高三），无论这些孩子有怎样的家庭教育、性格特点、优势长处、缺点顽疾，我不敢保证都能够"改变"他们，但一定要做到尽可能走进每一个人的心灵，感情上亲近，思想上倾听，能力上互学，人格上共进。所以，在和孩子相处的每一天，真诚关爱、高标要求、推心置腹、无声感染、热情鼓励、严厉批评，甚至必要的"吃喝玩乐"……这一切都让我和学生保持着一种不会突破的底线，这个底线就是，无论是否接受对方的观点甚至反感对方，彼此都得保持一种基本的尊重。

对敏锐的老师来说，许多不好的苗头是可以消弭于初始的。比如，一个孩子家教极差，动辄破口大骂或大打出手，我们一开始就要从家庭教育入手，采取相应的措施；还有班集体的建设，用充满正气的氛围抑制某种风气的蔓延。这当然是个系统的长期的班级管理与教育过程。把这做好了，好多恶劣的事件就失去了发生的动因与土壤。

当然，面对极端的辱师事件，作为学校必须依规严肃处理，决不姑息。只是作为老师，如何在和学生相处的日子里，建立一种关系，创设一种班风，形成一种制度，让这种现象不可能发生，这才是最重要的。

沈老师，也许我并没有回答你"面对骂自己的学生怎么办"这个具体问题，但我希望我的意见能够有助于你今后不会再遇到这样的恶劣事件。

你的朋友　李镇西

2021 年 4 月 26 日晴

60. 如何认识"问题学生"?

初晴老师:

　　来信得知你最近接手了一个很特殊的班,"班里几乎都是行为习惯糟糕的学生,成绩一塌糊涂。想起来就头疼!"

　　我给你讲一个真实的故事吧!这个故事的主人公叫"唐燕",她是我在武侯实验中学的同事。

　　2006年9月,我刚当校长不久,一位年轻漂亮的女教师来找我:"李校长,我不想当班主任。"

　　我一看,是工作没几年的唐燕。我问她为什么不想当班主任,她说:"我第一次当班主任,就遇到班上一个叫方舟的男生,我实在受不了了!"她喋喋不休地给我数落这个方舟的种种"恶劣行径"。说完后,她睁大眼睛期待地看着我。

　　可她没想到,我对她说的第一句话是:"唐燕,恭喜你有了一个科研对象!"

　　她一下愣住了,好像没明白我的意思。我启发她:"名医为什么成为名医?就是专门研究别人治不好的疑难杂症嘛,他把每一个不好治的病人当作研究的对象。各种难治的病治好了治多了,不就成了名医?你见过哪个名医是因治感冒而成为名医的?老师也一样,研究转化后进生,就是成为名师的途径。最好的科研就是转化后进生,而你第一次当班主任居然遇到了这样的学生,真是好福气!"

　　然后,我以自己多次带"差班"的经验建议她换一种研究的眼光看方舟,观察他每一天的表现和变化,思考为什么会有这样的现象和变化,等等。"然后你把这一切都记录下来,包括你和他打交道的过程,以及你的

188

感悟和琢磨，都记录下来。这就是教育科研！"我说。

从那以后，唐老师不再跟我说"不当班主任"了，而是很投入地研究方舟。一年后，唐燕生孩子回家休产假，交给我一篇两万字的教育手记《方舟的故事》，完整地记录了自己与方舟打交道的过程。她说："方舟促使我快速成长。"

唐燕休完产假后返校，学校没有再安排她当班主任。但学年快结束的时候，她找到我："李校长，下学期还是让我当班主任吧！"我问为什么，她说："不当班主任，没有了研究对象，我心里空空的。"

于是，新学年开学，唐燕如愿当上了初一班主任。过了两年，她因为工作出色，被提拔为学校办公室主任，不得不放弃了班主任工作。再后来，她又被吸收进了教育局以培养校级干部为宗旨的"未来教育家研修班"。所有人都看好唐燕的前途，不少同龄人都很羡慕她，这么年轻就进入"管理层"了。

可是第二年七月初，她来找我："李校长，我打算辞去办公室主任，退出'未来教育家研修班'，我对当主任当校长一点兴趣都没有，我就想当班主任！请你理解我。"停了一下，她又提了一个请求，"你看看现在学校哪个班问题学生多，可以安排我去当班主任。不是我多么高尚，也不是我多么有能耐，而是我想研究。"

算起来，这事已经过去快七年了。如果当初唐燕不主动辞去办公室主任并退出"未来教育家研修班"，她现在至少是武侯区某学校的副校长了。然而她现在依然是成都市武侯实验中学一名普通而幸福的班主任。

前年，新教育实验研讨会在我校设分会场。唐燕作为优秀教师面对全国的参会代表讲述自己的成长。她说："我的成长，要从那年我去向李校长请求不当班主任开始说起。当时我给李校长说了我班上的一个顽劣孩子，没想到李校长对我说，唐燕，恭喜你有了一个科研对象！正是这句话，让我走上了科研道路，获得了成长……"

不知你听了唐燕的故事有什么感受。我还想对你啰嗦几句——

无论遇到多么顽劣甚至看似"不可救药"的学生，你都要意识到，这不但是必然的，而且是正常的。说"必然"，是因为教育本身是复杂的，教育对象也是各具个性的，这就决定了教育过程不可能一帆风顺，所以出现令人头疼的孩子以及由此带来的许多棘手的难题，正是教育本来的常态，你不应该感到意外；说"正常"，是因为我们的教育对象是孩子，他们有个性，不成熟，他们是来成长的，所以在成长过程中出现问题，的确是正常的，没问题反而不正常。

面对这样的孩子，我们不应该"头疼"，而应该"心疼"。因为"心疼"而研究他们的精神世界、成长经历、家庭背景、个性特征、智力状况、能力优势、人际交往……你不但会慢慢转化他们，进而获得教育的成就感，你还会因此快速成长起来，获得职业的幸福感。

衷心希望你也能通过你现在这个"很特殊的班"，成长起来！

你的朋友　李镇西

2021 年 6 月 14 日

61. 如何转化"问题学生"?

懿瞳老师：

班上几个"问题学生"搅得你心烦意乱，于是向我"求援"。

根据我多年的实践，我建议你在转化"问题学生"时，注意以下几点。

第一，注重感情倾斜。我们应怀着真诚的人道主义情怀给他们以心灵的呵护，帮助他们树立起人的尊严。我要特别强调的是，首先这种"爱"不是"偏爱"，而是自然而然的和其他学生一样平等的爱。不然，"问题学生"仍然会觉得老师对他是另一种形式的"另眼相看"。其次，这种"爱"不应该仅仅来自老师，还应来自学生集体，要让"问题学生"感到不但老师没有歧视他，而且同学们也在真诚地尊重他，进而唤起他对集体的热爱之情，并把这种感情转化为上进心。

第二，唤起向上的信心。苏霍姆林斯基有句名言："真正的教育是自我教育。"我想，这对"问题学生"同样适用。每当我感到学生不听我的话时，就问自己："我的这些话，是否点燃了他心灵深处向上的愿望和信心？"无数事实证明，只有当学生自己有强烈的上进愿望和信心时，他的进步才会出现并得以持久。所以，从某种意义上讲，所谓"转化问题学生"，更多的时候就是不断设法唤起他向上的信心。

第三，引导集体舆论。转化"问题学生"不应该是教师一个人苦口婆心的孤军奋战。比起教师单枪匹马的操心，学生集体的健康舆论更有利于"问题学生"的转化。教师要善于把自己对某一学生的批评、表扬、鼓励、关心、帮助变成集体对这个学生的批评、表扬、鼓励、关心、帮助。

第四，讲究有效方法。我这里没有说"科学方法"而说"有效方法"，当然不是不讲"科学"，而是更强调"有效"：有效的方法往往包含有"科学"的因素，但有时"科学"未必"有效"（比如缺乏可操作性、缺乏具体针对性，等等）；另外，这里的"有效"，还包含有"艺术"的意思（让我们的方法更新颖而使学生易于接受）。总之，转化"问题学生"除了耐心细致的思想教育，还必须有"十八般武艺"的行为引导、规范甚至必要的制约。

在我与"问题学生"长期磨合的过程中，我采用过的比较有效的具体方法有：

1. 写家校联系本。让"问题学生"为自己确定一个"帮助人"，让这个"帮助人"每天将"问题学生"的当天表现（纪律、作业、进步、问题等）写在家校联系本上，然后让"问题学生"带回去给家长看。

2. 填报喜单。每当新学期开始，我便印制好一沓学生进步报喜单，然后在每周末发给本周进步明显的"问题学生"，让他们带回去向家长报喜。

3. 游玩。我常常利用节假日，邀约班上的"问题学生"和他们的"帮助人"一起去公园或野外游玩，有时我还把这样的活动当作对进步学生的奖励。当学生忘记了我是他们的老师而和我摸爬滚打时，我的教育已成功了一半。

4. 写"每日九问"。引导"问题学生"养成每天"自省"的习惯：一问今天影响同学学习没有；二问今天上课开小差没有；三问今天学习上提出什么问题没有；四问今天的功课复习预习没有；五问今天做过什么不文明的事没有；六问今天说过脏话没有；七问今天战胜弱点没有；八问今天有进步没有；九问今天有什么遗憾没有。

5. 写"灵魂的搏斗"。引导"问题学生"自己战胜自己并体验其中的乐趣。我常常在某一"问题学生"做了一件他以前不容易做到的事之后，请他写《灵魂的搏斗——记一次"战胜自我"的经过》，然后在班上朗读，以激励更多的学生。

6. 对手竞赛。让每一个"问题学生"都找一个与自己各方面情况接近的同学作为竞争对手，在纪律、学习等方面展开比赛，并定期让全班评比。

7. 安排当干部。为了让"问题学生"也有体现自己尊严和才能的机会，我有时鼓动班上同学选他们当班干部，或者给他们安排一个"助理""干事"之类的"职务"。他们一旦有较好的工作成绩，我会及时让全班同学给他们以褒扬和鼓励。

8. 学生作文表扬。经常向全班学生布置写《××同学进步大》的作文，然后在班上大张旗鼓地朗读或张贴这样的作文，以形成一个催人向上的集体舆论氛围。

9. 推荐好书。有针对性地给有关学生推荐有益读物，并定期和他们一起讨论阅读体会，以引导他们形成健康的精神生活。

当然，教师的个性化和学生的个性化，决定了教育是一门个性化的艺术，因此不可能有教育的"万能钥匙"。但就像写字从临摹开始一样，作为新教师，你先从参考、借鉴老教师的经验开始，也未尝不可。试试何妨？

你的朋友　李镇西
2021 年 6 月 12 日

62. 如何鼓励"问题学生"?

晓燕老师:

你说你对班里几个特别糟糕的孩子感到头疼不已,这些孩子屡教不改;你还说你也想换换方法,想试试对他们多鼓励和表扬,"但学生犯了错误难道也不能批评而只能表扬吗?"好,今天我就和你聊聊这个话题。

教育的最高境界是走进心灵。所谓"走进心灵",就是让孩子的心灵有所感动,有所醒悟;在孩子犯了错误时,能够心悦诚服地接受老师的教育。为了达到这个目的,方法至关重要。

毫无疑问,批评是教育的重要方法,说"重要"是因为我认为教育中的批评是不可缺少的;或者说,没有批评的教育是不完整的,甚至是有缺陷的教育。但是,有时候鼓励比批评更加有效。富有智慧的教师,哪怕是在学生犯了错误的时候也能够找到学生值得鼓励的地方,以各种方式巧妙地表扬学生,从而达到触动他们心灵的目的。

我班上曾经有三个后进生特别让我头疼。采用多种方法都收效甚微之后,我怀疑是我的教育存在问题。经过反思,我找到了问题所在:第一,我把教育这几个后进生仅仅看成是我和他们之间的"较量",而忘记了发挥班集体的作用;第二,我对他们批评多而表扬少,找他们谈心多是他们犯了错误之后,自然批评就多一些。

我决定改变策略,运用"集体表扬"方式激励他们改正错误,不断进步。新学期第一天,我把这几个后进生找来和他们商量:"这学期你们几个同学展开比赛,怎么样?"

孩子都有着争强好胜的天性,后进生也不例外。听说要"比赛",孩子们来了兴趣,直问我"比赛什么""怎么比赛",我说:"你们三个比赛

194

一下，看谁各方面的进步最大。裁判不是我，而是全班同学。考试的时候，我请全班同学投票，看你们谁的进步大。选票就是半期考试作文。"

哦，对了，我还忘了告诉你，当时我这个班是学校唯一的语文教改实验班，平时的单元测验和半期考试题，都由我自己命制。所以我在全班宣布（提前公布）半期语文考试作文题：《××同学进步大》。虽然这个××并未明确是指谁，但大家的目光自然会盯着平时最调皮的同学。由于学生们的作文只能写一位同学，这就使参加比赛的三个后进生之间具有了竞争性，而且这种竞争随时在学生集体的监督之中；由于学生的"选票"是考试作文，他们自然会认真对待，而这种"认真"必须体现为平时对那几个"后进学生"的细心关注。

半期考试时，我果真出《××同学进步大》的作文让学生们写。收上试卷一看，三个后进生得到的选票几乎势均力敌。我把每个学生得到的"选票"——就是写他进步的作文都发给他，给他提三个要求：第一，回家后把这些作文读给爸爸妈妈听听，让爸爸妈妈享受你成功的喜悦；第二，把每篇作文中最能打动你的语言勾画出来；第三，选一篇你认为写得最好的作文，在评讲作文时为全班同学朗读。

这三个要求都蕴含着我的教育意图：让他们读作文给家长听，是想让这些后进生的家长也享受表扬并受到鼓励；勾画最能打动心灵的语句，是想让后进生读得更加仔细，这样才能真正让他们感动；在班上读作文，是想营造一种令后进生自豪的氛围，让他们在这种氛围中坦然地自己表扬自己！

对后进生，有时我还通过家长来表扬他们。只要这些孩子有了进步，我就会让他们来我这里领一张"报喜单"——

××同学的家长：

　　××同学最近表现良好，进步突出，特此通报，请予以表扬（建议给予适当的物质奖励）。我相信，在我们共同努力下，××同学一定还会有更大的进步！

　　　　　　　　　　　　　　　　　　班主任 李镇西

　　　　　　　　　　　　　　　　　　×年×月×日

这个报喜单其实都是事先印好的格式文本，需要时填上学生姓名即可。但孩子领到的却绝不是一纸格式化的公文，而是足以令他自豪的凭据。无数次的实践证明，家长看到这报喜单后，其喜悦的心情不亚于孩子。曾有家长对我说："从孩子小学起，每次我听到的来自学校的消息都是不好的，都是孩子又犯错了，或者老师通知我去学校领孩子，等等，而现在我看到的是学校让孩子带回来的报喜单！"父母的表扬，让孩子更加有信心继续改正缺点，取得更大的进步。

　　这种教育技巧，我对历届学生中的后进生都运用过，可以说是屡试不爽。

　　我经常想，走进学生的心灵不容易，走进后进生的心灵更难。难就难在经过我们无数次的批评指责之后，他们的心已经长了厚厚的茧，甚至戴上了对抗老师的"盔甲"。但只要富于智慧，巧妙地运用鼓励和表扬，我们是可以走进后进生心灵，并逐步转化他们的。

你的朋友　李镇西

2021 年 7 月 6 日

63. 如何既批评了学生，又不伤其尊严？

雨欣老师：

你问我："如何既批评了学生，又不伤其尊严？"

这个问题让我感动，感动于你对学生所怀有的一份尊重。

必须承认，批评就肯定会让学生产生难受、紧张、震动、羞愧等感受，这是正常的心理反应，这不是损害其尊严。如果一个学生挨了批评却无动于衷，那这"批评"可以说是失败的。

我想，不伤学生尊严的批评至少要注意两点：一是无论多么严厉的批评，都不能有人格侮辱的言辞；二是尽可能（我说的是"尽可能"）不要当众严厉批评学生。

但是，这做得到吗？

我今天以我的两个亲身经历的故事来回答这个问题。

1983 年的一天，我站在操场边看班上的学生做课间操，这时我发现一个叫耿梅（实名）的女生在队列里有说有笑，不认真做操。于是，我当即高声批评她："耿梅！什么事儿那么高兴？有什么话说不完？为什么不好好做操？"之所以要"高声批评"，是因为我站在操场边，她在操场中央的队列中，我必须提高声音她才能听到。

她果然听到了，但周围其他同学以及其他班的学生也听到了。虽然还有广播里的课间操音乐，但我的声音气势磅礴，雷霆万钧，以耿梅为半径，至少周围二十米内的学生都听到了我的批评，并转过身去看她。

耿梅一下便处于众目睽睽之中。本来性格还比较温和的耿梅当即便回了我几句嘴，因为她的声音不大，我没有听清她说了什么，但肯定是在顶撞我。于是，我勃然大怒，用更高亢的声音骂她："你怎么连一点自尊心都没有？不要脸皮太厚！"

现在想起来，第二句话与其说是在批评她违纪，不如说是在捍卫我作为教师的尊严，因为我一个小伙子居然被一个小女生当众顶撞，太丢人了，我就不信我收拾不了你！

这才是我那一刻的真实心理状态。

当时我也的确把耿梅"收拾"下来了，把她的"嚣张气焰"打了下去。虽然她的表情明显不服气，但至少嘴巴给我闭上了。

两年后毕业前的最后一天，我让即将离开我的学生给我写信提意见："你们是我教的第一届学生，这三年来，李老师肯定犯了许多错误，请同学们帮李老师一一指出。你们这些意见，将帮助李老师成为一个好老师！"

耿梅的信写得尖锐而又诚恳。她说的正是两年前操场被我高声呵斥"脸皮太厚"那件事："当时我不认真做操的确错了，您批评我也是应该的，但您不应该当着全校师生的面呵斥我，后来还骂我'脸皮太厚'，当时我真的有一种羞辱感，恨不得有个地缝钻进去。今天，李老师让我给您提意见，我就提这个意见，希望李老师以后批评犯错误的同学，能够注意方式和语言。"

读了这封信，轮到我"恨不得有个地缝钻进去"了。我想，如果时光倒流，回到两年前那一刻，我还是会批评耿梅的，但我会走进队列，来到她的身边，小声地批评她："为什么一边做操一边说笑？请认真做操！"这样，既批评了她，又没损害她的尊严。

三十多年后，在广州工作的耿梅回四川看我。我拿出了我珍藏的她初中毕业前夕给我写的那封信，我说："这封信，我已经写进了《做最好的老师》一书。感谢耿梅教我当老师！"

2012 年的一天，我在成都市武侯实验中学当校长时，一个男生在课堂上违反纪律被年轻的女教师批评，这个男生公然辱骂女教师。

在我看来，如同孩子的尊严必须维护一样，教师的尊严也同样不可侵犯。这个孩子犯的错误，是不可原谅的。我先把这个孩子请到我办公室，严肃而耐心地给他谈了整整一个中午，最后他诚恳地表示错了，愿意给老师道歉。后来，他的确主动去给那位女教师承认了错误，并道歉。

但这事还没完。为了教育全校学生，我决定让他在全校师生面前道歉。他犹豫片刻，表示同意。可他的"犹豫"让我想到，孩子毕竟是未成年人，哪怕是犯了严重错误的学生，也要考虑他的自尊心。

　　于是，在第二天课间操的时候，面对全校三千师生，我匿名宣读了犯错学生的道歉信。这样，既教育了全校学生，又保护了孩子的面子。

　　前后三十年，同样是批评犯错误的学生，做法却不一样。第一次批评了学生的错误同时又损害了学生的尊严；第二次同样批评了犯错误的学生但维护了学生的尊严。

　　雨欣老师，你应该知道怎么做了吧？

你的朋友　李镇西

2021 年 1 月 30 日

64. 强调对学生的爱会导致他们缺乏挫折教育吗?

唯真老师:

你认为现在的孩子并不缺乏爱,因为除了父母,还有孩子的爷爷、奶奶、外公、外婆以及所有亲人对孩子太多的疼爱,一出生就泡在蜜罐里;到了学校,还有老师爱。你由此认为,现在对孩子的爱是"过度"了,因为"过度的爱",现在的孩子以自我为中心、心理脆弱,受不得一点委屈和挫折,觉得天下的人就该爱自己,将就自己,否则就郁闷,就受不了……所以,你说现在孩子所享受的爱已经够了,不应该再强调对孩子的爱了,否则,他们缺乏挫折教育,将成为精神上的"玻璃人",或巨婴。

是这样的吗?我不但认为不是,恰恰相反,我认为现在的孩子缺乏真正的爱。

关键是如何理解对孩子的爱。或者说,我们应该给孩子怎样的爱?——这个问题也可以是,孩子需要怎样的爱?

是的,如你所说,现在的孩子并不缺乏"爱",一家人围着孩子转,用一句俗话说:"捧在手里怕摔了,含在嘴里怕化了。"无论是孩子的父母还是家里的老人,对孩子的爱绝对是真诚的,但注意,相当多的家庭给孩子的爱,主要体现在两个方面:第一,物质的无限满足。无论是穿戴,还是玩具,或是学习用品,都尽可能买高档品,最好是名牌。总之,现在许多家长"不差钱",能够给孩子提供优越的物质条件就尽量提供。第二,行动的全面包办。孩子不能做的,家长帮着做;孩子能做的,家长依然帮着做。仅举一例,我所在城市每天早晨的许多小学门口,都拥挤不堪,因为除了孩子,还有送他们上学的爸爸妈妈或爷爷奶奶,如果出于安全考虑这还可以理解的话,那么绝大多数孩子的书包都在大人身上,这份"爱"

就有些过了！所以，许多孩子一直到高三，几乎都还过着"饭来张口，衣来伸手"的生活。

这是不是爱呢？当然是。但这种仅仅是物质上的满足与行为上的包办的"爱"，是溺爱，而不是有助于孩子健康成长所需要的真正的爱。

真正的教育之爱，至少有四个内涵：尊重、理解、规则、放手。

尊重，是爱的第一要义。对孩子的尊重，意味着把他看作一个有自己独立思想情感的人，而不是父母的应声虫，或者可以任由家长操纵的木偶；对孩子的尊重，意味着把他看作一个与父母在人格上平等的人，而不是家长可以居高临下俯视的奴隶。没有尊重的爱，就是专制的"爱"，是对子女不由分说而强加给他们的"爱"。尊重孩子，还意味着尊重他们不同阶段的心理特点，以及由此而来的情感、想法、兴趣、爱好、好奇心、求知欲等，并以朋友的身份和他们一起玩，一起乐，一起思考，一起探索……

真正的爱，不会仅仅停留于物质层面，而必然进入精神世界，因此，没有对人精神世界的理解，就谈不上真正的爱。家长以为自己对孩子无微不至的呵护就是"爱"，但请问这样的家长，你知道孩子在想什么吗？你知道他的喜怒哀乐吗？你对他喋喋不休的，是他需要的吗？而他渴望的心灵抚慰，你给他了吗？曾有一个家长面对突然跳楼的儿子，悲痛欲绝地说："你要什么就有什么，好好的你，为什么突然这样？"可是，你真的认为"你要什么就有什么"就是对孩子的爱吗？你真的以为你的儿子是"好好的"吗？

爱不是放纵，不是孩子要什么就给什么，教会孩子过有节制的生活，教会孩子懂得规则，是一种着眼于孩子未来的爱。有的父母，对孩子的要求百般满足，换来的是孩子无休止的索取，得不到满足就闹，于是家长便因"爱"而妥协——这是典型的溺爱，而溺爱即"害"。在一个电梯里，孩子用玩具枪噼噼啪啪地敲打按钮，周围的人忍不住劝孩子爱护公物，母亲却说："他是孩子，还不懂事嘛！"可是，孩子不懂事，家长也是孩子吗？如此无视起码公共规则意识的"爱"，只能培养出骄横的小霸王。

爱，不是什么都替孩子做主，在行动上包办一切。当然，婴幼儿没有自主能力，父母的"包办"是必须的，但随着孩子一天天长大，父母依然替孩子操心，帮他做他应该做的事，这种所谓的"爱"其实是阻止孩子长大。根据孩子的年龄特点，而适当地放手，孩子能做的事情让他自己做，孩子能够独自承受的压力让他自己扛，孩子成长中遇到的种种困难，让他自己去面对，去战胜——这就是真正的"挫折教育"，这也是对孩子最有责任感的爱。放手就是让孩子走向成熟。

今天的孩子一方面承受着太沉重的"爱"，一方面又有着不被理解的孤独，还要面对应试教育带来的一次次摧残，结果是睡眠不足、视力下降、身体赢弱、精神郁闷……他们天天都在被"挫折"，哪里需要我们专门对他们进行所谓"挫折教育"呢？

你觉得我说得有道理吗？

你的朋友 李镇西

2021 年 7 月 18 日

65. 如何"说服"学生?

艳丽老师:

你的苦恼是"每次和学生谈心,都很难说服学生",问我"怎么办"。我不知道你是经常"说服"不了学生呢,还是有时"说服"不了学生;也不知道你是在什么具体的观点上"说服"不了学生。不过,我可以借这个机会,和你简单聊聊师生沟通的话题。

教育,在教师的具体操作上看,更多的时候是靠语言进入学生心灵。你说的"说服"在一定程度上也体现了语言的艺术。但语言不过是思维的外壳,通过谈心给学生所传递的是思想。不是说,语言技巧不重要,而是说观点的说服力比语言的煽动性更重要。

如果你同意我这个理解,那么我首先要问你的是,当你给学生宣扬某种思想观点时,这个观点本身有没有真理性?如果你说的观点就难以站得住脚,如何让学生信服?比如,学生对学校某些形式主义表示反感并在行动上抵触时,你想以"顾全大局"或更冠冕堂皇的"理由"去"说服"学生,可能吗?

所以,想以某种思想观点说服学生,或让学生接受,必须具备一个绝对的前提条件:教师自己必须发自内心地信奉自己所宣传的思想观点。如果喋喋不休地给学生大谈自己都不相信的话,而想让学生相信,岂非缘木求鱼?

当然,我相信你给学生谈心时,一般来说所讲的道理都是正确的,而且是学生应该接受的。可你感到难以"说服"学生,我想,这可能和你在与学生沟通时的"姿态"有关,即你的"说服"意识太强,因而不知不觉居高临下,眼神里多半还有"你怎么这么简单的道理都不懂"的愠怒。所以，我要给你的重要建议是，在与学生谈心时，尽可能把自己摆在和学生同一层面，淡化"说服意识"而突出"商量""对话"甚至"闲聊"的色彩，在平等轻松的气氛中，学生或许会有所醒悟和启发。

另外，教师在和学生谈心时，要善于"把自己摆进去"，即推心置腹地给学生聊聊自己曾经有过的类似经历。注意，这不是为了刻意"套近乎"而装出来的"平易近人"，而是真诚地把学生当作朋友说"悄悄话"。我曾经和一位与母亲发生冲突而出走的学生谈心，他直截了当地对我说："我对母亲没有感情，我恨她！"我给他聊了我年轻时和母亲的一段"纠纷"，谈了我也曾经"怨恨"母亲，但最后理解了母亲。那次谈话很成功，学生主动表示回去就向母亲道歉。

尽管如此，我也没有每次都"说服"学生，但我从不认为我没有"说服"学生的谈心是失败的。我越来越认为，如果谈心是为了"说服"学生，这种想法本身就是违背教育真谛的。教育的目的，不是为了让学生听话，而是给学生独立、自由而健康的精神世界。所谓"说服"学生，是建立在一种假想的前提上，即教师是真理的拥有者，而学生则是被动接受真理的服从者。这显然不对。当然，因为教师的阅历比学生丰富，所以一般来说，教师对某些问题的看法可能比学生更全面，更接近于真理，但这不是绝对的。在当今信息时代，教师不但早已不是学生唯一的知识源，甚至在某些领域，学生的视野、见识和能力还超过了教师。而教师居然还时时想"说服"学生，这不是很愚蠢吗？

昆明丑小鸭中学的校长詹大年曾经批评某些教育："有的人'讲'道理，是直接宣布道理。也就是说，道理在我手上，我是对的，你是错的。有的人'讲'道理，是宣讲道理，不管怎样，一定要证明我的道理是对的，一定要'赢'。如果赢不了，就恼羞成怒。"我们一定不做这样的老师啊！

何况有的现象本身就是可以多元评价的，教师非要以自己的"一元"，去否定学生的"一元"，学生怎么可能被你"说服"。比如，你举出若干例子给学生证明"打游戏会影响学习"，可学生同样可以给你举出不少通过打游戏而成为开发电子游戏软件专家的例子。这样的争论，谁说服得了谁？

　　总之，不要和学生争输赢，允许学生有自己独立的想法，搁置争议，让时间去证明。

　　因此，成功的谈心，是交流不是说服，是对话不是争吵，是尊重不是强迫……谈话的结果，不是谁说服了谁，而是双方都从对方的表达中受到了启发，师生互相启发和影响，是最好的效果。

　　你看，你本来是问我"如何说服学生"，可我最后的回答是"谁也别说服谁"。矛盾吗？不矛盾。真正的教育，就是这看似"谁也没法说服谁"但师生彼此都走进了对方的心。

　　你明白我的意思了吗？

你的朋友　李镇西
2021 年 5 月 8 日

66. 如何向学生学习？

郑燕老师：

你说读到陶行知先生说的"拜小孩子为师"很感动，但就是不知道在实践中如何操作，你问我："教师可以从哪些方面向学生学习？"

说实话吧，我很感动于你对陶行知的感动。现在，一些教师总是抱怨学生，认为现在的学生就是"欠揍"，以强调"师道尊严"为名，主张教师就应该有自己"凛然不可侵犯的尊严"。在这种背景下，你还崇尚陶行知的"拜小孩子为师"的思想，确实难能可贵！

其实，教师真正的尊严源于学生发自内心的敬意，而不是一厢情愿的自我感觉。教师放低身段向学生学习，才会让学生由衷敬佩我们。当然，必须说明的是，向学生学习的目的，不是为了赢得学生的尊重——这只是一种意外的收获，我们的真正目的，还是为了自己的成长。

那么，教师应该怎样向学生学习呢？根据我几十年的实践，有三点建议：

第一，从我们和学生打交道过程中犯的一些错误中吸取教训。

在拙著《教育的 100 种可能》中，我写了两个成绩很差的学生的故事。从教之初，我班上有一个女生，性格温和但成绩很差，有一次她迟到了，我便罚她站。后来她因病休学时，我心里暗暗高兴。一年后复学到了下一个年级插班，在校园里碰见我还主动问好。但后来这女孩突然病逝了，我才知道她一直患有白血病。在殡仪馆面对她的遗体，我特别内疚，泪流满面，我想，早知道你有白血病我就不会罚你站了。但我继续追问：难道她没有白血病，我就应该罚她站吗？我决心从此以后不再罚学生站。我有这个想法，无疑是一个进步，但这是早逝的小姑娘带给我的进步。不是说她主动"教育"了我应该如何当老师，而是我从自己在她身上犯的错误中进行了反思，进而对教育的认识更正确和成熟。所以，反思是关键。没有反思，教师犯一百次错误都不会有进步，而善于反思每一次错误，就能把错误变成向上的台阶。

第二，随时主动敞开胸怀，让学生给自己提意见或建议。

我教书几十年，无论是教语文还是带班级，从来没有家长投诉过我。这不是因为我的课堂教学和班主任工作无懈可击，而是因为我经常在学生中征求他们对我的意见。比如，我会定期搞问卷调查："你认为李老师这个月讲得最好的一篇课文是哪篇？""你认为李老师这个月讲得最差的课文是哪篇？""你认为李老师这个月出的最好的作文题是什么？""你认为李老师这个月出的最差的作文题是什么？"……这些调查都是无记名的形式。班级管理也是如此，我经常在学生中搞书面调查，以了解他们对我工作的意见。每到新年，我都会让学生给我写一封信，内容包括：1. 过去的一年，李老师有哪些做法值得肯定，并希望李老师继续坚持下去？2. 过去的一年，李老师有哪些不足或做得很不好的，希望李老师改正？3. 新的一年，你对李老师有哪些期待和建议？我对学生说，这是你们送给李老师最好的新年礼物。元旦过后，学生返校便把信交给我。无论是鼓励，还是批评，或者是建议，每一封信都是孩子们真诚的心声。在读学生信的时候，我真的很感动。我为学生的直率（在我看来这正是他们对我的信任）而感动，我为学生对我的鼓励而感动（我觉得，我们稍微对学生好一点，学生就铭记在心，对我们感激不尽。学生真是太纯洁了！）我更为自己的过失而深深内疚、自责。正是在历届学生这样的帮助下，我不断成长着，走向教育的成熟。

第三，建立民主监督机制，将接受学生的监督制度化。

前面说的两点，更多的是出于教师的道德自觉与行为自律，换句话说，是教师出于高尚的师德而主动向学生学习，但是如果有教师没有这个"觉悟"呢？是不是出现了教育失误或犯了错误，学生就拿他没办法呢？在我的班级管理中，我是用体现民主精神的班规来解决这个问题的。

我们的班规是每一个学生自己制定的，我不参与任何条款的草拟，但我会引导学生思考班规制定的原则：1. 广泛性，即班规条款必须穷尽班级可能出现的一切违纪现象；2. 可行性，即班规是对违规行为的制约，而不是道德的倡导，既然是制约违规行为，那么就必须有合理而适当的惩戒措施；3. 互制性，即师生之间互相制约，特别是学生对包括班主任在内的所有老师的行为制约。因此，学生针对我可能出现的错误，比如拖堂、伤害学生人格的批评、体罚等，都有严格的规定。限于篇幅，我不便举例了。总之，毫不夸张地说，几十年来，正是因为学生通过班规对我的制约，我改正了许多缺点，避免了不少教育失误。

向学生学习，不仅仅是为了让学生尊敬我们，甚至也不仅仅是为了让我们自己的教育避免失误而更加科学，最根本的目的，是靠尊重培养尊重，用平等造就平等，以民主滋养民主。

你的朋友　李镇西

2021 年 7 月 27 日

67. 如何面对学生对自己的批评?

凌翔老师:

你说你收到班上一个学生的信,对你管理班级的一些做法提出了批评。"如果他说的是错的,我还可以解释一下,但关键是他说的是对的,没有理由不接受,但接受吧,说实话,我面子放不下来……"这是你的苦恼。

要我说,如果你真的顾及自己的面子,那我只能送你四个字:坦然面对。

我不想抽象地给你讲道理,我还是给你讲我的一段亲身经历吧!在拙著《教育的100种可能》中,我写了一个名叫尹萍的普通女生,我教她的时候,她曾经很尖锐地给我提意见。我是怎么面对和处理的呢?事情的经过是这样的——

一天早晨,我来到班上向一位女学生借改正液,我发现她好像是在抄同学的作业。虽然我知道这个学生有抄作业的习惯,但我还是怕冤枉了她,所以当她把改正液给我拿来时,我小心翼翼地问她:"你刚才没抄同学的作业吧?"她说:"没有啊!绝对没有抄同学的作业。您看,这都是我的本子。"她当即把手中的本子给我看。我看果然是她自己的本子。"哦,那是我看错了,真对不起你。"我说这话的时候,的确是感到对不起她,因为我差点冤枉她了。

过了一会儿,在还改正液时,为了表达我的歉意,我亲自走到她的桌前把改正液递给她。就在我说"谢谢"的时候,我突然发现她的确是在抄同学的数学作业!当时,我极为愤怒,不仅仅因为她抄作业,更因为她欺骗了我——应该说,是愚弄了我!面对我严峻的眼神,她无言以对,低下了头。

我马上回到讲台上，当着全班学生狠狠地批评了这位学生的欺骗行为："她这样做，既是自欺，也是欺人！"想到刚才我心里对她的"歉意"，我真是恼怒到了极点，于是我越说越气，"大家都知道，××抄作业是一贯的！她如此弄虚作假，我就有理由怀疑她过去的作业是否都是她自己做的，而她每一次的考试成绩是否都是真实的！"

第二天，尹萍给我写了一封长信。在信中，她首先向我作自我批评："昨天的事，也有我的错，因为是我把自己的作业给××抄的。现在，我知道自己错了，我以后一定会改正的。请李老师原谅我。"接着她又对××提出了批评。但是，这封信主要还是对我提意见——

"李老师，我觉得您昨天批评××同学有些过火。当然，我理解您当时的心情，××对您撒谎，欺骗了您，您心里当然不好受。但是，您批评××时，为什么要说她以前所做的作业都可能是抄袭的呢？您还说您怀疑她过去的成绩是否真实。当着全班同学这样批评一个女同学，多伤她的自尊心啊！您知道吗，昨天整整一天，××同学都很自卑？吃午饭时，也不好意思和同学们在一起，而是一个人孤独地吃。李老师，我和同学们都很尊敬您，把您当成朋友，因为我们都能感到您是真心爱我们的。但既然是朋友，我就给您说心里话，相信您能接受。我知道您当时也是冲动，但这可能会影响××同学以后的上进心啊！……"

读完这封信，我的愧疚是难以形容的。是啊，一个崇尚爱心的教育者竟然如此失去理智地伤害了一个学生的自尊心，这是多么富有讽刺意味啊！我当然有权利也有理由批评××的欺骗行为，但是，我有什么权利和理由因她犯这一次错误就怀疑了她所有真诚的努力呢？我有什么权利和理由要因这件事而摧毁她向上的勇气和信心呢？

怎么挽回这难以挽回的教育失误？当时我想，没有别的办法，自尊心只有靠自尊心换回——我决定用自己的尊严换回学生的尊严。我当即在班上把尹萍同学的信读了一遍，并叫班长把这封信张贴在教室里。我真诚地对学生们说："昨天，××抄作业是该批评，但我对她的批评显然过分了，我武断地说××以前的作业都是抄袭的，更是极端错误的。我向××同学诚恳道歉。我还要感谢尹萍同学，是她帮助我意识到了我的错误，是她提醒我改正错误。希望同学们向尹萍学习，随时监督我！"

当天，我又找××个别谈心，再次向她表示歉意。她非常感动，并且也向我承认了她的错误。我说："我们来个比赛吧，看谁先改正自己的错误。"

从那以后，每当我面对犯错误的学生怒不可遏的时候，我就会想起尹萍对我的批评。于是，我便会冷静下来。

不能说后来我就没有冲动过，但像尹萍批评的这种因情绪失控而伤学生自尊心的事的确就很少发生了（我印象中没有过了，但怕把话说绝对了，所以只能说"很少发生"）。

我相信我这个故事对你是有启发的。

既然来自学生的批评是对的，有什么理由不坦然面对并虚心接受呢？放心，给学生认错不会损害自己的形象，而越是掩饰，则越丢面子。相反，真诚地感谢学生对自己的批评，并努力在工作中克服自己的缺点和弱点，只会让自己更成熟，乃至更优秀。

你的朋友　李镇西
2021 年 8 月 5 日

68. 为什么我义务给学生补课却得不到学生的理解？

振云老师：

你好！

抱歉，我没能及时回复你的来信。不仅仅是因为忙，更是因为我不知道如何回复你。

你说，为了给毕业班的学生多补一些知识，一次又一次地利用自习课给他们上课。学生开始还没说什么，可后来居然给校长写信诉说他们的"苦恼"，说他们"没时间自己看书"。来信中，你觉得你非常委屈："我可是连一分钱的报酬都没要啊！"你还觉得很伤心："我义务为学生补课，把全部身心都给了学生，可换来的竟是……唉，现在的学生让人寒心啊！"

我非常理解你的心情。我绝对相信你对学生的奉献精神，这精神的背后是你真诚的爱心。但我也要坦率地说，你也许没有意识到，既然课表上安排的是自习课，那么，这就是供学生自由安排的学习时间，如果不经学生允许而占用学生的自习课，这实际上是对学生权利的侵犯。换句话说，你对学生的爱是"不由分说"的爱，因为在付出如此"爱心"的同时，又"爱你没商量"地侵占了学生本应该自己支配的自习课时间。这种"爱"是很令人遗憾的。

这也正是我迟迟没给你回信的原因，我怕你更委屈了、更伤心了。但我想了想，还是硬着心肠直说。

我周围也有不少喜欢占自习课的老师，这些老师往往有一个非常"雄辩"的理由："应试教育"逼得我们不得不这样做呀！谁不想图个轻松？

难道我愿意多上课吗？还不是升学指标给逼的！

对此，作为同样曾经是一线教师，而且曾经也多次占用学生自习课的我，予以充分的理解。但理解不等于赞同。因为"应试教育"与侵占学生自习课并没有必然联系。而且就以应试而言，企图通过侵占自习课来提高学生应试成绩，效果未必就很理想：第一，学生的时间是有限的，自习课被侵占了，他们自主学习的时间就少了，学习质量必然受影响；第二，学生在十分反感的心理状态下，真正能够听进老师所讲的知识又有多少？第三，即使某一科的成绩因为占用自习课而提高，但付出的代价是其他学科的学习时间被挤压，学生总体应试成绩也不可能提高。

在讨论是否应该占学生自习课的问题上，即使反对的老师往往也只从"妨碍了学生的学习自主性，效果并不好"的角度看问题，但在我看来，这首先是对学生尊重不尊重的问题。

是的，在是否无端占用学生自习课这个"细节"上，同样能够体现出教育者是否具有真的民主精神。

毋庸讳言，由于种种原因，中国封建文化的残余至今还阻碍着我们的教育走向民主与平等。不能说现在的老师们都不热爱学生，但是，由于长期以来受传统文化中所谓"师道尊严"的潜移默化的影响，在相当一部分教师的心目中，"民主与平等"的观念是比较淡漠的。在他们看来，教育者的一切都是为学生好，学生不但必须服从，而且更应该感激不尽才是。在师生关系上，学生只有服从的义务，没有自主的权利。于是，一些善良的教师往往不知不觉甚至是"好心"地损害着学生的尊严和感情，甚至侵犯学生的权利，也就毫不奇怪了。

说来惭愧，我刚参加工作那几年，也是侵占学生自习课的"积极分子"，特别是因为我一直担任班主任，因此，侵占自习课便有了得天独厚的条件了。但1988年9月，我在担任高二文科班班主任时和学生一起制定《班规》，学生对我侵占自习课表示了他们的不满，并在《班规》中明确规定："班主任不得占用自习课上语文，如有违反，罚扫教室一天。"从那以后到退休，我从没有侵占过学生一次自习课。

曾经有一次，期末考试前我非常想利用自习课给学生"补一补"，结果有学生同意，有学生反对，争执不下，班委决定投票表决，并让我回避。当我在办公室听到的结果是"反对者以微弱优势的票数占了上风"时，虽然很是遗憾，但我表示尊重大多数同学的意愿，我一点都没有"太寒心了"的抱怨。

如果说，当初我只是迫于《班规》的约束而"不敢"侵占自习课的话，那么，到后来我的确是自觉意识到：应该真诚地把民主教育贯穿于教育教学过程的每一个细节，包括不占用学生的自习课。让我欣慰的是，后来和我搭档的老师们都能与我在这个问题上达成共识：除非特殊情况，决不占用学生自习课。回顾我在这个问题上的"观念转变"，我还真的很感谢我的学生呢！

因此，把自习课还给学生吧——让我们尊重学生自习的权利。

我们都呼唤民主，但民主不是抽象的概念，而是具体的行动，甚至细节，对老师来说，尊重学生的学习自主权，就是民主的开始。

也许你暂时不一定能够接受我的说法，没关系，你还可以自己琢磨琢磨。

你的朋友　李镇西
2020 年 12 月 14 日

69. 我应该和孩子们一起"追星"吗？

舒昊老师：

你说最近参加了一个培训，听一位专家讲，班主任应该和学生一起追星——这里的"星"，主要是指当红的流量明星，比如王一博、肖战、蔡徐坤、易烊千玺、迪丽热巴、杨幂等等。专家说，只有这样才能真正和学生的心贴得很紧，否则就有"代沟"。对此你感到困惑："我虽然也还不算老教师，但确实没有兴趣追这些星，难道我真的应该装作很喜欢的样子去追星吗？"

你遇到的问题我也曾经遇到过。应该承认，要走进孩子的心灵，就得和孩子保持一些共同爱好，如苏霍姆林斯基所说，多与孩子保持一项共同爱好，就多了一条通往孩子心灵的道路。

然而，现在许多老师和家长都对孩子的"追星"感到不可思议，同时担心这"追星"会影响学习。于是，有的老师不许孩子追星，有的家长甚至撕碎孩子保存的明星照。这样一来，两代人的冲突便不可避免。

所以我认为，我们首先还是需要懂一点孩子追星的心理基础。少男少女之所以比较容易产生这种狂热崇拜，这是他们青春期心理矛盾的表现：一方面觉得自己是大人了，不仅要求行动自主，而且希望精神独立；可另一方面，他们又渴望自己的思想感情有所寄托和依附，于是便把目光投向影星、歌星、球星们，并在思想上、行动上，甚至言谈举止、衣着打扮上都情不自禁地受自己偶像的感染和影响。所以，这种崇拜心理是很正常的，也应该得到家长的理解。我甚至认为，孩子不追星才不正常呢！

有了了解（了解青春期的心理特点）才会有理解（理解孩子追星的原因），而理解正是教育的前提之一。从这个意义上说，老师或家长如果也能适当地了解一下流量明星，对了解孩子的心灵，和孩子保持共同话题，是有意义的。

但我不同意"老师应该和学生一起追星，否则就有'代沟'"的说法。教育，应该理直气壮地向孩子们传递真善美的价值观，培养学生的理想主义情怀和英雄主义气概。如果为了"赢得学生的心"，为了避免所谓"代沟"，而放弃教育者的职责与使命去简单地迎合学生并不成熟的想法和并不高雅的情趣，这不是教育。

法国前总统萨科齐曾经对全法教师写过一段话："培育对真、善、美以及伟大与深刻事物的欣赏，对假、恶、丑、渺小与平庸事物的厌恶，这便是教育者为儿童所承担的工作，这便是对儿童最好的爱，这便是对儿童的尊重。"坦率地说，作为一个西方的政治家，萨科齐的许多观点，与我们社会主义国家的价值观并不相同，但人类总有共同的教育追求，至少对真善美的态度是一致的。如果不因人废言的话，萨科齐这段话还是有积极意义的。我想说的是，连西方的政治家都不讳言"对真、善、美以及伟大与深刻事物的欣赏，对假、恶、丑、渺小与平庸事物的厌恶"，那么，我们给孩子们幼小的心灵播撒真善美的种子，有必要羞羞答答吗？

不要因为孩子喜欢娱乐明星，我们做教师的就不好意思给他们讲爱因斯坦、居里夫人，以为这样会有"代沟"了，以为学生也不爱听了。我再强调一次，真正有情怀的教育者在善于走进孩子心灵的同时，千万不能忘记自己的使命。

关键是——如何和孩子一起追星，又如何给孩子传递真善美？

不能否认，明星中也不乏善良、正直、勤奋、敬业的人（可以理解的原因，我这里不举例），教师完全可以和孩子一起追这样的星，并自然而然地引导他们树立正确的"追星观"；更不能否认，相当多的流量明星无论是做人品格还是艺术造诣都实在让人难以恭维，他们靠什么成名又靠什么暴富，大家心知肚明而又奈他莫何（同样是出于可以理解的原因，我这里也不举例）！令人担忧的是，后者往往比前者有更多的粉丝，他们更令孩子们痴迷。在这样的社会背景下，简单地说"教师应该和学生一起追星"，那还要教育干什么？

216

作为学生人格的引领者，教师完全应该也可以在了解明星并理解孩子的前提下，和他们一起平等地探讨"追星"的话题，因为教师并非"星盲"，所以很容易和孩子有共同语言。这样，在自然而然的气氛中，第一，引导孩子明白，究竟应该追怎样的明星；第二，让孩子知道，我们心灵的天空中可以有艺体明星的身影，但精神的原野上还应该有科学巨匠、人文大师等英雄伟人的丰碑。

　　所谓"代沟"，是一种正常的客观存在，不可"消除"——你也消除不了。明智的教育者可以通过与孩子有效沟通而彼此学习，互相弥补自己思想上的短板。这正是师生互助共进的最佳关系，何必要"回避"呢？

　　教育不需要高高在上的灌输说教，也不需要"低低在下"的迎合讨好。通过和孩子一起追星，我们的心态更加年轻；通过引导孩子追星，我们的教育更加完美。

你的朋友　李镇西

2021 年 7 月 26 日

第 五 辑
班 级 建 设

　　教育必须要以爱为前提，并始终伴随着爱，但教育之爱的内涵与形式十分丰富——不仅仅是呵护与陪伴，也包括规范与责任；不仅仅是语重心长与苦口婆心，也包括严厉批评与合理惩戒。

70. 多搞活动多谈心

鸣远老师：

你问我"怎样才能带好一个班"，作为一个当了几十年班主任的退休教师，我很愿意回答你这个问题。虽然这个话题很大，但我尽量简单给你说说我的想法和做法。

一说到"带班"，我们可能会想到这个"理念"那个"原则"，还有什么"打造班级文化""创建特色班级"，甚至连"品牌班级"的概念都诞生了，还有诸如"兵法""绝招"之类的"秘诀"，令人眼花缭乱，目不暇接。

真理总是朴素的。根据我三十余年当班主任的体会，我可以用一句话概括我带班的做法——多搞活动多谈心。

先说"多搞活动"。

20年前，我带的初2000届3班的学生毕业之际，我为他们编撰了一本书——《花开的声音》。这本正式出版的著作记录了孩子们成长的足迹。其中，不但有他们在三年学习过程中奋力攀登科学文化知识高峰的足迹，更有他们在铺满金色油菜花的乡间小道上追逐的足迹，他们在公园竹林里捉迷藏时欢快的足迹，他们在幽幽山谷间摸鱼捉虾后留在小河边鹅卵石上湿漉漉的足迹……每一个"足迹"后面都闪烁着本来就应该属于少年的欢乐。

而这些欢乐的获得，均离不开丰富多彩的集体活动。

所以，班主任善于组织（或引导学生自己组织）各种生动有趣、寓教于乐的活动，最能使学生潜移默化地受到集体主义精神的感染。学生在一场足球赛或联欢会中获得的集体主义情感体验，是教师任何美妙而空洞的说教难以达到的。集体活动，就内容而言，可以涉及德、智、体、美、劳各个方面；就形式而言，可以是学习交流、思辨讨论，但我更重视游艺娱乐、文艺表演、街头调查、远足郊游、野外撒欢……从教育艺术的角度看，多搞活动是通过淡化教育痕迹的方法来获得并非淡化的教育效果。

再说"多谈心"。

有人曾对我说："李老师，我读你的书，发现有一个词儿，你使用率特别高——'心灵'。"是的，我给我的书取名也喜欢用"心灵"，比如《走进心灵》《教育是心灵的艺术》《心灵写诗》《以心灵赢得心灵》《给学生以心灵的自由》……但这远远不只是词语运用的问题，而是表明了我对教育的理解，所谓"教育"，就是教师用自己的心灵在学生的心灵上写出心灵的诗篇！

无论是陶行知所说的"真教育是心心相印的活动"，还是苏霍姆林斯基所说"教育，这首先是人学"，都揭示了一个朴素的教育真理：好的教育总是也必须是面向心灵。

其实，所有班主任都会给学生谈心的，但一些老师的谈心对象往往只是犯了错误或有了这样那样问题（比如学习滑坡、心理失衡等等）的学生。而我这里说的"谈心"指的是和班上每一个孩子谈心。所以，我当班主任时，总是以学号为序每天轮流找学生单独谈心。这种谈心并非功利性很强的"教育谈心"，相反它在形式上更像是和孩子"随便聊聊"：你最崇拜的偶像？你喜欢欧洲杯的哪支球队？你最近读了什么书？甚至——你最近在打什么游戏？

这对班主任是一个考验，因为和学生谈心的前提是了解"这一个"学生的心灵，即他在想什么。所以我曾经说过，高素质教师还应是一位"心理学家"。面对每一个孩子（而不是笼统的"面向全体"）的教育则必然要求教师具备发现、发挥、发展学生独特个性的技巧与艺术。因此，班主任必须拥有良好的心理学修养，善于走进学生的心灵，敏锐地感受学生的心理变化，与他们心心相印，息息相通——正如赞可夫所说："对于一个有观察力的教师来说，学生的欢乐、兴奋、惊奇、疑惑、恐惧、受窘和其他内心活动的最细微的表现，都逃不过他的眼睛。一个教师如果对这些表

222

现熟视无睹，他就很难成为学生的良师益友。"唯有这样，我们才可能真正走进每一个孩子的心。

多搞活动多谈心，我就靠这七个字带了几十年的班，总的说来，我所带的每一个班都还不错。"多搞活动"是面向全体，"多谈心"是面对个体；"多搞活动"是班级建设，"多谈心"是精神引领。双管齐下，互相促进，相得益彰。共性教育与个性引导的辩证统一，尽在这七个字的实践中。

但愿我的上述建议，对你有所帮助！

你的朋友　李镇西

2020 年 12 月 21 日

71. 怎样培养班干部？

梅芳老师：

初当班主任，你有点手忙脚乱，想培养几个班干部减轻点自己的负担，于是向我"求援"。

我先提醒你，培养学生干部主要不是为了"减轻自己的负担"哦！当然，优秀的学生干部无疑是班主任的得力助手，包括给老师出谋划策，但他们同时又是全体学生的代表，对班主任工作进行有效的监督。因此，我们培养学生干部的目的，不只是为了使自己图个轻松，而是培养学生的综合素质与能力，同时让班级管理充满民主精神。

如果你同意这样的"学生干部观"，那么我有如下建议——

第一，培养学生干部应面对全体学生。

既然培养班干部是教育与自我教育的重要途径，那我们就不应该仅仅着眼于少数学生。每个学生都希望自己被信任，渴望自己的长处得到展示，这种心理应该被教师尊重。从教育公平的角度说，每一个孩子都有权利参与班级管理，都应有锻炼提高的机会。

怎样做到人人都能当干部？不少班主任有许多有效的做法："轮流班委制""值周班长制""常务班委和执行班委制"等等。有老师担心"轮流执政"会削弱班干部队伍的稳定性，从而影响班级建设。为防止这种情况，班干部的组建可采用相对固定与短期轮换相结合的办法。比如，班长任期可长达一年，班委任期一学期或半期，小组长任期一个月或半期，等等。另外，平时一般班委的变动，也不宜"一锅端"地全部换，而应部分调整、逐步轮换。

第二，学生干部的培养关键是"官念"的培养。

1. 服务意识。我经常对新任学生干部讲："要淡化'干部'意识，强化'仆人'意识。让同学们觉得你们是最值得尊敬、信任与依赖的人。这就为大胆工作奠定了深厚的感情基础。"我们要让学生干部明白，自己为同学所做的一切，既不是"收买人心"，也不是额外的"学雷锋"，而是自己的分内之事，应尽之责。

2. 主人意识。所谓"主人意识"，有两层意思：一是工作中要有主动性和独立性，不要老是认为自己是老师的助手而消极依赖、被动待命；二是当老师的工作出现疏漏时，应勇于向老师提出，并协助纠正；同时还要敢于并善于随时维护同学们的正当利益。班干部与同学的关系应是既大胆管理，又接受监督；他们与班主任的关系应是既密切配合，又互相督促。

3. 创造意识。班干部工作确实很辛苦，但如果这些工作同时又是一种创造，那么辛苦中也有快乐和收获。大到班级管理方式的选择，小到每一项具体活动的设计，都应让学生尽量展现出自己的智慧，使他们随时产生创造的喜悦。

4. 效率意识。教会学生干部注重工作效率，不仅仅是为了给学生节约时间，有利于他们的学习，更是培养学生一种现代观念。指导学生科学安排时间，合理制订计划、学会"一心多用"，善于简洁发言，等等，都可逐步提高学生干部的工作学习效率。我开班干部会，总是和学生干部一起站着开，这么小小一件事，就增强了学生的紧迫感与时间观念。

第三，对学生干部的培养更多的是为他们提供机会。

上述思想观念的培养，绝不是靠空洞的说教，而是让学生"在游泳中学会游泳"。教师指导当然是需要的，但最重要的是，教师要大胆放手，为小干部们提供大量独当一面、大显身手的机会。即使学生在工作中遭到挫折，这也是对他们必要的锻造。何况学生的潜能是不可低估的，几个小学生都可以组织一场精彩的足球赛。小干部的工作热情与创造精神往往会使教师惊叹。

第四，学生干部的培养离不开学生集体的健康舆论。

一般教师往往认为，好的班级有赖于一支好的学生干部队伍。这话只对了一半，因为"有几流的人民，就有几流的政府"。班级舆论是否健康，班集体对学生干部的评价是否公正，这直接影响学生干部的工作热情与工作质量。

　　造就良好的集体舆论，班主任可做这些工作：首先，学生干部只能且必须经过真正的民主选举，而且是无记名投票。这样才能使学生们感到班干部是"我自己的选择"而非教师的强加，从而有积极配合的思想基础。其次，定期让学生对班干部进行评议或投信任票，既使学生干部随时感受到同学的鼓励与监督，又以此引导学生公正无私地评价班干部。再次，定期引导全班同学向班干部写致敬信，向他们的辛勤劳动表达敬意（注意，不是"感谢"）。对少数工作不佳的学生干部，一方面要进行个别的指导，另一方面要引导学生们发现其工作中某些可取之处，然后在班上大力表扬，以鼓起这些学生干部的热情与信心。

　　以上所说，对你有启发吗？

你的朋友　李镇西

2021 年 7 月 11 日

72. 如何让班规切实可行？

晨啸老师：

"我辛辛苦苦制定的班规却成了一纸空文！"你苦恼地说。

我认为，班规之所以最后形同虚设，最根本的原因是一开始它就不是来自学生的愿望，而是来自你的意志。因为，要让班规切实可行，就要真正让它来自学生的内心。你可能会说："学生会发自内心地接受一个约束他们自己的班规吗？"

当然会，关键是老师如何引导。好，我讲讲我是怎么做的——

新生进校，我便向大家提出三个问题：第一，你们是否希望这个班最终成为一个好的集体？第二，若要让我们班成为好集体，需不需要每个人都克服自身的弱点？第三，为了保证同学们为了集体的利益而克服自身的弱点，需不需要制定一个班规？

第一个问题都能获得所有学生的肯定答复。谁不愿意生活在一个好的集体中呢？问这个问题的目的是让学生明白，让咱们班成为好集体不是李老师的想法，而是同学们的愿望。第二个问题则让有些学生略有犹豫，但更多的学生都说"需要"，于是我让大家充分讨论。最后达成一致：必须每一个人都克服自身的弱点，这样才能实现我们共同的目标，让咱班成为好集体。对第三个问题，为数不少的学生认为没必要订立班规，于是，我用了一堂课来辩论，正反双方唇枪舌剑，最后全班无记名公投，并当场唱票，少数服从多数：需要订立班规，不然我们"好集体"的目标是不可能实现的。

也许你会问："公投时多数学生都不赞成订立班规，怎么办？"这不可能。我坚信，即使十分散漫的学生也希望自己能生活在一个好集体中，而全班同学都"希望班集体好",这正是班规赖以实施的最根本的思想基础。

共识达成后,我开始和学生们确定制定班规的原则:可行性、广泛性、互制性。

所谓"可行性",一是提的要求、规定应符合实际,且便于监督检查;二是不仅仅提出纪律要求,还应同时有相应的强制措施,明确"违反了又怎么办?"否则,班级规定很可能又成为一纸空文。

所谓"广泛性",是班规应尽可能地涉及班级一切可能出现的违纪情况,以后凡是班内出现了违纪现象,大家都可以从中找到相应的惩罚措施。

所谓"互制性",即班规既应体现出学生之间的互相制约,更应体现出师生之间的互相制约。也就是说,班规不仅仅是对学生的管理,同时对老师(尤其是班主任)也具有责任监督、权力限制(这点,是我主动提出来的),而且应把这个监督权、限制权交给学生。

原则确定后,我又问学生:"这个班规,应由谁来起草?"大多数学生都说:"当然是李老师啦!"也有少数学生说:"由班干部!"——竟没有一个人说"应由我们自己!"

我又开始引导学生:"这个班不只是李老师的,而是每一个同学的,要求这个班好也是每一个人的希望,制定班规同样是你们每一个人的意愿,那么,班规理所应当由班上每一个人起草。"我之所以要让学生自己定而不由我拟个初稿交学生讨论,是因为我希望学生从一开始就意识到:班规是我自己制定的,而不是老师强加给我的。而学生自己草拟班规,使他们一开始就不知不觉地进入了自我教育、自我管理的状态。

当学生每人都交上一份班规(草案)后,我布置学生干部进行归纳、整理、加工,形成初稿后交给全班同学根据三个原则反复讨论、推敲、修改。最后,全班同学对修改后的班规进行无记名投票,并当场唱票。一旦通过,班规便成了"班级法律"。

整个班规包括"学习纪律""寝室纪律""清洁卫生""体育锻炼""值日生""班干部""班主任""其他"共八个部分40条,基本上覆盖了班级管理的各个方面。班规的每一条都写明了执行者,并对执"法"不严

228

者有明确的惩罚规定。班规专门设了"班主任"一项，有如此规定。"每月出现下列情况中任何一种，罚扫教室一次：①对学生发火超过一次；②上课拖堂两分钟以上；③错批评同学一次；④用不文明语言侮辱同学的人格；⑤未经同学允许占用自习课上语文；⑥执行本班规不严。对班主任的惩罚。由班长执行，全班同学监督。"班规还特别规定："全班同学每月以无记名形式对班主任工作投一次信任票，信任票未获半数，罚独自扫教室一次；连续两次未获半数，由班委向校长写投诉信。"这充分体现了班规的"互制性"。

毫不夸张地说，我从1988年9月开始实行班规管理以来，直到退休前带的最后一个班，我都是这样做的，而从没出现过学生不遵守班规的现象。原因很简单——自己给自己制定的规矩，好意思不遵守吗？

你的朋友　李镇西
2021 年 7 月 6 日

73. 如何合理地使用惩戒?

明峰老师:

你来信要我谈谈"如何恰当地使用教育惩戒"这个话题。你这个提问,表明了你是主张教育惩戒的。这是对的。

教育无非就是人格引领与行为养成。前者需要感染,后者需要训练,而训练就带有强制的意思,所谓"强制"就是必须做到,做不到就得付出代价,这个代价就是惩戒。另外,当学生妨碍他人学习生活和其他权利时,教育者更有权及时强行终止他的行为,并施以合理的惩戒。这是理所当然的。教育不能仅仅靠惩戒,但没有惩戒的教育是不完整的教育。

但教育惩戒不是体罚,绝不能将二者混为一谈。体罚是以击打、刺扎等方式造成学生身体的痛苦,是对学生肉体和精神的双重伤害,而惩戒是用一些强制性手段对学生进行提醒与约束。在教育过程中,并不是所有犯错的情况都需要惩戒这个方法。教育惩戒是"教育武器库"中的一件武器,但不是唯一的"武器"。在实践中,惩戒是有条件的,这个条件就是看学生犯的是什么错误,以及错误的严重程度。我们能够不用惩戒最好不用,但这把达摩克利斯剑必须高悬。

特别要强调的是,教育必须要以爱为前提,并始终伴随着爱,但教育之爱的内涵与形式十分丰富——不仅仅是呵护与陪伴,也包括规范与责任;不仅仅是语重心长与苦口婆心,也包括严厉批评与合理惩戒。无论是就动机而言,还是从目的来看,惩戒也是爱的呈现方式之一。

但这里的惩戒毕竟是"教育惩戒",是作为教育方式的惩戒,是着眼于教育目的的惩戒,不是为惩戒而惩戒,更不是体罚。因此,如何合理运用惩戒,的确是值得每一位教育者思考和研究的课题。

我认为，完美的教育惩戒有四个要素——

　　第一，是否需要？教师要根据具体情况判断是不是非惩戒不可。并不是所有的犯错都需要惩戒，有的比较轻微的或者说并没有太大不良影响的错误，就可以通过提醒或者暗示，让孩子意识到自己做错了，这就完全没有必要运用惩戒。有时候本来是需要惩戒，但由于孩子真诚地意识到自己错了，真诚地表示愿意改正，老师可以放弃惩戒，这种宽容本身对学生也是一种教育。能不用惩戒最好不用。什么时候用惩戒，什么时候不用惩戒，这需要教师拿捏得当。什么时候非用惩戒不可呢？第一，犯的错误比较严重；第二，孩子还没有充分意识到自己犯错的严重性；第三，造成比较严重的后果。满足这三个条件，就必须通过惩戒来给犯错学生一个教训，一个警醒，一次心灵的震撼。

　　第二，什么时候？如果非用不可，教育者还要把握惩戒的最佳时机。如果一犯错就惩罚，这是不恰当的。因为这样一来，学生会认为这个惩戒是老师强加给他的，他往往会产生严重的抵触情绪，这就达不到惩戒的目的。那什么时候惩戒比较好呢？我认为，学生犯了错误以后，教师先要和他平和而耐心地谈心，与他一起分析错误的原因和对自己、他人和集体所产生的不良影响，让他意识到自己的确犯了一个严重的错误，必须承担相应的后果，而且要用一定的行为来消除不良影响。当学生意识到惩戒是需要的，意识到老师或者集体的惩戒并不是为了整他，恰恰是为了他的成长，甚至犯错学生把来自老师和集体的惩戒当作自己对自己的惩戒，体现出一种担当和责任，这时候就是惩戒的最佳时机。

　　第三，何种方式？惩戒方式的选择，要以具体犯错的情况而确定。关于惩戒的方式，教育部颁布的《中小学教育惩戒规则（试行）》有比较详细的规定：点名批评、书面检讨、公益服务、适当罚站、短期停课、回家受训以及校纪和班规所明确的其他惩戒措施。但无论采用怎样的惩戒方式，惩戒都绝对不能是体罚，这是必须遵循的原则。对此，我不再赘述。总之，采用什么惩戒方式最好，这考验着教育者的教育智慧。

　　第四，如何善后？惩戒之后怎么办，如何让教育真正深入犯错学生的心灵，这同样检验着教育者的教育艺术。从某种意义上讲，教育惩戒只是教育过程当中的一个环节，绝不是教育的终点，绝不能一惩了之。因此，惩戒以后教师一定要通过各种方式，比如单独和学生谈心，给他以鼓励，班集体也可以通过班会课和适当的活动给他一种抚慰与激励，避免他的自卑感与孤立感。要让犯错学生意识到，惩戒真的是为了自己的进步与成长，以后不但要尽量避免犯错，而且要把这次错误当作成长的垫脚石，取得更大的进步。这才是教育惩戒要达到的目的。

　　明峰老师，现在你是不是明白该如何惩戒了呢？

你的朋友　李镇西

2021 年 3 月 11 日

74. 如何理解"民主教育"的含义？

雪梅老师：

你说你一直没有弄懂"民主"的含义，想请我谈谈对这个问题的看法。的确，虽然"民主"二字作为社会主义核心价值观之一，被铺天盖地地昭示于大街小巷，可作为担负民主教育的老师，不少人对民主并没有完整的了解与理解。那我就简单谈谈吧！

从字源上说，"民主"概念的基本含义就是"人民进行统治"或者说"人民当家做主"的意思。

民主不仅仅是一种政治制度，也是一种生活方式。当然，后者是前者意义上的扩展与引申。

这个观点最早是杜威提出的。在杜威那里，"民主"的含义是很宽泛的。他认为民主不仅仅是一种政治制度，还是一种生活方式，并渗透于人们生活的方方面面。他指出，民主主义"还有一种更为深刻的解释：民主主义不仅是一种政府的形式；它首先是一种联合生活的方式，是一种共同交流经验的方式。"杜威还认为，这种社会的生活方式是一种追求共同利益的联合生活的方式，是一种自由无碍的共同交流经验的方式，社会的"全体成员都能以同等条件，共同享受社会的利益，""就等于打破阶级、种族和国家之间的屏障"。

也许是受老师的影响，陶行知也曾指出："民主的时代已经来到。民主是一种新的生活方式，我们对于民主的生活还不习惯。但春天已来，我们必须脱去棉衣，穿上春装。我们必须在民主的新生活中学习民主。"

这是对民主更为深刻的理解。将民主看作一种个人的生活方式，即认为民主不只是一种形式或者说外在的东西，而是一种内在的修养。这种内在的修养体现于日常生活和与人交往的过程中：相信人性的潜能；相信每个人不分种族、肤色、性别、家庭背景、经济水平，其天性中都蕴含着发展的无限可能；相信日常生活与工作中，人与人之间是能够和睦相处、真诚合作的。民主的生活方式，意味着自由、平等、尊重、多元、宽容、妥协、协商、和平等观念浸透于社会的每一个角落，体现于生活的每一个细节。

除了政治制度和生活方式，民主还是一种决策机制和工作态度，比如广开言路，比如"倾听群众呼声"，等等。在中国，甚至还是一种沟通方式，比如"协商民主"……对此，我就不多说了。

我想强调的是，无论民主有多少呈现方式——政治制度、生活方式、决策机制、工作态度、沟通方式等等，其核心就两个字："尊重"。政治制度是对公民政治权利的尊重，生活方式是对他人生活态度的尊重，决策机制是对人民智慧的尊重，工作态度是对人民授权的尊重，沟通方式是对多元意见的尊重……

爱因斯坦说："我的政治理想是民主。让每一个人都作为个人而受到尊敬。"阿克顿说，民主的实质，就是"像尊重自己的权利一样尊重他人的权利"。

因此，民主教育的核心也是"尊重"——尊重学生的人格、尊重学生的情感、尊重学生的思想、尊重学生的个性、尊重学生的差异、尊重学生的人权、尊重学生的创造力……当然，与此同时，教会学生尊重他人。

体现在班级管理上，民主就意味着尊重学生管理班级的权利，尊重他们的思想个性与精神色彩；体现在课堂教学上，民主就意味着尊重学生自主学习的权利，尊重他们的创新思维和探索精神……

我这样说，你明白了吗？

你的朋友　李镇西
2021 年 2 月 28 日晚

75. 如何在教育中把握"学生放松"的尺度？

陈罗老师：

你的烦恼是不好把握教育中的"学生自由"。你说，按理说应该尽可能给孩子以自由，但太放松了，他们就"无法无天"了。就此想听听我的看法。

谢谢你对我的信任！我不明白你说的"太放松"是什么意思，但我知道"自由"这个词的准确含义，在我们许多老师的头脑中它是相当含混不清的。那我今天就试着用简洁的语言把"自由"说清楚。

我们所说的"自由"，当然不是为所欲为。马克思说："自由就是从事一切对别人没有害处的活动的权利。每个人所能进行的对别人没有害处的活动的界限是由法律规定的，正像地界是由界标确定的一样。"法国启蒙思想家孟德斯鸠也说过："自由是做法律所许可的一切事情的权利，如果一个公民能够做法律所禁止的事情，他就不再有自由了，因为其他的人也同样有这个权利。"

落实在教育上，我认为，只要把握"自由"的本来含义，就不存在担心学生"无法无天"的情况。

第一，教育学生在行为上自律与他律的统一。所谓"自律"，就是让学生随时提醒自己，是否侵犯了别人的权利，是否妨碍了他人的自由，也就是说，内心深处要有一个"敲钟人"。所谓"他律"，就是让学生知道，自由的保障恰恰是相关的纪律、规章乃至法律，因而时时注意遵守相关规则。

关于这一点，我相信许多老师都做得不错，甚至有过分之处，即以防止学生"过度自由"为由，限制学生应有的权利。比如课间休息，只要学生没有违纪，没有妨碍他人，就应该保证学生课间十分钟休息的权利，而且一分钟都不能克扣。可在一些学校，为了所谓"良好秩序"，课间不许学生走出教室，只能在室内休息。这就是侵犯了学生的自由。

第二，充分尊重学生的思想自由。一般我们说"自由是在法律范围内的自由"，指的是公民做一切事都不能妨碍他人，这是对的。这是在人的行为层面上说的"自由"。但在人的精神层面，所有思想都不应该受任何束缚，用通俗的话说，就是"爱怎么想就怎么想，谁也管不着"。这点非常重要。可我们不少老师混淆了行为规范与思想自由的界限，而有意无意地干涉和压制学生的思想自由。这是我们应该警惕和避免的。因为一个国家的创新能力往往是萌芽于孩子的"胡思乱想"之中。

现在我们都爱说培养学生的创新能力，具体到教育上，更多的是技巧创新，比如"一题多解"，比如作文的"构思新颖"，比如出人意料的开头、别具新意的结尾，或者是小发明、小制作等等。技术（包括技巧）的创新当然是需要的，但比技术创新更重要的，是思想创新。对于孩子来说，说"思想创新"也许有点高大上，但鼓励他们与众不同的思考和想法，则是应该的。

教育中的"自由"，意味着给学生以舒展的心灵。

我想你一定读过陶行知先生这段话："在现状下，尤须进行六大解放，把学习的基本自由还给学生。一、解放他的头脑，使他能想；二、解放他的双手，使他能干；三、解放他的眼睛，使他能看；四、解放他的嘴，使他能谈；五、解放他的空间，使他能到大自然大社会去取得更丰富的学问；六、解放他的时间，不把他的功课表填满，不逼迫他赶考，不和家长联合起来在功课上夹攻，要给他一些空闲时间消化所学，并且学一点他自己渴望要学的学问，干一点他自己高兴干的事情。……只有校长、教师、学生、工友团结起来共同努力，才能造成一个民主的学校。"

你看，陶行知把这"六大解放"称为"学习的基本自由"，而且他说的不是"给"而是"还"——"把学习的基本自由还给学生"。

"六大解放"中最关键的是第一条"解放他的头脑",让学生能想也敢想。比如语文课的阅读教学中,与其煞费苦心地"引导"学生找这个"关键词"、寻那个"关键句",不如让学生畅抒己见,宁肯让阅读课成为学生精神交流的论坛,也不要让它成为教师传授阅读心得的讲座。又如作文教学,与其仅仅让"训练"学生如何在"怎样写"上下功夫,不如放开让学生在"写什么"上多动脑筋。衡量一堂语文课成功的标志,不在于学生与教师有多少"一致",而是看学生与教师、学生与学生之间有多少"不一致"。从某种意义说,宽容学生的"异端",就是对学生创造精神和创新权利的尊重。

　　培养出举止文明、行为规范、心灵飞翔、思想舒展的现代公民,这就是教育中"学生放松"的尺度。

你的朋友　李镇西

2021 年 8 月 12 日

76. 如何应对班上的突发事件？

雯琇老师：

你来信说你最苦恼的是，班上"突发事件"常让你"措手不及"——学生打架啊，上课捣乱啊，旷课逃学啊，损害公物啊，等等。"扰乱了我正常的工作节奏，常常穷于应付，很是被动……"

这是一个很大的话题，就具体处理而言，不同的事件有不同的方式，所以我不好笼统地告诉你"如何应对"，但我想给你说两条原则，或许对你还是会有帮助。这两条原则是——

第一，以从容的心态面对任何突发事件。

无论班级管理，还是课堂教学，都需要规划和计划，所谓"预则立"，但这只是就宏观而言，说的是我们三年或一年或一学期中推进工作的节奏，要做到心中有数，但实际上具体到每一天，出现任何"突发事件"都是常态。教育，是面对人的活动，即使是作为集体的班级，也是由活生生的人组成的，而且这里的"人"还是成长中的孩子，他们的思想、情绪等精神世界，随时都处于活跃状态，甚至不确定状态，因此，班里"冷不丁"出现"突发事件"不是很正常吗？

我之所以强调这一点，就是想说明，对于孩子来说，他们身上发生的一切突发情况，都不突然，也不偶然，而是必然。你这样看待孩子，这样认识"突发事件"，就会多一分从容与淡定，而不是惊慌失措甚至手足无措。一旦接手一个班，就要把班里将会出现的所有意外情况都看成"意料之中"的事儿。这样，一旦有了"突发事件"，你就不会火冒三丈："怎么又出事儿了？"而是胸有成竹："果然又来了！"

有了这种心态，才可能有冷静的思考和有效的应对。

第二，把任何一次突发事件，都尽可能当作一次教育契机。

事件是突然发生的，但教育却应该是常态的。赋予"偶然"的事件以"必然"的教育，这是教师富有教育智慧的标志。任何一个突发事件，都蕴含着教育资源，敏锐的教师总会充分挖掘并利用其中的教育资源，将每一次突发事件都变成一次自然而然的有效教育。

首先是对事件当事人的教育。打架斗殴、破坏纪律、毁坏公物、考场作弊……孩子的任何一次错误，老师都要帮他变成为一次成长的机会。具体的方式我就不多说了，但至少有一个方式是回避不了的，就是真诚触及灵魂的谈心，要让孩子从内心深处意识到自己错在哪里，如何避免重犯。如果能启发孩子就自己的错误造成的影响做一些积极的补救，那就更好了。还有一点需要提醒，如果孩子的错误不宜公开，那最好在隐秘的地方处理。无论如何，不能简单地"杀一儆百"，尊重孩子的隐私与面子也是一种教育。

其次是对全班的教育——当然，前提是事情本身是可以公开的，或者本身就是公开发生的。犯错误的孩子虽然只是一个或个别，但让全班同学因此而受到教育是有必要的。不然"可惜"了孩子们所犯的错误。我当班主任的时候，曾经有一个孩子严重影响课堂纪律，还和批评他的任课老师顶撞。我找他谈心，他真诚认错之后，我在班上开了一堂班会课，这堂班会课的主题不是继续批评这个犯错的同学，而是讨论：该不该原谅他，给他处分，还是给他一个机会？当时孩子们两种意见争论激烈，各自阐述理由，最后表决结果是大多数同学同意原谅这个同学。这样处理，不但让犯错的同学既惭愧又感动，而且让其他同学也深受教育。

并不是所有"突发事件"都是孩子犯错，只要是意外情况，老师都可以抓住时机进行教育。有一年开学，我班一个成绩不好的孩子转学了（当时我任教的学校是重点中学，这孩子学习跟不上转到了普通中学），我以此为由开了一堂班会课："我对某某同学的转学有没有责任？如何防止又一个某某同学离开我班？"我的意图是让孩子们有帮助别人的责任感，因为我们是一个集体啊！过了几天，这孩子因为不适应新学校而"转回"了我班。我马上又开了一堂班会课，不仅仅是欢迎某某同学重返我们温暖的班集体，而且让这孩子谈谈：为什么要回到我们班？这孩子在讲述中，比较了我们班的温暖和那个班的冷漠，让我们班的同学都深切感受到，平时置身我们的班可能感觉不到它的温馨，而一旦离开才感觉到我们班集体的可贵。那次班会后，同学们成立了"帮助某某同学小组"，专门负责他的学习。大家都有一个愿望：可不能再让任何一个同学掉队了！

把每一次突发事件化为有效的教育契机，需要教师拥有明察秋毫的教育敏感、情不自禁的教育本能和化险为夷的教育机智。我相信，你会拥有的！

你的朋友　李镇西

2021 年 6 月 7 日

77. 班里出现失窃事件怎么办?

梓岑老师:

你来信说,开学第一周你所带的初一新班就有同学的钱被人偷了。想清查吧,又没有什么明显的线索;不清查吧,又不甘心。你要我给你"支招"。

我从事班主任工作三十多年,也不止一次遇到过这种情况。你别惊讶:"连李老师班上也有这样的事?"成长中的孩子,什么样的问题都会有的,包括"偷窃",这有什么奇怪的呢?注意,我这里没有回避"偷窃"这个词。如果是小学一年级的孩子拿了别人的东西,可以说是"不懂事",但中学生怎么可能不知道有意地"偷"和不小心"拿"的区别?与其讳言"偷窃"这个说法,不如研究一下如何对待孩子成长中的"偷窃"行为。

我知道,对不少班主任来说,班级发生了失窃事件后,首先想到的是清查。但实际上,这样的"破案率"是很低的,很多时候甚至是徒劳。而我认为,比"抓住小偷"更重要的,是教育——即通过失窃事件,巧妙地对学生进行引导。

这是我一贯的思路。我每次遇到这种情况,从来没有把清查放在首位,当然,我也会力所能及地进行一些调查,但我的主要精力会放在对整个集体的教育上。如果案件能够侦破成功,便多少有些偶然。但是,巧妙自然地抓住突然发生的失窃事件,对学生进行教育,则是教师应有的"必然",而能否有这样的"必然",最能体现出班主任是否有真正的教育敏锐和教育智慧。

这样说可能有些抽象。我还是讲一个真实的故事吧!

我曾经为我的一届高三毕业班编过一本名为《恰同学少年》的"风采

录"。送走高三后我又带初一，开学第一天，我给每一个新生都送了一本《恰同学少年》。

课间操时罗兰同学告诉我，她领到书后把它放进了书桌里，便去上体育课了；她从操场回到教室，却发现《恰同学少年》不翼而飞了！

听到罗兰的"报案"，气愤中的我首先想到的是来个全班大清查。可是，从何清起呢？清不出来怎么办？而清出来了又怎么办呢？"窃书者"毕竟是学生，难道从此让他在班上无地自容吗？……然而，此事不了了之又怎么行呢？至少也应该让学生们受到教育，让"窃书者"受到心灵的谴责啊！

正巧我第二天要讲《皇帝的新装》，我略一思考，开始重新设计教案。

语文课上，朗读、作者介绍、结构分析……学生熟悉课文后，我问孩子们："大家想想，这篇童话中，谁最可爱？"

答案高度一致："那位小男孩！"

在我的引导下，同学们开始讨论"小男孩"的品质：说真话，纯真，诚实，有童心……

"是的，童心！"我抓住"童心"二字发表评论，让大家明白：小男孩有童心，所以他说真话；大人们失去了童心，所以自欺欺人。

然后我把话题拉回他们的身上："一个人最可贵的是永远保持自己的童心。你们这个年龄正是童心容易失落的年龄——小学时，你可能为没能第一批入队而哭鼻子，而现在你可能连红领巾也不愿戴了；以前，你也许常主动争取打扫卫生，而现在你可能却嘲笑别人做好事；原来，你损坏了公物会向老师主动认错，而现在如果你打碎了窗玻璃也许会庆幸没人发现……这些，都是童心的失落！"

我终于提到那本丢失的《恰同学少年》："这事是谁干的，我无法查清，但我可以断定这位同学正在听我讲关于童心的道理。是的，这位同学的童心已经失落了，但我仍然衷心希望，他能用自己的行动把童心找回。我期待着，全班同学也盼望着！"

第二天早晨，我走进办公室，眼前豁然一亮，办公桌上端正放着那本精美的《恰同学少年》！

242

语文课又开始了，我站在讲台上，手举那本《恰同学少年》对全班同学说："我不知道是谁还回了这本书，这已不重要了，但我提议，大家以热烈的掌声祝贺我们中的一位同学找回了自己的童心！"

　　在震耳欲聋的掌声中，我把《恰同学少年》送还给罗兰同学。

　　也许你会说："李老师，您运气太好了！"可在我的教育生涯中，类似的"运气"我"遇到"过很多次。不止一次比这更严重的"失窃案"我都这样圆满而成功地处理了。在我的《教育的 100 种可能》一书中，就有更令人吃惊的"大案"，以及"作案者"后来的成长。你有兴趣可以去找来看看。相信会对你有启发。

　　我的这个具体做法，你当然不能也不应该全盘照搬，但其中蕴含的教育原则却可以借鉴——

　　任何一次失窃事件，都应该成为一次不期而遇的教育情境，班主任应该以此为契机，对全班进行自然而然、入耳入脑、震撼人心的教育。这比"破案"更为重要。

你的朋友　李镇西

2021 年 6 月 5 日

78. 孩子厌学怎么办？

利霞老师：

你说班上有几个孩子懒得很，不爱学习，给他们怎么谈心都没用，你不理解："怎么三年级的孩子就厌学了？"

我先给你讲一个我吃羊肉的经历。我以前对羊肉谈不上特别喜欢，可并不反感，吃是没问题的。但是，2000年6月，陕西师大请我去讲课时，主人说要请我吃"咱们西安最正宗的羊肉泡馍"，于是他带我来到钟楼附近的一家羊肉泡馍馆。店伙计先端来一盘完整的馍，让我们自己掰碎。我问："您把馍切碎连羊肉汤端上来不就行了吗？"他告诉我，掰馍就是吃羊肉泡馍的一部分。哦，我懂了，这是文化！于是细细地掰馍。半碗碎馍掰好了，店伙计终于端来热气腾腾的羊肉，连汤一起冲进我的碗里。我端起碗就连刨带喝吃了起来，但刚吃了第一口，我就感觉自己进了羊圈！鼻子冲，脑袋晕……从此我不但不再吃羊肉，而且一想起羊肉就反感。

你可能糊涂了：这个故事与你说的孩子"厌学"有什么关系？当然有关系。我原来是吃羊肉的，可为什么后来坚决不吃了？因为那次吃"羊肉泡馍"一下来得太猛，让我猝不及防，于是极度的反感，心理上也产生了厌恶的情绪。这和我们的孩子"厌学"的原因不是很相似吗？

其实仔细想来，我"厌"的不是羊肉，而是给我吃羊肉的方式——不由分说，硬灌给我一碗羊肉；因为对这种方式的厌恶，我恨屋及乌连同羊肉也"厌"了。我从不认为，有不爱学习的孩子，因为人的天性就有探索的欲望，好奇心、求知欲几乎是人的本能。你看幼儿刚刚能够说话，就缠着妈妈讲故事，或自己看绘本、小人书；把买回来的玩具拆得乱七八糟，总想知道里面的秘密……小学第一天报名的路上，孩子是多么兴奋，一想到要当小学生了，就开心得不得了——哪里有半点"厌学"的味道？可是，天真的孩子没想到，要不了多久，他所向往的学习生活将成为这样：背许多自己根本就不懂的话，一个字抄五十遍，作业多而很晚才睡，因为默写没过关被老师责罚，考试越来越多而和小朋友玩的时间越来越少了……别说孩子，换作成人，你"厌"不"厌"？

所以，孩子"厌"的不是学习知识，而是老师的教学方式。用我的朋友詹大年校长的话来说，孩子不是"厌学"而是"厌教"。记得有一年我对高一新生搞过一次关于语文学习的问卷调查，一个学生写道："我喜欢语文，但不喜欢语文课!"这就是典型的"厌教"。

回到你的问题上来。三年级的孩子就"厌学"，这种现象的根源在教师。明白了这一点，作为教师要做的，不是反复给孩子"做工作"，而是改进自己的教学——在遵守国家课程标准的前提下，如何使课程内容更有趣，使教学形式更生动，如何让孩子迷上你的课堂，迷上他自己的学习——注意，我这里强调的是，让孩子迷上自己的学习。

尤其对小学生，更应该注意知识教学的循序渐进，不要像我被猛灌羊肉汤一样，一下就大剂量地给孩子以知识灌输。当然，国家统编教材体现的知识能力序列是考虑到孩子的认知能力发展规律的，但具体到每一个单元每一堂课的知识传授和能力训练，还得靠每一位老师的教学方式。降低坡度，并伴随着有趣的教学方式，孩子不知不觉就掌握了知识，而不感到累。

这对教师的教学艺术提出了较高的要求。虽然对小学生来说，他并不懂抽象的"教学艺术"，但他能够感受到这个老师教我，我回家就没作业了，可以玩儿，而那个老师教我，作业却要做到九点过；他还能感到上这个老师的课有意思，不知不觉就下课了，而上那个老师的课就想睡觉。所谓"教学艺术"，更多的是体现于课堂上的师生关系上，体现于教师的教学语言、教学结构和教学方式上。平等、和谐、轻松的氛围，教师亲切和蔼、从容自然的神态气质，让孩子如沐春风；变教师的一言堂，为鼓励孩子参与到教学中去，甚至组织孩子之间展开争论或比赛，让孩子动起来，他必然会喜欢上课，而很难厌教。

避免学生厌教，还有一点很重要，就是关注每一个孩子的学习状况，前提是研究每一个孩子的个性特点。我曾在参观丹麦课堂后与一位丹麦老师聊天，我看她课堂上很少讲，而是走来走去和每一个学生低声交流。我说："你们上课太轻松了！不怎么讲课，只是个别答疑。"她说："不，每次上课对我都是挑战！"我问："您的挑战来自哪里？"她说："我要在课堂上弄清楚每一个学生的学习难点，从而有针对性地给他提出有效的建议。"我明白了，她要研究每一个学生，并给不同的学生提供"私人订制"的教学服务。

　　如果我们做到了这些，孩子还会厌教吗？

你的朋友　李镇西

2021 年 7 月 19 日

79. 如何给孩子开一个"有意思"的儿童节班会课？

童辉老师：

作为新老师，你将迎来带班后的第一个儿童节，你说"想给孩子们开一个有意义的班会课"。这个想法非常好！

但我希望这样的活动不但要"有意义"，还要"有意思"。这里的"意义"是指我们希望传递给孩子的价值观；但如果仅有"意义"而没有"意思"，教育效果也将大打折扣——这里的"意思"指的是符合儿童特点的情趣，即平时我们说的"好玩儿"。

那么，怎么才能让儿童节的班会课"有意思"而又不失其"意义"呢？我给你讲讲我的一次儿童节班会课吧！

那年儿童节那天，我，为我带的初一孩子开了一个名为《告别童年，永葆童心》的主题班会——从名称上已经体现了这堂班会课的"意义"。

我说："今天，是同学们度过的最后一个儿童节，你们就要告别童年了，但童心不能告别。李老师今天和大家一起来回味我们的童年。"

在我的指挥下，全班同学佩戴红领巾肃立，高唱队歌："爱祖国，爱人民，鲜艳的红领巾飘扬在胸前，时刻准备，建立功勋！……"

然后我引导孩子们围绕"时刻准备，建立功勋"这句歌词展开讨论，明确我们现在将做怎样的"准备"——"知识""能力""品格"……而在"品格"中最重要的就是保持童心。

我说："童心意味着纯真无邪。我们每一个人来到这个世界上都是很纯真的。我们现在来看看我们童年的形象吧！"

我通过 PPT 展示出一张照片，照片上的孩子只有两岁左右，穿着花衣服，头上还扎着小鬏鬏。

"好可爱啊!"

面对孩子们的赞叹，我说："这是两岁的李老师。"孩子们哈哈大笑起来。

然后，我又连续展示了我从出生几个月到五岁、初中、下乡、大学、参加工作……一直到现在的十张照片。

在同学们的惊叹声中，我说："李老师就是这样一步一步长大的! 你们现在的形象，就是未来的记忆。"

前一天我已经叫同学们每人带一张自己最小时的照片来，现在我把这些照片也通过投影仪一一展示，让大家猜猜照片中可爱的孩子是谁。

有胖嘟嘟的满月照，有一丝不挂的光屁股照……孩子们几乎都认不出照片中的孩子是谁。但我只要公布姓名，大家都一阵哈哈大笑。

我说："你们看，照片上的你们，眼睛多明亮清澈呀! 相信你们的眼睛会永远这么明亮清澈!"

看完了照片，我又让同学们回忆童年的乐趣，要求发言者讲一件趣事。同学们又热闹起来，有的同学讲放牛，有的同学讲捉鱼，有的同学讲放风筝……大家都沉浸在童年的快乐之中。

我也给同学们讲了我幼儿园时候的两件趣事，引起同学们的爆笑。

我话题一转："可童年并不是都伴随着快乐，也有一些特有的害怕。同学们说说，你小时候最害怕什么呀?"

有的同学说："怕晚上一个人在家里。"有的说："害怕一个人走夜路。"有的说："怕蚂蟥。"有的说："怕蛇。"……

我说："大家猜猜，李老师小时候怕什么呢?"

有同学说："怕狗。"

我说："嗯，我小时候真的是怕狗呢! 不过，我小时候最害怕是打针!"

很多同学都点头："就是，就是! 我们也怕。"

我说："刚才我们说了童年的乐趣和害怕，下面我要看看大家童年的智慧。同学们来进行折纸比赛，看谁折得又快又好！"

同学们纷纷拿出本子，撕下一张纸，紧张而忙碌地折了起来。不一会儿，飞机、小船、千纸鹤、青蛙、灯笼、帽子……纷纷诞生，堆满了我面前的小桌子。

我表扬道："同学们真的很聪明啊！大家想想，小时候大家折这些东西的时候，是多么的快乐！"

最后，我说："接下来，我们的同学分为两个大组，进行儿歌比赛。"我把教室左右两边的同学分为两组，各由一名同学担任指挥。我说："规则是这边的同学唱完一首儿歌后，另一边的同学便接着唱，如果没有接上来，便是失败。"

顿时，教室里的气氛达到了高潮。《小兔儿乖乖》《丢手绢》《两只老虎》《小燕子》《春天在哪里》《我是一个粉刷匠》《童年》《歌声与微笑》《世上只有妈妈好》……歌声在教室里回荡，一阵压一阵。这些歌儿把我们带回了童年。

我说："请大家记住今天这庄严而充满快乐的一节课，记住我们今天的儿童节，把你们的一颗童心保持到永远！"

最后，全体同学起立，庄严地将右手举过头顶，呼喊少先队员的誓词——

"时刻准备着！"

童辉老师，这就是我的一堂有意思的儿童节班会课。当然，你带的是小学生，我的做法不宜简单照搬，但只要你从孩子的眼光出发，总能找到符合孩子年龄特点的方式，为他们开一个同样"有意思"的儿童节班会课。

远方的朋友 李镇西
2021 年 5 月 24 日

80. 如何让孩子尽快改正坏习惯?

星星老师:

你的苦恼是,学生的缺点总是改不了。"我已经很耐心了,苦口婆心,可学生上午说了要改正,下午却旧病复发。无数次给我保证,可一点用都没有!我感觉他在欺骗我。"你对我说。

我不知道你说的需要孩子"尽快改正"的坏习惯具体是什么,但"上午说了要改正,下午却旧病复发",却并不一定是在"欺骗"你。你现在首先需要的,不是找到让孩子"尽快改正坏习惯"的方法,而是改变你的急切心态,重新认识孩子这种"屡教不改"的现象。

我所带的第一个班毕业那天,面对即将离开我的学生,我真诚地希望他们能够给我留下一封信再走。我说:"你们是我教的第一批学生,因为是刚当老师,所以在教你们期间,我肯定有很多我都没有意识到的缺点,请你们给我写出来,帮助我以后更好地当老师!"我这么真诚,换来的是学生们对我同样真诚的批评意见。一位叫耿梅的女生给我提了一个相当尖锐的意见,她说我曾经在她犯了一个小错误的时候,当众骂她"脸皮太厚",她写道:"当时我的确错了,但你也不应该那样骂我,伤我自尊心啊!希望李老师以后批评同学注意语言,不要伤害犯错同学的人格尊严。"当时,我非常惭愧,当即在班上读了这封信,对同学们说:"谢谢耿梅给我提的这个尖锐的意见!我将来一定改正这个缺点,保护同学的自尊心!"

然而,后来我依然不止一次地用尖刻的语言批评犯错学生,一次次伤学生的自尊心。事后,又一次次内疚,并在心里发誓"一定要改正"。请问,我当年表示要改正缺点的态度是不是真诚的?当然真诚。我后来"旧病复发"也是"真诚"的。不能说我对学生的承诺就是"欺骗",因为改正一个缺点或者坏习惯的确不会像拂去灰尘一样简单。当然，我后来伤学生自尊心的情况越来越少了，到了四十岁以后，基本就没有再发生过类似的事，直到退休前带的最后一个班，我完全没有以尖刻的语言批评过学生，甚至面对再顽劣的学生也没有发过火。由此看来，一个人要改正缺点，尤其是一些"顽症"，是需要一个过程的，所以"尽快改正"，基本上不可能。许多吸烟者无数次下决心戒烟，可有多少人戒掉了？

成人尚且如此，何况还不成熟的孩子？因此，孩子"上午说了要改正，下午却旧病复发"并非是有意"欺骗"你，倒是你要求孩子"尽快改正"，则完全是不切实际的苛求。

你可能会问："那么，难道就任凭孩子的坏习惯发展下去吗？那岂不是害了他？"当你认识到任何人的缺点都不可能在一个早晨彻底改正，你就会多了一些从容和耐心，这是帮助孩子改正缺点的前提，当然，仅仅有从容和耐心是不够的，还要有智慧和方法。我还是给你讲个我的故事吧！

八十年代，我班上有一个孩子特别调皮，他有一个坏习惯，就是一下课总爱舞枪弄棒打同学，尤其是追着女生打。其实他也不是真打，就是恶作剧；而他的"枪""棒"不过就是讲台上的教鞭或墙角的扫帚之类。虽然他并不是真打同学，不过就是以吓唬同学为乐，但同学们四下躲避，课桌板凳也东倒西歪，一片狼藉。我批评他无数次，还多次请家长到学校来沟通。每次孩子也给我"保证"，检讨写了无数份，却收效甚微。

后来我放弃了要他"尽快改正"的想法，而是改变策略，给他提出了"渐渐改正"的建议："你能不能做到每周有一天甚至半天不舞枪弄棒吓唬同学？如果做到了，第二周你就来给我报喜，我有奖励。如果没忍住，也不要紧，下周重新开始克制自己。"他想了想，觉得不难，愿意"试试"。结果第二周的周一，他非常兴奋地来报喜："李老师，上周我有两天没有狂打。"我奖励了他一支圆珠笔，并说："我允许你下周反复，但希望反复的时候越来越少。"果真，第二周他没能克制自己，每天都狂打，但我没有批评他，而是说："不要紧，下周重新开始！"就这样，从每周一天不犯，到每周两天不犯，到每周三天不犯……一学期下来，他渐渐改正了这个坏习惯。

从教几十年，学生的好多坏习惯，比如迟到、上课吃零食等等，都是这样渐渐克服的。我教高中时，发现一个孩子吸烟，而且已经有点上瘾了。我也用这种"逐渐减少"的方法，用了大半年的时间让他最终克服了这个恶习。

　　星星老师，你看，你问我"如何让孩子尽快克服坏习惯"，我却告诉你孩子不可能"尽快克服坏习惯"，并给了你"循序渐进"的建议。但这是符合孩子特点的，也是符合教育特点的。我们只有把握了这两个特点，给孩子更多的信任，并引导他们把老师的要求变成自己对自己的要求，才有可能真正帮助孩子战胜自己，走向成熟。

　　面对不同的孩子，具体的教育方法总是千差万别，但原则总是相通的。但愿以上所说，能够对你有启发。

你的朋友　李镇西

2021 年 7 月 5 日

81. 在校园里碰见学生接吻怎么办？

香菱老师：

你来信说要"请教"一个我"可能没遇到过的问题"——你曾看到自己班上一男一女两个孩子在校园拥抱，你当时装作没看见就绕过了，但事后想起来觉得应该"教育"，可又不知如何着手。

呵呵，你问我还真是找对人了。倒不是说我就一定能够给你"锦囊妙计"，而是因为我也遇到过类似的场面，不，比你看到的还"刺激"。我的处理方法不一定能给你帮助，但希望能够对你有启发。

当时我教高一，一天傍晚，我双手抱着作文本从一楼办公室朝四楼教室走去，准备守晚自习时批改这些作文。我刚走到三楼，就看见不远处过道一角，我班两个男女学生正在拥抱接吻！他们正沉醉在对彼此的情感表达，完全没有注意到十几米远的我。我吃了一惊，来不及多想，故意一松手，"哗啦啦……"作文本散落一地，当他们惊醒时，我正蹲着埋头在捡作文本。两个孩子平时就很有教养，赶紧跑过来帮我把作文本一一捡起来，还帮我抱进教室里。

他俩显然不知道我看到他们刚才的举动，我也装作什么都不知道。

过后我在想，当时还有更好的办法吗？比如，当场斥责："这是什么地方？是你们谈情说爱的场所吗？"这显然是最不好的办法，因为简单粗暴，不但会伤害学生的自尊，而且会让他们对教师产生强烈的抵触，无助于进一步的教育和引导。我也可以假装咳嗽，以终止他俩的不当行为，但这会让他俩很难堪，以后在很长时间里见了我都不好意思，那我还怎么可能进入他俩的心灵？所以，想来想去，当时我急中生智地丢作文本是对的，既拉住了他俩可能会失去理智的情感野马的狂奔，又没有造成彼此的尴尬。

但我如果就这样一直甚至永远装作不知道，那我教育者的责任何在？我当然不认为两个孩子犯了大错，但毕竟在校园公共场合放纵自己私密情感的表达，是不得体的。作为他们的老师，如果真的装作不知道，是一种失职。可如果我将两个孩子请到办公室谈话，或者哪怕是分别找两个孩子谈心，那等于就是告诉他俩：别以为我不知道，那天傍晚其实我都看得清清楚楚！这岂不还是会让两个孩子羞愧得无地自容吗？

我决定不动声色地在语文课上大做文章。当时高一语文教材有一个单元是女性主题，涉及爱情。后来我又给学生补充讲了苏霍姆林斯基的《致女儿的信》，同样谈到什么是爱情以及如何表达爱情。我在讲课的时候，引导学生理解爱情的纯洁与崇高，和爱情所蕴含的人格美，还有表达爱情的方式所体现出的文化、修养、责任以及对他人的尊重。我在讲课文的时候，就文论文，没有举任何现实中的例子，但我心里却一直想着那两个孩子。

在单元结束后学生们交来的学习小结里，那个女生主动谈到了她对爱情的看法。她当然不可能向我坦白她的情感隐私，但从她对爱情的分析看，我的爱情教育走进了她的心。我没看到男生的任何表态，但直到两年后高中毕业，他俩都没有出现过一次"过分"的举动——也许有读者会认为"那是因为你没发现而已"，但根据我和他俩两年相处时的了解，应该说他俩对感情的把握是正常的。

可能有老师会觉得我这样处理"不解气"，因为我除了"旁敲侧击"，其实什么都没做啊！可我要说，对于孩子的感情，一定要小心翼翼，在尊重的基础上不动声色地引导，为什么非要挑破不可呢？为什么一定要"做什么"呢？

爱情教育是一个很大的话题，今天不便展开。但我想引用苏霍姆林斯基的话，表达我的主张："在培养高尚的爱的情感中所取得的成绩，是衡量一位教师的教育艺术的尺度。理解爱情，就意味着理解一个人的心。相反，对待青年男女的爱情抱轻蔑乃至嘲讽的态度，恰恰说明教师的教养水平低。"

面对作为学生的一对小恋人在校园接吻，我所采取故意丢作文本的方式，并没有多大的可复制性。但当时我遵循的原则似乎是可以推广的：充分理解学生，尊重他们的情感，并维护他们的尊严。

　　这当然不仅仅是爱情教育的原则，而是教育的原则。

　　不好意思，可能没帮上你，但愿我的故事能让你有所思。

你的朋友　李镇西

2021 年 1 月 24 日

82. 怎样才能有效地影响家长？

楠舫老师：

你问我，作为班主任，如何有效地影响家长？

很高兴你能够把影响家长纳入自己的工作范围，这说明你充分认识到家校合作的重要性。虽然教师和孩子家长是相互影响的，但作为专业教育者的教师，更应该以正确的教育思想去有效地影响家长。

根据我的教育经历，我是通过六个方面来影响家长的：

第一，通过阅读启迪家长。

我经常对家长们说："要培养孩子的书卷气，必须靠家庭的书香气；而家庭的书香气，不仅仅是家里有没有藏书，而是看孩子的家长是否有阅读的习惯。"所以我教每届学生的时候，我都要给家长推荐读物。比如《爱的教育》《写给年轻妈妈》《赏识你的孩子》等等，当然也包括我后来写的《做最好的家长》。一开始，并不是每一个学生家长都乐意阅读的，他们往往强调自己工作忙，没有时间。我便对他们说："你不是说愿意为孩子的成长做出任何牺牲吗？现在就让你每天牺牲一点点时间读书，不算过分吧？"为了保证家长能够坚持阅读，我让他们的孩子作为"监督员"，并定期在班上举行亲子共读分享会。

第二，通过写作改变家长。

让家长写作，就是让家长随时反思自己的教育。所谓"和孩子一起成长"，其实就是一起反思。最开始，许多家长说没有时间，也不会写。我说："如果你真正对孩子负责，就不可能没有时间写！你只要把想对孩子说的话写下来就行，怎么想就怎么说，这和写作水平的高低没有多大关系。"慢慢地越来越多的家长开始尝试每天给孩子写几句话了。有一次，一位应邀参加班会的父亲讲完他克服困难给女儿写信后，女儿就站起来流着泪说："以前不理解爸爸，但看了爸爸写的日记后，很感动，理解了爸爸的一片心。爸爸每天工作那么忙，还坚持给我写日记，我一定要好好学习，这样才对得起爸爸！"

第三，通过书信与家长沟通。

平时和家长见面时间有限，但通过写信在时间上则比较灵活；而且有些话如果当面给家长说，家长不一定能够接受，而通过书信我可以在语言上更有分寸感，更容易打动家长。我给家长写信的方式主要有两种：一是通过家校联系本给家长写信；二是以传统的方式直接给家长写信。每个周末，我都要在每本家校联系本上根据每个孩子的具体情况给家长写一封短信，并请家长也写孩子本周在家的表现，并对我的工作提出意见或建议。直接给学生家长写信，是针对一些特殊学生的表现而写，尤其是在家长不理解甚至不愿配合老师的情况下，我往往就直抒胸臆地给家长谈我的想法。

第四，通过孩子促动家长。

我给学生家长提出的要求，往往通过孩子给他们的父母提出来。比如我要求学生家长让孩子在家每天晚饭后洗全家人的碗，但好多家长都娇惯孩子不要孩子洗碗。于是，家长会那天，我便搞一个调查：请每天坚持晚饭后洗碗的同学举手！然后我对举了手的同学说："我首先要感谢你们的爸爸妈妈，他们是真正优秀的爸爸妈妈！"这以后，全班学生都做到了每天晚饭后洗碗。我常常收到孩子的信，向我"控诉"其爸爸妈妈的粗暴教育。我便选择其中我认为有一定普遍性的信进行评点，然后在学生姓名和具体细节上进行一些移花接木式的处理，然后将信印发给所有家长。让孩子的心声去打动家长，去教育家长。

第五，通过家长转化家长。

虽然每个孩子都有自己的特点，每个家长都有自己的个性，但同样在一个班，接受同样老师的教育，为什么孩子之间会出现那么大的差异？这些差异当然不能都归因于家庭教育，但家庭教育肯定是一个重要因素。所以，家长之间的互相影响，有时候胜过班主任喋喋不休的"教导"。在每次开家长会的时候，我都喜欢事先安排几位优秀学生的家长谈他们的教子经验，或者请虽然不是特别优秀但进步很大的学生的家长谈他们是如何引导孩子的。这些家长都不是专业的教师，也没系统地学过教育学，但谈起孩子的教育，却朴实而生动，很能引起其他学生家长的共鸣。

第六，通过家访感染家长。

从教几十年，家访一直是我的"保留节目"。在我看来，离开了家访，就不可能完整地教育。家访显然不是对"差生"一筹莫展后去向家长"告状"或"求助"，而是亲自感受孩子的生活环境与家教背景，以及家长的综合素质，因此，我的家访就不只是临时性的对个别学生的行为，而是按学号轮流走进每一个孩子的家庭。这种家访，对孩子父母的影响是非常明显的，他们会被老师的敬业精神所感动，在平等尊重、亲切自然的聊天中，他们最容易接受老师的建议，看到老师牺牲休息时间不辞辛劳来到家里关心孩子，他们自然会更加愿意提升自己的素质，并更好地与学校配合。

你的朋友 李镇西
2021 年 7 月 11 日

83. 如何让家长参与班级教育?

焱淼老师:

你不满足于让学生家长只是帮老师做事,或为班级活动提供一些方便,而是希望把家长的教育资源引入你的班级,这个想法非常好!

真正的家校合作,学校教师和学生家长是平等的,各自承担着不同的教育重点,并起着不同的作用。虽然从学校教育的角度看,教师在家校合作中起着引领和主导的作用,但这绝不意味着学生家长只是学校教师的附庸。恰恰相反,优秀的老师总是能够积极主动地将家长资源引入班级,以某种方式让家长参与班级教育。

我在教九五届高一(1)班的时候注意到这样一种现象,班上的学生家长,年龄大多在四十五岁上下,这正是当年的"老三届"!而我理解的"老三届",是一对对反差极大的矛盾组合,曾经面临的知识失落与如今拥有的文化重建,少年阶段的理想破灭与中年时代的信念追求,忍辱负重的人生坎坷与继往开来的事业辉煌,特殊历史时期的弃儿与改革大潮的时代栋梁……正如作家余秋雨所说:"在没有战争和灾荒的情况下,老三届可以说是二十世纪有文化的青年人中遭受最多磨难和折腾的群体之一。他们的经历不妨看成是一段历史的生命化缩影。历史曾使他们的生命断裂,没想到他们在修补了自己的生命之后立即又以生命修补了断裂的历史。这是一个颇具悲壮色彩的故事。"

而我班的学生家长绝大多数正是属于这"悲壮故事"的主人公。把他们"悲壮的故事"告诉现在的孩子,不但可以而且完全必要。

但学生对其父母的过去并非一无所知,相反,他们对饭桌上的爸爸妈妈们"想当年"的唠叨已普遍感到厌烦。那么,如果我再简单地请一两位家长来班上进行"忆苦思甜"，其效果很难令人乐观。于是，我决定换一种形式，以两代人的书信作为载体，让历史告诉未来，让未来与历史对话。具体做法如下：

第一步：家长写信。我先在家长会谈了我的设想，让家长理解这次活动的意义。然后，我请每一位家长以"我的求学经历"为内容给"高一（1）班全体同学"写一封信，家长可以写自己的中学时代，也可以写自己的大学生活，还可以写自己考大学或自学的经历。家长明白了教师的用意，特别是这封信的内容正是令他们感慨万千的经历，因此，家长们积极地投入了写作。为了完成这封信，许多家长克服了工作忙、家务重的困难——有学生家长的来信，甚至是出差途中在宾馆里熬夜写成。不少学生在家中目睹了父母写信的过程，这对他们本身就是一种感染。

第二步：教师读信。家长陆陆续续把信交来后，我便利用读报课或班会课为学生们朗读。虽然信中的内容也许有的学生已多次听父母讲过，但课堂读信为学生创造了一种特别的氛围，对某一学生而言，全班同学聆听自己家长的来信，他会感到一种自豪；对全体学生来说，集体回顾属于爸爸妈妈的那段人生，他们会感到一种心灵的震撼。每当此时，教室里总是静静的，只有我读信的声音在教室里回荡。我一边读一边评论，引导学生通过想象把父辈的回忆化为触手可及的形象，启发学生比较两代人求学的共同点和不同点。在这种气氛中学生所感受到的精神撞击的力量，是其他形式所难以达到的。

第三步：学生回信。集体阅读家长来信的反响是极为强烈的。同学们觉得这些来信者个个都是事业的强者，人生的英雄，而这强者、英雄不是来自电影、小说，恰恰是自己的爸爸妈妈。他们在感动中惭愧，在惭愧中自责，都觉得应珍惜今天优越的学习条件，发扬父母逆境奋斗的精神，刻苦学习，奋发向上。于是，我抓住学生的这一感情特点，让他们每一个人都以"高一（1）班全体同学"的名义给爸爸妈妈写一封信，然后交给自己的父母。学生写回信的过程自然也是一个自我教育的过程。

第四步：班会议信。学生写好回信后，我举行了一个以"两代人的心灵对话"为主题的班会课，先让几位家长更加详细地讲了他们在信中的一些故事，然后我们围绕"不同的年代，相同的奋斗"的话题展开讨论，孩子们在发言中都谈到父母来信对自己的启发。我还让几位学生走上讲台，面对自己的爸爸妈妈也向所有爸爸妈妈朗读回信。无论是讨论话题，还是朗读回信，场面都非常感人，孩子们在流泪，父母也在流泪。所谓"代沟"在这里消失了，两代人彼此更加理解了。尤其是学生们更加明确了自己作为新一代人的理想。

让家长参与班级教育当然不只这一种方式，而且我这种做法也不能作为唯一的"公式"到处套用。只要我们尊重家长，并善于发现和发挥家长群体所具备的教育资源，就总能找到适合你"班情"的方式。

你的朋友　李镇西
2021 年 7 月 7 日

84. 怎样婉拒家长的送礼？

杨芳老师：

你为如何婉拒家长的送礼而苦恼，我真为你这个苦恼而感动！

教育本来是一个干净的行业，教师本来是一个纯洁的职业，但受大环境的影响，现在的师生关系已经越来越物质化了。当然，这话也不准确，可能绝大多数学生还是比较单纯的，可他们的爸爸妈妈总是以利益的眼光打量老师，总觉得不给老师送礼便心有不安。"不安"什么呢？无非就是担心老师"亏待"了自己的孩子。在他们看来，只有老师收了礼，心里才踏实，自己的孩子才会得到善待，甚至优待。

有没有这样的老师？肯定有。学校毕竟不是真空，难免会有社会不良风气的侵扰。但这样的老师肯定是少数。倒不是说，绝大多数老师就如神一般"高尚"，而是说越来越多的老师认识到，家长送礼未必是出自真情，尤其是孩子还在自己班上时，家长送的每一份礼，或请吃的每一顿饭，都有明确的功利目的。我们一旦接受了家长的"好处"，人格在家长心里自然就降低了。所以我当校长时，曾经对老师们说："进门拜三拜，出门骂三代，就是某些送礼家长的真实状态。你以为他真心敬仰你呀？你吃了他的饭，他会很得意地想，一顿饭就把老师搞定了！"

所以，不收家长的礼，不是在标榜"高尚的道德"，而是在维护我们作为教师的人格尊严。

那么，如何做到不收家长的礼呢？

第一，表明态度。接手新班的第一次家长会，就斩钉截铁地向家长表明自己的态度。2008年9月初，当时作为校长的我担任了一个班的班主任，第一次家长会，我就明确告诉大家："再过一周多就是教师节了，我先把话说在前面，我绝不会收任何家长的任何礼物！我希望我和你们都不要失去彼此的敬意。什么意思呢？假如你教师节前后硬要给我送礼，当你走进我办公室的一刻，我就看不起你了，因为你冲着我是你孩子的班主任给我送礼，明显是有功利心的。你如果说，'李校长，我们是朋友嘛！朋友之间送礼不很正常吗？'那我问你，为什么去年不给我送礼？可见还是因为我今年当了孩子的班主任。如果我经不住你的软缠硬磨，最后竟然收了，那一刻，你在心里会无比鄙视我，想，你不是说不收吗？你看，你送礼我收礼，结果是我们都看不起对方。"后来直到这个班孩子毕业，都没有任何家长给我送礼。所以，第一次家长会明确态度，能够防止很多让自己为难的事。

第二，巧妙退回。以前没有经验，没能在第一次家长会把话说绝，所以偶尔（的确是"偶尔"）也有家长给我送东西。很多时候并不是送到办公室，而是想方设法送到家里。想想，人家晚上不辞辛苦把礼物送到你家里，你怎么好意思拉下脸说："少来这一套！"至少我是做不出来的。但这个礼肯定是不能收的。那怎么办？我有办法。有一次，一位做服装生意的家长来到我家，送我两套高档睡袍，说是我一套，我爱人一套。当时，我很客气地表示了感谢，收下了。第二天，我将孩子叫到办公室，把还没拆封的睡袍给他，说："上次你妈妈托我找朋友在上海给她买的新款式的衣服，昨天刚刚到货，你给你妈妈带回去吧！"孩子傻乎乎地拿回去了。还有一次，一位家长给我送了一瓶酒，我也收下了，第二天交给他的孩子："这是你爸爸托我给他买的药酒，麻烦你带给你爸爸。"因为我知道刚好他爸爸那段时间腰扭伤了。结果孩子也是傻乎乎地带回去了。当然，可以想象家长的尴尬，那我不管。我既不欠你什么，也不求你什么，怕啥？

第三，转化礼物。什么意思呢？就是把家长送给我的礼物，转化为家长对全班孩子的礼物。八十年代的风气相对比较纯净，但有时候也有家长给我送些类似水果之类的礼物，比如当时有家长送过我一箱橘子，我收下后立刻搬到教室里，对孩子们说，这是某某妈妈送给大家吃的，然后大家分享。

不收家长的礼，这是原则，也是底线。坚守这个原则和底线，需要良知，也需要智慧。

　　当然，以上我所说的种种送礼，都指的是还在教孩子期间，其父母的送礼。至于孩子长大后，为了感谢多年前的老师，用自己的钱送老师的礼，如果不是特别贵重，老师收下也问心无愧。我就收到过来自学生这样的礼。但有一年，我的一位当车企老总的学生要送我一辆车，我是绝对不会收的。

　　以上所说，对你有启发吗？

真诚的朋友　李镇西
2021 年 2 月 6 日

85. 中途接班如何赢得学生的信任？

默涵老师：

你最近中途接手了一个班，感觉很不顺手，因为学生们很想念原来的班主任，似乎不接受你。你问我："我这个'后妈'如何才能尽快让孩子们也认同我？"

当班主任几十年，我从来没有中途接过班，所以没有什么"经验"可传授给你。不过我一个叫陶雪梅的朋友却有过这样的经历。我可以给你讲讲她的故事，或许对你有些启发。

陶雪梅是成都市科华中路小学的语文老师。她的校长告诉我："当初，因为特殊原因，学校不得不安排陶老师中途接手一个班，结果孩子们和他们的家长都不接受，反应很强烈。我当时对家长说，陶老师也很优秀，你们先看一看吧！结果，一个月后孩子们都喜欢上了陶老师，家长们也很满意。现在两年过去了，如果我现在要把陶老师换下来，估计会引起家长们的强烈不满，甚至有可能去教育局上访。"

陶老师是怎么做的呢？

学生报到前的一天，陶老师用心布置教室。孩子们报到当天，她特意穿着一条漂亮的长裙，站在教室门前，用最甜的微笑迎接孩子们的到来。然后她走上讲台，微笑着说："孩子们，我是你们的新班主任兼语文老师，欢迎你们回家！"接下来，陶老师用教语文的方式介绍自己。她从东晋田园派诗人陶渊明说起，引出自己的姓氏——陶，紧接着又吟诵了卢梅坡的古诗"梅须逊雪三分白，雪却输梅一段香"让学生猜老师的名字。最终孩子们猜出了陶老师的名字："雪梅"。然后陶老师让孩子们用独特的方式介绍自己，如上黑板把自己的名字通过简单图案画下来；用音乐演唱；用英文介绍；编谜语来猜等方式。孩子们觉得很有意思，笑声不断，氛围十分融洽。

自我介绍完后，陶老师追问他们："喜欢语文吗？"有孩子说："喜欢。"有孩子说："不喜欢。"她让他们大胆地谈理由。从孩子们的交谈中，陶老师知道了他们不喜欢的原因是：语文写的、背的太多；老师拖堂，课间休息时间少了；作业较多，等等。听完孩子们的讲述，陶老师在心里告诫自己，这样的问题不要在自己身上重演。随后，她乐呵呵地问孩子们："你们想知道陶老师最大的优点是什么吗？"在他们乱猜一阵后，陶老师宣布了答案："那就是不拖堂，作业也很少。"孩子们一听，开心得不得了，有的还不由自主地鼓掌。然后，陶老师给孩子们聊了聊今后会用怎样的方式来上语文课。下课时，陶老师从孩子们的眼神里，感受到他们很期待。

你看，仅仅是见面的第一课，陶老师就初步赢得了孩子们的喜欢。

当然，这仅仅是开始。陶老师认为，要让孩子真正信任自己，就必须让他们喜欢甚至盼着上自己的课。因此她在课堂设计上下了很大的功夫。比如，语文教材上有一道习作题：春天的小河（小雨等），陶老师引导孩子们思考：关于春水的内容，我们除了可以写这个题目外，我们还可以想到哪些？孩子们纷纷说："春天的小溪！""春天的湖水！""春天的池塘！"叽叽喳喳中，陶老师和孩子们同时想到了，校园里不就有一个池塘吗？于是她带孩子们走出教室，来到池塘边细心观察：水中的假山、假山上的泥土、泥土上的小草，还有一条条活泼的锦鲤以及成群结队的小蝌蚪们……孩子们一边观察一边议论，回到教室认真地写作文。"就这样，班上的孩子越来越喜欢上我的语文课了。每天都期待语文课的到来。渐渐地我觉得他们似乎离不开我了。"陶老师说。

另外，作为新教育实验的践行者，她将缔造完美教室、营造书香班级、家校合作共建等新教育行动纳入班主任工作，让班级生机勃勃又温馨如家，使整个教室书香浓郁。尤其是每天的午读，师生共同沉浸在阅读的美好气氛中。"有时，我们在教室里面读；有时，我们去学校图书馆读；如果遇到好天气，我会让孩子们到教室外面的小平台去看书或者到操场上去读书。我每天还会留半小时的回家读书作业，让家长也能陪伴孩子进行亲子阅读。当然，作为老师的我也陪着他们读。就这样我们班的学生、老师、家长都被书卷到了一起。"陶老师说。

这样的班级，孩子们能不喜欢吗？这样的老师，家长能不信任吗？

总结陶老师中途接班赢得孩子及其家长爱戴的诀窍：第一，要精心设计与孩子的第一次见面，尽量让孩子第一眼就爱上老师；第二，学习前任老师的优点，但不要用其长处来苛求自己，因为各有各的特点，应该尽量展示出自己独特的优势；第三，最大限度地把课上好，用精湛的课堂教学艺术征服学生；第四，尽量让班级生活丰富多彩，让孩子觉得你这位老师有意思、有才华、有魅力、有绝招。

这样当继任班主任，孩子们不迷上你才怪呢！

你的朋友　李镇西

2021 年 7 月 10 日

86. 如何给学生把故事讲好?

初月老师:

你想避免说教,而多给孩子讲故事,但你说你不会讲故事,希望我给你"支招"。

呵呵,你找对人了,因为讲故事是我的强项。我给你谈谈我的经验吧,希望能够帮到你。

第一,多讲自己的故事。

老师给孩子们讲自己当孩子时的故事,最能引起孩子们的兴趣和共鸣——每次我给孩子们讲我学生时代的故事,孩子们总是最兴奋的时候。比如每次给不同年级的学生讲"在错误中成长"的话题时,我总是撩起袖子亮出胳臂,给学生们看胳臂上的一块伤疤,那是我初中时打架留下的"纪念"。学生感到很惊讶:"李老师小时候也打过架啊!"我说,其实我从小学到大学,都是老师眼中的"乖孩子""好学生",但也打过架,然而我后来战胜了自己,懂得了文明与教养。

第二,要自然切入。

给孩子讲故事,就是一种不露痕迹的教育。因此,我们在给学生讲故事时,最忌讳这样说:"为了让同学们明白这个道理,我给大家讲个故事吧!"这样一本正经的开头,一下就让故事的效果打了折扣。所以,给学生讲故事,一定要自然切入,让孩子不知不觉地进入故事之中,进而不知不觉地受到感染和启迪。

《一碗清汤荞麦面》是一个家喻户晓的感人故事,主题是爱与坚强。因此,每年九月开学第一天的第一节课,作为校长的我,总会走进我校初一年级的课堂,给孩子们讲这个故事,作为爱与坚强的启蒙教育。

但怎么开头呢？"同学们，为了让大家学会爱心，学会坚强，我今天给大家讲一个故事……"这样开头显然是最笨的。根据不同的情况，我一般有这样几种开头——

其一："刚才在开学典礼上，全校同学都齐呼了校训——"同学们往往情不自禁地齐声回答："让人们因我的存在而感到幸福！""怎么理解这句话呢？"我问。刚小学毕业的小家伙们往往争先恐后，叽叽喳喳地回答。"嗯，不错。我这里再给大家提供一个例证，请大家吃一碗'面'，大家吃完这碗面之后，对我们的校训一定会有更深刻的理解。这碗面来自日本北海亭面馆……"

其二："今天是九月一日，我问大家一个问题，后天，也就是九月三日，是中国人民抗日战争胜利纪念日。"接着我会说说这个日子的来历，然后我自然会说，"日本侵华的历史的确不能忘记。但是今天我要说，作为中国人，你可以不喜欢日本这个国家这个民族，但你一定要知道我们和他们的差距有多大！二战之后，日本能够在一片废墟上迅速崛起，原因当然有很多，但日本民族的凝聚力是重要原因，'一碗清汤荞麦面'这个故事可以告诉大家一些答案。一个民族之所以能够走向强大，就在于这个民族能够向对手学习！"

其三："我们都希望生活在一个温暖的班级，其实，有时候给人以温馨、让人感动并不需要惊天动地的壮举，而往往只是一句话，一个动作，一个眼神，一个笑容，而且不露痕迹，自然而然。比如，我现在要给大家讲的'一碗清汤荞麦面'……"

只要熟悉学生的生活，能够随时敏锐地感受其精神世界，我们就一定能够找到讲故事的自然切入点。

第三，要善于展开。

决定故事讲得生动有许多要素，其中很重要的一点，就是要学会"展开"。

有的老师讲故事往往只说"发生了什么"，于是，再生动有趣的故事，讲出来也就那么三言两语。比如，我曾经给学生讲我初一时学习英语的经历，本来几句话就说清楚了："我最初的英语成绩不好，后来发奋努力，一学期便取得了惊人的进步。"这样"简洁精炼",当然不能感染学生。我还着重讲了"怎么发生的"。我讲了我初一时语文、数学等各科成绩如何优秀,但就是英语成绩不好,讲到这里,我还讲了当时班主任老师对着我"38分"的英语考试成绩叹息:"李镇西,你其他科的成绩都那么好,为什么英语学不好呢?"我又讲了当时我受到刺激,决定奋起直追的心理活动。我还详细讲了我努力的行动,包括一些细节:放学路上、上学路上、晚上躺在床上入睡之前等时候,我见缝插针地利用时间记英语单词……最后我讲了期末我获得了83分的英语成绩,让我和老师都有点不相信。讲到这里,全班同学都惊叹了。

第四,让学生走进故事。

所谓"让学生走进故事",就是在讲故事的过程中,让学生参与——引导他们思考,组织他们讨论,或者让他们推测故事的发展以及结局,等等。注意,不是讲故事之前的问题思考,也不是讲完之后的讨论,而是一边讲一边结合故事让学生很自然地参与。

把故事讲好,当然不止上面所说的几点,不过限于篇幅,我暂时就说这些。希望这几点也能够让你有所启发。当然最关键的还是你要多讲,讲多了,自然就讲好了。

你的朋友　李镇西
2021 年 8 月 6 日

第 六 辑
课 堂 探 秘

　　我想根据我的课堂实践，为"好课堂"的标准提供一个朴素的理解：所谓"好课堂"，就是"有趣"加"有效"。

　　课堂上最关注的不是课堂纪律，而是学生的思维。

87. 怎样才是好课堂？

佳川老师：

作为新老师，你特别希望把课上好，可是，眼下"好课堂"的标准或特征，专家们说得实在太多，五花八门，令人眼花缭乱，你反而不知道什么是好课堂了。

说实话，你让我感动，因为你的初心。几乎所有老师在踏上教坛之初，都有一颗单纯的教育心，没有太多的杂念，每天就琢磨如何上好课。这就是初心。真心希望你一直都这样，直到退休的前一天，还在琢磨如何上好课。

如你所说，关于"好课堂"的标准或特征，已经有许多老师和专家从不同的角度进行了概括——这个"原则"那个"维度"，还有各种"性"（比如"生成性""互动性"之类），包括"要有生命的涌动""要把学生引向诗和远方"等等表述，我都同意。这些概括丰富了我们对好课堂的理解。

也许在不同人的眼里，同样的好课堂，模样却是不一样的。我想到了自己年轻时刚工作的时候，和你一样，那时候我也每天琢磨如何把课上好。我首先想的是怎样才能吸引学生，让学生上我的课觉得有意思，至少不打瞌睡；然后还要考虑如何把知识讲清楚，我每上一堂课都有效果，即让孩子们上了一堂课就有一堂课的收获。我这个思路，谈不上什么"新颖"，但管用。可以说，几十年来，学生都喜欢上我的语文课，而且语文成绩还行。所以我有资格说，我这样的课堂，就是好课堂。

正因为如此，今天我想根据我的课堂实践，为"好课堂"的标准提供一个朴素的理解：所谓"好课堂"，就是"有趣"加"有效"。

有趣，就是能够吸引学生，让学生在课堂上兴趣盎然，心情愉悦，如沐春风，觉得时间过得很快，下课后盼着第二天再听这位老师的课。有效，就是教师完成了教学任务，而学生们有成果——无论知识的，能力的，情感的，思想的……虽然对语文等学科而言，教学成果不一定能够当堂"量化"，但学生总归是有收获的。

有趣，是手段；有效，是目的。如果只是有趣而没有效，课堂就成了看小沈阳、贾玲的小品，搞笑而已。但如果课堂没趣，只追求所谓的"有效"，一味地灌输，这样的课学生不爱听，也很难达到真正的有效。

如何才能达到"有趣"？方式可以有很多：语言的诙谐风趣，让课堂妙趣横生；将知识和学生的生活相联系，让学生觉得学知识其实就是学生活；引导课堂讨论甚至争鸣，让学生的思想碰撞；组织学生参与课堂教学，让学生自主学习……这些都能让学生感到课堂有趣，因而全身心地投入。

如何才能达到"有效"？方法和途径有很多很多，但我认为最重要的一点是，把教师"教"的过程变成学生"学"的过程，而所谓"学生'学'的过程"，应该是学生互相讲解知识的过程。因为最好的学习，就是给别人讲，这是个常识。多年来我们把这个常识给忘记了，不停地给学生讲，却不让学生讲。于是，知识在我们教师头脑里记得越来越深刻，学生却什么都没记住。而近年来不少学校的老师遵循了这个常识，并利用了这个常识，让学生在课堂上不停地给别人讲，成绩当然就提升了。"有效"当然不只是指成绩提升，但这是一个最重要也最直观的指标。

我还想强调的是，这里说的"有效"，既是指整体上对所有学生都有效，更包括对每一个学生有效。什么意思呢？就是要尽可能尊重每一个学生的个性，满足他特定的需要。

有一年我去丹麦观摩了一节初中的数学课，我发现老师在课堂上很少集体授课，更多的是让学生自学，她来回巡视，和这个学生聊聊，和那个学生说说。课后，我对她说："丹麦的老师上课很轻松，只需来回答疑就可以了。"她说："不，这样的课堂对我挑战很大。"

我问她为什么，她说："我已经教书 32 年，对我来说最重要的不是知识本身，而是找到每一个孩子怎么学是最有效的，我必须去观察去了解。我必须根据我对学生的了解，为他提供最适合于他学习的方式，这是对我最大的挑战。所以我必须用眼睛看每一个学生，然后给孩子以最适合的指导。我给每一个孩子的建议，都是不一样的。这就要求我必须有足够的知识量，同时我还得了解孩子的心理，我得了解他们在课堂上的状态，他的接受程度，我得去引导他们。让他们每一个人都有收获，并获得发展。"

这是真正有效的课堂。所以说，虽然每一堂课都有总体的教学重点和目标，但印在教材上的重点和目标，并不能取代教师对几十个不同个性学生的关注，和对他们不同需求的满足。因此，所谓"有效"不是看教师讲了多少，而是看每一个学生懂了多少和会了多少。

对教师来说，这是需要一辈子探索的课题啊！

你的朋友　李镇西

2021 年 7 月 20 日

88. 怎样才能让学生喜欢自己的课？

崇义老师：

你说校长最近找你谈话，转述了家长对你的意见，说你的课学生不喜欢。你很郁闷："我这么热爱教育，认真地对待每一堂课，却被举报，我很委屈，也很伤心！"

非常理解你的心情。作为工作仅一年的新老师，自己的课不受欢迎，自然很有挫败感。但这是一个成长过程中的问题，不必背太大的思想包袱。所有青蛙都是从蝌蚪过来的，谁一上课就受欢迎呢？

作为一个退休教师，我愿意给你谈谈，如何让学生喜欢自己的课。

必须说明，"让学生喜欢"并不是评价一堂课的唯一标准，甚至不是第一标准。道理很简单，课堂教学的目的是"传道授业解惑"，而不仅仅是让孩子"喜欢"。换句话说，课堂教育承载着教师的育人使命，这种"育人使命"通过课程内容来体现，并由教师的教学活动来完成，所以教学重点、知识目标、能力要点，还有情感、态度和价值观，都得通过我们的课堂传递给学生。这就是我经常说的"好课的意义"。如果一堂课，没有这些意义，就等于取消了教育。

但无论教师赋予课堂怎样的"意义"，如果学生不爱听，这一切"意义"都是没有意义的。所以，虽然"让学生喜欢"并不是评价一堂课的唯一标准，却是绝对不可缺少的重要标准。让学生喜欢，就是让学生感到听课"好玩儿""很有意思"。

所以，我经常对年轻老师说，好的课堂应该既有"意义"又有"意思"。有意义，是就教师的教育使命和教学任务而言；有意思，是站在孩子的角度说的，就是有吸引力，感觉刚一上课，不知不觉下课铃就响起了。

虽然吸引学生不是课堂的唯一标准，毕竟上课是学知识而不是看喜剧、小品，但如果学生不爱听课，你所有的"崇高目的"和"美好意图"都等于零。

那么如何才能让学生喜欢自己的课呢？其实方式是很多的——

比如，修炼自己的语言艺术，让你的每一句话都能如磁石一般吸引学生的注意。所谓"语言艺术"，就是条理清晰，逻辑严密，而且适时诙谐幽默，让学生如沐春风。

比如，教学设计富于智力挑战，在深入浅出的知识讲解中，把学生的思维引向燃烧，引导课堂讨论甚至争鸣，让学生的思想碰撞。当教师用一个又一个问题，让学生感到一种自我超越的刺激时，他的全部注意力都集中于前所未有的"高空体验"，他还会觉得课堂枯燥乏味吗？

比如，将知识和学生的生活相联系，把教师自己的生活经验和学生的生活体验都融入课堂教学，让学生觉得学知识就在自己的身边，用知识就在自己的生活中，甚至觉得课堂和社会是相通的，天地之间都是课堂，世界风云都是课本……

比如，组织学生参与课堂教学，让学生自主学习，把教师"教学"的过程与学生"学习"的过程尽可能统一起来，教师"教"的逻辑尽可能符合学生"学"的逻辑。学生自主学习的形式是很多的：师生互动、小组合作、学生上讲台，等等。当学生忘记是在上课时，他已经迷上课堂了。

……

当然，不同的学科，其课堂设计也会有学科特点。但上述种种超越具体学科的教学艺术，都能让学生喜欢上课，这是毫无疑问的。

我给你提一条增强课堂教学对学生吸引力的建议，就是直接向学生无记名征求教学评价和建议。毫不夸张地说，这是我不断提高课堂教学水平的一个"绝招"。几十年来，我爱在学生中搞这样的"每月教学调查"：你认为李老师讲得最好的课文是哪一篇？你认为李老师讲得最差的课文是哪一篇？你认为李老师出的最好的作文题是哪一道？你认为李老师出的最差的作文题是哪一道？你对李老师改进教学有什么建议？……我从工作之初一直到退休，没有接到过一次家长举报，这不是我的课上得有多么好，而是因为我课堂教学的所有不足，学生都能当面及时给我指出，让我失去了被家长举报的可能。

如果不这样呢？学生不喜欢听你的课，却不敢对你说，而回家对爸爸妈妈说。学生家长知道了当然很着急，必然会给学校打电话，校长接到举报自然会找你谈，轻则批评，重则扣绩效，于是你很委屈和伤心。而这一切本来是可以不发生的。避免这种"委屈和伤心"的方法，就是我说的直接搞教学调查。将学生的一切不满都消弭于萌芽状态，你的教学水平却不断提高，多好！

崇义老师，明天你就在学生中搞个教学调查吧？当然不是说学生说的都是对的，但肯定是我们改进教学的重要参考意见。我相信，在学生的"帮助"下，你的课一定会受他们欢迎的。

你的朋友　李镇西
2021 年 2 月 4 日

89. 怎样备好一堂课？

茹文老师：

祝贺你正式成为一名光荣的人民教师！你问我："怎样备好一堂课？"

我首先想到了苏霍姆林斯基讲过的一个真实故事：一位有 30 年教龄的历史教师上了一节公开课，课题是《苏联青年的道德理想》。课上得非常出色。不光学生，连所有前来听课的教研员都听得入了迷。课后，邻校的一位教师对这位历史教师说："您的每一句话都具有极大的感染力。不过，我想请教您，您花了多少时间来备这节课？不止一个小时吧？"

那位历史教师说："对这节课，我准备了一辈子。而且，总的来说，对每一节课，我都是用终生的时间来备课的。不过，对这个课题的直接准备，或者说现场准备，只用了大约 15 分钟。"

不知你是否能够理解"对每一节课，我都是用终生的时间来备课的"这句话。我认为这句话的意思是——生活教育化，教育生活化；读万卷书，行万里路，同时阅人无数；生活积累，人生感悟；站在社会的高度看学校，站在人生的高度看课堂；眼观六路都是教育，耳听八方皆为课程……一句话，增强阅历，扩大阅读，就是在为每一堂课做准备。

由此可见，备课绝不仅仅是上课前的写教案而已。所以，你也要有"用终生的时间来备课"的理念和行动。

在这个前提下，关于如何具体"备好一堂课"，我有五条建议——

第一，反复朗读课文或教材内容。熟悉教材，是备课的前提条件之一。这不是简单地看几篇课文就能够完成的。必须朗读！我之所以强调"朗读"，是因为只有在朗读中才能做到真正对每一个字的聚精会神，而不会像默读时那样情不自禁地跳读浏览。正是通过朗读的"笨办法"，我们可以把教学内容吃透，甚至烂熟于心。我一直到退休前的最后一课，都还保持着备课时一遍遍朗读课文的习惯，而且每次朗读都能有新发现。不光语文课如此，其他学科包括理科备课都应该这样。

第二，尽可能充分占有关于教学内容最前沿的研究成果。这点我们要向医生学习，我有几个当医生的朋友，他们说他们随时都关注着国内外关于自己专业的最新研究成果和动态。我非常理解，因为他们面对的是生命，必须以极其严谨科学的态度对待每一个患者。而老师面对生命的精神成长，同样应该随时关注所教学科的最新成果。《荷塘月色》可以说是语文教材的"常青树"，我也教过很多遍，但每教一遍，我都要通过大量的报刊和著作索引，查找关于《荷塘月色》主题、背景、写法等的最新研究成果，不仅如此，我还密切关注有关朱自清的最新发现的史料和有关他的研究动态。只有这样，一篇课文在教师手中才能举重若轻。就教材讲教材，永远不可能成为真正的教师。

第三，把自己当作学生来思考。这点非常重要。我们是成人，有远比学生更丰富的阅历和更成熟的心智，所以备课时很容易以我们的视角来打量教学内容。于是，便有了许多"想当然"却很离谱的设计。我们认为的难点，很可能在孩子那里一目了然；我们以为理所当然的常识，在孩子那里却既不知其然也不知其所以然。所以，如陶行知所说的"把自己变成孩子"便很重要了。这不是要把我们的心智降低到孩子的幼稚程度，而是用孩子的心去感受教材。可我们明明是大人，又如何才能使自己具备"孩子的心"呢？这就需要我们在课余多和孩子接触，保持一点和他们的共同爱好，不知不觉熟悉他们的内心世界。这样，备课时我们就会多一双"儿童的眼睛"。

第四，以学生"学"的逻辑来设计教师"教"的流程。我们许多老师备课时往往是从自己的角度出发，更多考虑的是如何"教"得精彩——如何巧妙导入，如何深入浅出，如何循循善诱，如何起承转合，如何激发思考，如何组织讨论……我们应该知道，无论多么精彩，"教"永远应该服从于"学"！因此备课时，我们应该更多地考虑学生如何"学"——他们会有什么问题？（学习永远是从问题开始的）这些问题如何让他们自己破解？如何引导学生自主学习？如何针对不同学习基础和智力特点的学生予以个性化的指导？

第五，预留出课堂"空白"。我特别反对教师把四十分钟的课备满，连每一个步骤需要几分钟都写在教案上；相反，我主张四十分钟的课要留出五到十分钟的"空白"，用以应对课堂上的"意外"情况，比如学生临时提出了一个教师事先没有想到但很重要的问题，或者学生突然对某一个问题的讨论超过了预计的时间。这样，上课时教师会从容得多，学生也会更有收获。

备好一堂课当然不只需要注意这五条，但我根据自己的体会，着重说这几点，但愿对你有所帮助。

你的朋友　李镇西
2021 年 5 月 8 日

90. 怎样上好第一堂专业课？

旭萍老师：

你来信说你"如愿当上老师了"，这几天很兴奋。"如愿"二字让我有些感动，因为能够发自内心愿意当老师的人现在不多了。我相信，有一颗热爱教育的初心，你一定能够成为一名好老师的。

但你又说临近开学，马上要走上讲台上课了，有些紧张。你担心作为班主任，如果上不好第一堂课，就不能赢得孩子们的信任。所以，想听听我的建议。

是的，作为班主任，一般同时会上一门专业课，比如语文、数学、外语等等。专业课上好了，班主任在学生心目中的威望自然会提高，而学生对班主任课堂教学的佩服，自然也有利于良好班集体的形成。因此，把第一堂课上好，也应该是班主任的当务之急。你重视第一堂课是对的，有点压力也很正常，但没必要紧张。

如何上好第一堂专业课呢？我有如下建议：

第一，以真诚、朴实、自然的形象出现在课堂。许多班主任为了让学生对自己的第一堂课有好印象，特别做作地准备"开场白"，一上来就是一段"诗朗诵"，或者说"我给大家唱一支歌吧"，或者展示其他什么才艺，唯独忘记了自己是学科教师。当然，如果需要，也可以做些铺垫，但在正常情况下，我建议上课最好单刀直入："同学们，今天我们学……"然后进入常规教学程序。有的老师可能会在第一节课讲本学科知识的意义或做学习方法指导，我想如果没有特别的改革，比如由传统的教学模式转为新型的教学方式，那还是不要花一堂课来说学习注意事项之类，小学生都知道上课应该专心听讲，认真预习，认真完成作业等等，还需要你老生常谈吗？

第二，如果班主任的确准备进行课堂教学改革，那就有必要用第一堂课的时间来和学生沟通，坦诚地把自己的教学理念告诉学生。比如有一年，我带新班的第一节课就是给学生谈我的语文教学理念。我先问学生们，李老师是来做什么的？有的学生说："是来教我们语文的。"也有学生说："是来教我们学习语文的。"第二个答案显然更接近我的理念，但还不够，我补充说："我是来和大家一起学习语文的。"然后我给他们谈了我"语文教学生活化，学生生活语文化"的具体做法。这些沟通与讨论对以后我的语文教学改革做了非常好的铺垫。

第三，我们也可以在第一节课进行一些调查，让学生给我们袒露他们对教学的期待。1990年9月，我新带高一的第一节课，就做了这样的调查：

1. 你对语文学习感兴趣吗？
2. 你认为理想的语文教学课堂形式是什么？
3. 你认为语文教师应该具备的优点有哪些？
4. 你认为目前语文教学的最大弊端是什么？
5. 请向语文老师提一些最迫切的希望。

这些调查，不但让我知道了学生的诉求，也让学生看到了我民主教学的真诚。

第四，一定要展示你在学科教学方面的某一个强项或优势。没有哪个老师敢说自己是"全能"，总有自己的短板，但每一个老师都有自己的某个强项或优势。以语文老师为例，有的擅长板书，有的擅长朗诵，有的语言风趣，有的逻辑严密，有的学识渊博……那么班主任就要尽量通过第一堂课让学生感受到老师的长项。或者是一笔漂亮的粉笔字以及简洁清爽的板书征服了学生，或者是优美的嗓音不疾不徐的叙述让学生受到感染，或者是妙趣横生的讲解让学生开怀舒心，或者是丝丝入扣的分析让学生的思维受到启迪，或者是信手拈来的旁征博引让学生视野豁然开朗……总之，你总要在某一点上让学生对你佩服得五体投地。

第五，特别重要的是，第一堂课班主任绝对不能迟到，同时在课堂给学生公开承诺："我绝不拖堂！"就凭这个承诺，你就把自己与好多老师区别开来了，因为太多的老师喜欢拖堂，十分钟的课堂休息时间被老师的"认真负责"的讲课至少占了5分钟，学生苦不堪言又不敢表露，真的是"敢怒不敢言"，而第一次上课便给学生许诺"绝不拖堂"，并且坚持做到，你的威信会陡然上升许多。

......

上好第一堂课的建议当然还有许多，我就不赘述了。

总之，你一定要把第一堂课上得特别精彩，这个"精彩"的标准其实就是把学生吸引住。怎么知道学生是否被你的讲课吸引呢？很简单，你在上课时就看所有学生是否都目不转睛地看着你，如果一双双眼睛都情不自禁地凝视着你，那就说明他们正处于特别专注的时候，他们的心被你抓住啦！如果学生觉得上你的课时间过得很快，并且下课后的第一件事，就是赶紧看看课表，你第二天是第几节课，然后充满期待地盼着第二天上你的课，那么，你这个班主任就已经有了一种源于知识的人格魅力，你作为班主任树立学科威信的第一步便成功了！

试试吧，带着真诚，带着自信，你一定能上好第一堂课的！

你的朋友　李镇西

2021 年 8 月 31 日

91. 如何上好一堂公开课？

张兰老师：

你说你最近接到一个上公开课的任务，学校领导让你代表学校到区里参赛，要你获奖，你因此压力很大。你对公开课很有看法，觉得很假，但你又不好推脱……

我理解你的心情，特别欣慰于你还没有被包括虚假公开课在内的种种假教育所麻痹。对教育保持着如此的清醒，很可贵！

但你的求助让我很为难。因为我既赞成年轻教师上公开课，又反对他们上公开课。这看似矛盾的话如何理解？听我慢慢给你解释。

我把公开课分为两类：一类是用于研究，为了成长的公开课（简称"研究课"），一类是用于比赛为了获奖的公开课（简称"比赛课"）。当然，为比赛获奖的公开课也能够带来一定的成长，但同时会失去很多，代价太大。这点我后面会说。

先说"研究课"。从我个人的经历看，年轻人多上研究课，是专业成长之必需。特别对于课堂教学艺术的提高而言，这甚至可以说是一条快速通道。平时自己上课，就学生听，偶尔会有领导或你的指导老师听，当然也可以通过听取意见和自己反思获得一些提高，但和上研究课相比，这种提高还是缓慢了一些。你想想，为了上好研究课，一想到有那么多人来听你的课，你备课是不是要更加细致一些？课堂设计是不是更加巧妙一些？你对教材的钻研是不是更加透彻一些？你对教学手段的选择是不是更加讲究一些？你对课堂教学的各个环节的考虑是不是更加周到一些？你对学生的关注是不是会更多一些？……而且这些本来应该是教学常规，但由于没有研究课相"逼"，平时你自己上课也许就不那么百分之百地用心，反正一个人上，过得去就行了。而现在，面对的不仅仅是学生，还有每一位听课老师的眼睛，你不由自主就格外认真得多，这样的研究课上多了，你在这样的公开课上所展示的亮点，渐渐就成了你平时上课的常态。所以，对年轻老师来说，上没上过研究课，其教学技艺是不一样的。这就是我希望你多上研究课的原因。

再说"比赛课"。按说，比赛课也是研究课，因为在准备时一定得研究如何把课上精彩，以争取最好的名次。但是，因为有了明确的获奖目的，整个课堂教学的着眼点就发生了倾斜——由一切为了学生变成一切为了取悦评委，一切为了获奖！于是不但所有的设计都主要考虑如何让评委"耳目一新"，如何让听课老师感觉"出彩"，如何有"高潮"有"亮点"，而且为了这些"耳目一新""出彩""高潮""亮点"，整个学校会倾全力帮你"打造"，比如选最好的学生听课，比如请最好的老师帮你设计，比如在不同的班反复排演……如此"打造"，最大的特点也是最大的弊端是一个字："假"！我知道有的老师为了在课堂上"呈现出最美好的一面"，甚至不许"差生"上课，还在事先暗中安排了学生中的"乖孩子"，以在课堂上做各种"精彩"的配合。坦率地说，年轻时，我就上过这样的所谓"公开课"，还获得了好评。不能说这样的课对我的教学技艺没有提升，毕竟经过反复磨炼，一些技能因此而熟练，但付出了道德代价——不但自己作假，还公然教孩子作假。课堂上，教师假模假样地"尊重学生"，师生假模假样地"互动对话"，学生假模假样地"自主学习"……但一切都是演戏，整个就是一堂假课。而这样的假课本质上就是反教育的。所以我特别反对年轻人上这样的课，因为它会把年轻人成长的节奏带偏。

读到这里，你可能觉得我"跑题"了，因为你问我"如何上好一堂公开课"，我却大谈研究课的好处和比赛课的弊端。估计我不但没有解决你的问题，反而让你更加迷茫："按您的说法，我根本就不应该去区里比赛公开课。那您说，我该怎么办?"

你平时应该多上研究课，这个我就不多说了。现在既然领导安排你代表学校去参赛，这课你也推不掉了。那我就希望你拿出勇气，上一堂真实的课。所谓"勇气"，就是抛开获奖的念头，只考虑如何体现你的教学水平，也展示你所追求的教育理念。所谓"真实"，就是认真准备但不作假，尽量让课堂呈现出你和学生共同学习的自然状态。

这样的课也许不那么精致，甚至会有不足，但有什么关系呢？记住，真实的粗糙胜过虚假的精致。我特别要提醒你的是，你所有教学设计的重点或者说核心，都应该指向学生，而不是考虑取悦评委。整堂课应该是把教师"教"的过程转化为学生"学"的过程。做到了这一点，无论获奖与否，你都成功了。

这次公开课你究竟去不去上，或者究竟怎么上，最后还得你自己定。我的意见仅供你参考。

你的朋友　李镇西
2021 年 7 月 23 日

92. 如何让学生在课堂上尽快安静下来？

青霞老师：

作为新老师，你说你的苦恼之一是在课堂上不能让孩子们尽快安静下来。常常是上课好几分钟了，学生还很兴奋，说的说，笑的笑，"完全不把我这个老师放在眼里"；你还说你的性格比较柔和，对学生凶不起来，不能像有的老师那样靠"强硬手段"制服学生。

课堂纪律是教学最起码最基本的条件，无序的课堂是无法完成任何教学任务的。所以对学生进行纪律教育，包括严格的训练，是很有必要的。这和"尊重学生"不矛盾。为学生营造一种良好的学习氛围，让他们能够在每堂课上学有所得，这是对学生根本的尊重。如果连课堂秩序都无法保证，所谓"尊重学生"便成了一句空话。因此，重视课堂纪律，包括你说的让学生一进入教室就能够尽快安静下来，进入学习状态，这是一个教师应该具备的基本的组织教学的能力。

但是，究竟如何让学生一上课就能尽快安静下来呢？

如果仅仅是让学生"安静"，其实很简单的，有多种方法可以使用。比如，教师走进课堂看见闹闹嚷嚷的学生，便大喝一声："闹什么闹？没听见上课吗？"如果老师的声音足够响亮，一定会有震慑力的，一般情况下，学生的说笑声是能够戛然而止的，教室里自然安静下来了。比如，教师不必大声呵斥，只需用手指几个闹得最厉害的学生："你，你，还有你，站起来！"然后略带讥讽地严厉批评道，"说大声些，让大家都听到，什么话题让你这么开心，忘记了上课？"如此杀一儆百，其他学生多少也会收敛起来。又比如，教师不用多费口舌，拿起教鞭猛敲讲台，"啪啪啪"的声音肯定会让学生们害怕，而赶紧闭嘴，乖乖坐好。还比如，教师既不厉

288

声呵斥，也不点名批评，更不敲打讲台，而是看着学生，双手交叉放在胸前，做出一副无所谓的样子，冷笑着说："你们说，你们说呀，什么时候说完了，我们什么时候上课，没关系，继续说，继续说……"学生看见老师生气了，多半也会安静下来。

我随便列举的这些方法，可能就是你说的"有的老师"的"强硬方法"。这些方法的确有效，能让学生尽快安静下来，但是，代价是什么？代价就是学生因为害怕而失去了学习应有的安详宁静的心态，和教学过程中应有的和谐师生关系。我们知道，离开了学生积极平和的心态和亲切融洽的师生关系，我们所期待的课堂教学是很难发生的。试想一下，处于恐惧中的学生如何能够聚精会神地学习，而愤怒中的教师又如何能够专心致志地教学？

所以，我主张教师应该根据具体情况，摸清学生安静不下来的原因，然后有针对性地进行引导。如果是因为学生根本没养成上课安静的好习惯，那就得进行适当的训练；如果是临时因为某个突发事件而让孩子们特别兴奋，那就应该巧妙地引导学生渐渐脱离"兴奋点"，当然，这个过程一定要符合学生心理，而且自然而然。我举一个我的例子吧！

有一次我上课，正好学生上节课是体育课，拔河比赛赢了邻班，很是兴奋，整个课堂闹闹嚷嚷的。这时我如果严厉呵斥肯定会让他们安静下来。但我采用的方式是，我很自然地和前排几个学生聊天，声音不大："嗨，最近我感觉我有老年痴呆症的先兆。"几个学生忍不住哈哈大笑："李老师，怎么可能？"这笑声惊动了大家，很多人情不自禁朝我们这边看。我继续很认真地说："真的！"我的声音依然不大不小，其他学生知道我和几个学生在聊，但说的什么却听不清楚，大家自然稍微安静了些。那几个学生问我："你怎么知道你有老年痴呆症的先兆呢？"我说："我最近记忆力急剧下降，我看了有关资料，这就是老年痴呆症的前兆。"这时候，全班同学几乎都没说话了，我的话他们听得清清楚楚。学生们便问我："你说你记忆力急剧下降，举个例子呢！"我说："昨天才给你们上了语文课，可刚才在来的路上，我就一直在回忆昨天讲到什么地方了，可怎么也想不起来。"学生纷纷说："昨天讲了《岳阳楼记》第一部分，今天该讲第二部分了。"我说："哦，好的。请同学们打开书，翻到《岳阳楼记》……"我们一起进入了教学情景。

看，我就这样不动声色地让学生安静下来了，而且非常自然地引导他们进入新的学习状态。当然，我这个方法不一定人人都可以照搬。但每一个教师都能以自己的方式达到教育目的。

让学生尽快安静下来，需要教师熟悉孩子的心理特点。也就是说，教师应该有基本的心理学素养，只有抓住了孩子的心，才谈得上引导。我们应该清楚，让学生安静下来的目的，是继续学习，而不是为安静而安静，既然如此，就得考虑巧妙的方法，在维持课堂秩序的同时，不让学生有紧张甚至恐惧的心理。

你的朋友　李镇西
2021 年 7 月 15 日

93. 为什么拖堂会影响教师的威信?

秀雅老师：你好！

你说马上就要从师范大学毕业了，将踏上讲台。你问："作为年轻老师，怎样才能迅速在学生中建立威信?"

巧了，我想到了去年，也有一位刚毕业的师范生问过我一个类似的问题："我明天就要上第一节课了，怎么才能尽快让自己在学生心目中有威信呢?"

威信是逐步形成的，第一节课也许可以让学生对你有好感，甚至喜欢你，但在第一节课上就建立起威信，很难。但如果这样对她说，我担心挫伤她的热情，于是说："赢得学生尊重，主要还是靠你的课堂教学，和你平时与孩子们的交往。不过，我给你一个小建议，第一堂课上，你可以给学生们说，'我，作为你们的老师，今天第一次给你们上课就向你们郑重承诺，以后我绝不拖堂。如果实在没控制好时间而拖堂，甘愿接受同学们处罚！'"

她听了我的话，大为吃惊："这……"

我笑了："你做不到吗？但是我告诉你，就凭这句话，你就把自己与许多老师区别开来了，这是你威信的起点。"

后来她上了第一节课后给我打电话，说："当我说我一定不拖堂时，全班同学都鼓掌！"

所以，今天，我也把这个建议送给你。

拖堂，也许是四川方言，意思是不按时下课，在有些地区叫"压堂"。1987 年 9 月，我在高一新生中曾做了一个调查："你最不喜欢的老师有哪些特点?"结果让我大吃一惊，"拖堂"居然排在第三名（第一名是"处事不公平"，第二名是"爱冤枉同学"）。

仔细一想，也在情理之中。课间只有十分钟，老师拖堂就占了好几分钟，孩子们上厕所都来不及。他们能不烦吗？

可老师的理由也很充足："我不都是为了你们好吗？""你们没休息，我不也没休息吗？""不就多讲了几分钟吗？""还不是因为你们刚才课堂纪律不好，耽误了我的时间！"……

然而，这都不是老师拖堂的理由。为学生好首先就要保证他们十分钟的休息时间；老师甘愿放弃休息时间而多讲，但不能因此而剥夺学生的休息时间啊！何况，如果不是连堂，老师离开教室就可以喘息一会儿，而我们的孩子还得继续上课，说不定下一位老师又拖堂。是的，你只"多讲了几分钟"，但"几分钟"有效吗？合格的教师应该有效地组织教学，管理不善而影响教学进度，责任在教师而不在学生。

通常情况下，老师比较注重上课不迟到，在一些学校如果有教师上课迟到了，校长会视为一次教学事故。但很少有教师会提醒自己上课不要拖堂。也很少有人会认为教师拖堂有什么不妥，"不就是多讲了几分钟吗？"而且，喜欢给学生"多讲几分钟"的老师往往是认真负责的好老师呢！

我们平时经常说，要尊重学生。在我看来，这里的"尊重"不仅仅是老师不打学生，不骂学生，也不是老师和颜悦色的表情，而是在教育教学的每一个环节，都能在心中装着学生。注意，别误解我是主张迁就学生，或者无条件地纵容学生，完全不是。我的意思是，我们至少不要妨碍和侵犯学生的合法利益和权益。对不起，在这里"侵犯"二字可能有点重，因为我们的老师一般不可能有这样的主观意图。但客观上，拖堂几分钟，我们就剥夺了学生几分钟的休息时间。在这些细节上，的确可以看出我们是不是真正把孩子放在心上。

尊重学生就应该体现在这些细节上。

其实，刚工作那几年我也爱拖堂的。后来我知道学生特别反感老师拖堂，而且还"敢怒不敢言"，便决心克服这个缺点。但仅仅凭"自觉"是很难战胜自己的，必须靠外在的监督。于是，结合班里的"法治"管理（即以师生平等为核心的《班规》管理），我让学生们在班规中明确写上：

"老师上课拖堂一分钟以上，罚扫教室一天。"之所以有一个"一分钟以上"，是考虑到万一老师上课有几句总结性的关键的话没说完，那还得让老师说完，但超过一分钟，对不起，按班规处罚。

正是在这样严格得似乎"不近情理"的监督下，我在经历了几次因拖堂而被罚之后，逐步彻底改了上课拖堂的缺点，可以这样说，进入九十年代以后，我几乎没有再拖过堂。

到了学校，许多老教师的经验都值得你学习，但你可别学习一些老师爱拖堂的习惯哦！

守时，是一种现代观念，体现出对别人的尊重。所以，不拖堂，这么一个简单的准则，不但体现了教师对学生的尊重，而且还是教师对学生的一种自然而有效的教育示范——尊重的示范、守时的示范，让学生也形成尊重他人的观念和遵守时间的习惯。

你的朋友　李镇西
2020 年 12 月 14 日

94. 学生在课堂上打瞌睡怎么办?

筱彦老师:

　　来信说你有一个很大的苦恼,就是课堂上总有学生打瞌睡。

　　呵呵,你算是问对人了,因为我也有过类似的苦恼,那是在年轻时候,不,准确地说,是工作之初。当时,看到有学生在课堂上睡觉,我很是恼怒:我这么认真地备课、讲课,你却对我缺乏起码的尊重。于是,轻则批评,重则罚站。但说实话,收效甚微。于是,我便研究——学生为什么要在课堂上睡觉呢?

　　有一次上课我又发现一个男生在睡觉,这个男生无论表现还是成绩都算是比较优秀的,因为他优秀,所以我没有当场批评他——可见当时我还是很偏心的。中午我找他谈心。他告诉我,头天晚上家里有突发事件,他是凌晨一点过才睡觉的。这次谈心至少让我意识到,学生上课睡觉原因是多方面的,不见得都是老师所认定的"懒"。

　　后来我在班上搞了一个问卷调查,就两个问题:1. 你在课堂上打过瞌睡吗?或有过极度疲倦想睡觉的时候吗?2. 什么原因?调查结果为,76%的学生都有过课堂打瞌睡或想睡觉的情况,比较集中的原因有:"头天晚上作业太多,睡得很晚""身体不舒服""听不懂""老师讲得太枯燥""刚上了体育课,太累"……还有个别学生写的是"熬夜看小说"(那个年代还没有电子游戏之类,否则熬夜打游戏可能也会是学生上课打瞌睡的原因之一)。因为是无记名调查,所以我感觉结果还是比较可信的。

　　原因找到了,就分门别类地想办法解决。有的属于带有普遍性的问题,比如关于作业过多,我便找科任老师商量,统筹协调解决。有学生听不懂,我和老师们便多研究学生,让教学尽可能适合于"学情"。有的属于个别现象，比如身体原因，或课前运动过度，等等，都通过个别谈心或与家长配合解决。

当时在我的课堂上打瞌睡的学生，大多说是我讲的内容他们"听不懂"，或者讲得太枯燥，他们"提不起劲"。我再进一步调查，让他们打瞌睡的语文课，主要是我讲说明文或语法修辞知识的课。说实话，这有点"打击"我。但没办法，有学生听不懂，或听起来枯燥乏味，这不能怪学生，只能从改进自己的教学入手。总之，渐渐地，我的课堂上睡觉的学生越来越少了。其实，最严重的时候，也没超过五个，但对我来说，已经是触目惊心了。

所以，你说的"课堂上总有学生打瞌睡"，是个别学生呢，还是不止一个学生？是长期如此呢，还是偶尔为之？如果是不止一个学生经常性地打瞌睡，你可能首先要检查一下自己的课堂教学是不是出了问题：或者太难了，学生们听不懂，或是太枯燥了。即使是个别学生偶尔打瞌睡，你也要研究，他打瞌睡的原因，然后有的放矢地进行教育和引导。

不管哪种情况打瞌睡，我都不主张批评甚至惩罚学生。原因很简单，困倦是一种生理现象，虽然坚强的毅力可以抑制或者说战胜这种生理现象，但对十几岁的孩子来说，是很困难的。其实，哪个学生不知道上课不该睡觉？他们最后还是趴在了桌子上，实在是不由自主啊！你不妨想想，当你听某些冗长而枯燥的报告时，是不是也昏昏欲睡？大人尚且如此，何况孩子？

这样一想，我们对学生就会多一些理解和体谅，而不是简单地呵斥和罚站。这种理解和体谅会让学生感到老师的人情味，甚至感动，因而尽可能地控制自己，认真听课。

三十年前我教过一个学生，叫宋映容。三十年后，已经是高中英语教师的她来看我。聊天中，她说到"李老师当时很理解关心我们"时，说了一件我完全忘记了的事："有一次上课，不知什么原因，我特别困倦，只想睡觉，情不自禁就开始打瞌睡。可想到李老师在上课，我便强打精神，使劲睁开眼睛。这时候李老师来到我的身边，轻轻对我说，你趴在桌上睡一会儿吧！睡一会儿反而就有精神了。当时我无比感动，精神一振，所有睡意都没有了。"

　　说实话，当时我听了也很感动，感动于连我都忘记了的细节，学生还记着。而这份教育的理解和温馨，应该体现于我们与学生课内课外相处的每时每刻——而不仅仅是学生上课打瞌睡的时候。

　　我今天说的，对你有启发吗？

你的朋友　李镇西

2021 年 2 月 3 日

95. 学生在课堂上故意捣蛋怎么办?

秀琦老师:

作为一名刚刚工作的女教师,你感觉你管不住学生,尤其是有学生在课堂上故意捣蛋甚至向你挑衅的时候,你说你手足无措,有几次都被气哭了。

教师在课堂上除了传授知识,还有一个任务,就是组织教学,即维护课堂应该有的秩序,以保证课堂教学的正常进行。然而,在课堂上确有一些学生,总有违反纪律的表现,有时候甚至是故意捣蛋,或搞恶作剧来哗众取宠。如果老师的课堂教学精彩一些,这种情况会大大减少,但即使是特级教师上课也不敢保证没有学生违纪。那对于年轻老师来说,这种现象就更是难以避免了。

课堂上出现了学生捣蛋的突发情况该怎么办呢?我还是先讲两个案例吧!

在一次英语课上,年轻的英语教师正背对学生在黑板上写字,突然听到"咣当"一声,教室里一下就热闹起来,学生们都转过去寻找声源。老师也转身扫视全班,结果她发现坐在教室中间的那个男生正得意地对着同学们笑,原来他刚喝完矿泉水,便顺手把瓶子往后面教室角落的垃圾篓扔去。面对老师严厉的眼光,他满不在乎。老师顿时火冒三丈,勒令他:"站起来!"可是这男生纹丝不动,坐在座位上,以挑衅的目光对着老师,好像在说:"我就不站起来,你能把我怎么样?"这自然更加激怒了老师,她以更尖厉的声音大喝一声:"滚出去!"然而,那男生依然不动,依然用一双斜眼看着老师,脸上呈现出轻蔑的笑容。情绪到达极点的女教师沉默了片刻,突然用哭腔说:"好,你不走,我走!"然后"哇"的一声哭了,冲出了教室……

我是男教师，其实也曾遇到过这种情况，当然具体细节不同，但都是学生在课堂上捣蛋。如果我遇到这种情况，首先我不会和他急，虽然我心里也很愤怒，但我会克制自己的情绪。这时候，你一急就输了。然后我会根据情况采用不同的方式应对。比如，我可能会什么都不说，就以严峻的眼光直视他几秒钟，一般情况下，大多数违纪学生都会心虚而把头低下，这时候老师不必追究，完全可以继续上课，课后再说。我也可能调侃几句："哦，看不出这个同学还身怀绝技啊！隔那么远都能把塑料瓶扔进垃圾篓！"在同学们的哄堂大笑中，我不再多说，继续上课。总之，这时候，教师要化解冲突，平息事态，避免矛盾激化。一切待课后再解决。

在一次语文课上，一位老师讲《故宫博物院》，启发学生："请问，世界上还有哪些著名的宫殿？"同学们纷纷回答："布达拉宫！""卢浮宫！""白宫！""克里姆林宫！"……一个男孩突然说："还有子宫！"这明显是哗众取宠，故意出风头。全班大笑，然后很快沉寂，同学们都看着老师的反应，那个男孩也紧张起来，等待着老师的严厉批评甚至处罚。女教师停顿了一下，微笑着说："大家别笑，其实他说得对！子宫的确是人类伟大的宫殿。我们每一个人都是从这宫殿里出来的。"在这里，其实老师偷换了概念，她以比喻的方式，把建筑上的宫殿转到了人的身上，但这短短几句话，一下让气氛变得严肃起来。女教师接着说："因为这是每一个母亲所独有的伟大的宫殿，所以我们在谈到'子宫'这个词的时候，应该保持对母亲的敬意，对生命的敬畏，这个词是不能随意调侃的。"此刻，孩子们都很安静，表情严肃，整个教室弥漫着一种庄严而神圣的气氛。最后，女教师对着那个男孩说："当然，深入探讨关于子宫的问题，这是生物课的事儿，以后你再请教生物老师，好吗？"同学们都善意地笑了，那男孩红着脸点点头。"好了，我们继续来学习《故宫博物院》……"老师从容不迫地继续上课。

"谈笑间，樯橹灰飞烟灭。"一个看似尴尬甚至可能让师生发生尖锐冲突的局面，就这样轻松地化解了。设想一下，如果是前面说的那位老师遇到关于"子宫"的"胡说八道"，也是严厉批评，然后大喝"滚出去"……如果那样，局面将如何收场？而这位老师非常冷静而机智。她没有发怒，而是巧妙地"偷换概念"，将孩子的恶作剧转化为一个生命教育的机会，让孩子们在庄严的气氛中开始思考对母亲与生命的敬畏，然后又自然而然地回到本堂课的主题。

我相信，上面两位老师的案例应该让你有所启发了吧？说起来无非就是两点：第一，冷静淡定。教师越是冷静，越是主动，局面就越能控制在自己手里；相反，如果惊慌急躁，很容易被捣蛋学生左右。第二，巧妙化解。教师要根据具体的情况，在不激化师生冲突的前提下，尽可能采取各种方式，自然而然地平息事态。我特别要强调的是，在这过程中，一定要善于给犯错学生台阶下，而不是将他逼到死角，为课后进一步教育引导奠定良好的基础。

你的朋友　李镇西
2021 年 7 月 21 日

96. 课堂问题应从何而来？

雅娟老师：

你来信说，最近上了一堂公开课，在"打磨"的过程中，教研组的老师们帮助你精心设计了很多问题，结果这堂课却不理想，因为学生们对你提的问题不感兴趣，多次冷场。你问我："难道我设计的这些问题有问题吗？"

先不说你课堂上那些问题有没有问题，至少你今天给我提了一个很好的问题：课堂问题应从何而来？

这问题似乎早就解决了。在我们传统的教学观念中，课堂教学的问题当然应该是教师设计并提出，不然教师的主导作用何在？

在我年轻的时候，语文组的一位老教师曾谆谆教诲我："备课一定要精心设计问题，如果你能设计出一个'牛鼻子问题'，那么你的课就成功了一半。"他的意思是，教师一上课就应该抛出一个关系到教学重点和难点的问题，如同"牵牛鼻子"一样，激发学生思考，并引导学生们围绕这问题讨论，以带动整个教学活动，最后突破难点，完成教学。

我也曾这样上课。但很多时候，我抛出的问题并不能"牵一发而动全身"，我期待的势如破竹、风卷残云的教学效果并未出现。课堂气氛也显得比较沉闷，学生们对我的教学显然也并不满意。

我不是严格按照教学大纲（那时候还不叫"课程标准"）、教材要求、课文重点设计的一个个问题吗？可效果居然不佳，甚至没有效果。问题究竟出在哪里呢？

经过阅读、学习大量的理论著作，包括当代教育名家的教学经验，尤其是多次和学生深入沟通交流之后，我明白了问题所在：我备课只备了教材，而没有备学生；换句话说，我只是从大纲的要求和教材的重点出发，而没有从学生的精神困惑出发。

毫无疑问，无论大纲要求还是教材重点，总体上都顾及了学生的认知特点和学习规律，但这并不意味着具体到每一堂课，教师的教学都能紧扣学生的心灵需求。很多时候，我们恰恰忘记了一个非常朴素的道理——

是学生在学，而不是教师在学；教师的教不过是为学生的学服务而已。

既然如此，那么无论备课还是上课，我们最应该关心的是：学生有什么问题，而不是"教师以为学生会有什么问题"。

所以，课堂教学的问题当然应该来自学生的心灵，不是教师的教案。而学生源源不断的问题，应该是课堂教学的逻辑起点。

注意，我不否认教师备课时结合教学重点精心设计一些提问，毕竟这体现了教材重点和教学意图。但我们更提倡教学问题从学生中来。这样，学生在学习的一开始就会处于主动地位，而且教师能因此直接把握学生的思维状况，使教学更有针对性。真正高明的教师总能够将教师设疑与学生提问巧妙地结合起来。

然而，长期被动学习的学生往往是提不出来问题的。这就需要教师"逼"。

最初，我叫学生提问，学生很不习惯，也不愿发言。我便问他们："这篇课文究竟是我学呢，还是你们学？"学生答："我们学。"我又说："一般不懂的才需要学，而不懂的地方就叫问题。既然你们没问题，可见都懂了，我也就没必要讲了！"这种"你不问，我就不讲"的"威胁"让学生感到了危机，也明白了这样一个道理：课文学习的第一步并不是老师"讲"，而是自己"问"。经过这样一"逼"，学生逐渐能提出一些问题。而且问题还会越来越多。有一次我教《故乡》时，学生共提了82个问题。这些问题有的涉及课文的思想内容："文章最后一段该怎样理解？""在这篇文章中，杨二嫂的塑造起什么作用？""闰土是受哪些影响和'我'隔膜起来的？"有的涉及课文的写作手法："作者用'故乡'作题目有什么好处呢？""为什么在文章后面还要写海边沙地、金黄圆月？""杨二嫂和闰土是

301

对比吗？"有的是针对某一句话、某一个词的理解："怎样理解'只是他的愿望切近，我的愿望茫远罢了'？""'几房本家'是什么意思？""文章后面写的'我'的希望时，提到了三个'辛苦'，这三个'辛苦'是不是一个意思？"有的是对某一个字提出疑问："'我们日里到海边检贝壳去'，这里的'检'字是不是该用'捡'？""'这次是专门为了别他而来的'，这里的'他'是不是应换成'它'？"……

来自学生的提问越来越多，标志着他们的思维越来越活跃，这正是一堂课成功的开始甚至是标志。这样的课堂，你还担心学生不参与讨论，担心"冷场"吗？

当然，你可能会问："难道一堂课就任由学生的问题左右吗？老师的教学主导作用何在？学生提的那么多的问题又怎么解决呢？"

好，我们下次再聊。

你的朋友　李镇西
2021 年 4 月 2 日

97. 如何处理学生的课堂提问？

雅娟老师：

上封信谈到课堂的问题应该来自学生。那么新的问题来了：学生提的这些问题该如何处理呢？今天我就来谈谈这个问题。

首先要明确的是，如果学生的提问很多，那不可能都在课堂上解决。课堂上能够解决的问题只能是"重点问题"。在这里，所谓"重点问题"，一方面是指多数学生感到困惑的问题——这是学生学习的"重点问题"，另一方面是涉及教学重点的问题——这是教师教学的"重点问题"。根据我的教学经验，如果学生提问比较多，这两个"重点"往往可以"重叠"，也就是说，学生的提问中往往会包含教师本身也想提出的问题，至少会有所涉及。如何在学生众多的提问中，辨别并筛选出那个既是"学生重点"也是"教师重点"的关键问题，这需要教师高超的教学艺术。

举个例子。我在教《孔乙己》时，根据教材设定的教学重点是"让学生把握人物形象，并感受认识孔乙己所处的特定社会环境"，如果是过去，我会首先提出问题："请问，孔乙己有怎样的性格？他所处的社会有什么特点？"但现在我没有做任何预设性提示，而是让学生根据自己的预习自由提问，结果学生提了许多他们不理解的问题。在众多的问题中，有一个学生的问题被我敏锐地捕捉住了："为什么作者在小说的结尾说'大约孔乙己的确死了'？既是'大约'，又是'的确'，这好像是矛盾的。该怎么理解呢？"

我随即问大家："有没有同学能够回答这个问题？"

顿时课堂上开始热闹起来，许多孩子纷纷解释这个看似"矛盾"的表述，虽然大多似是而非，一知半解，甚至完全言不及义，但至少说明这是一个大家都很关心的问题。

于是，我不动声色地抓住这个问题，引导大家思考："为什么'大约'？"（因为孔乙己的性格让他不被人关注，死没死无人在意。）"为什么'的确'？"（因为那个吃人的社会必然吞噬孔乙己。）大家紧扣"大约""的确"两个词进行挖掘与分析，从人物性格和社会环境两个方面理解了这篇小说深刻的内涵。

但是，如果学生没有提出这个问题呢？那就由教师自己提出来嘛！尊重学生先提问，并不意味着教师放弃了同样拥有的提问权。所以，我提倡学生提问，绝不是说教师不能提问，只是课堂上不能只是教师提问，而不让学生提问。

那么，面对学生许许多多的提问，是不是都需要教师回答呢？如果不一定，那又如何处理呢？

学生所提问题，大体可分为三类：第一类是关于字词认读和难句理解的问题；第二类是关于思想内容和写作手法的问题；第三类是超出课文重点而且是教师也没有思想准备的问题。我认为，这三类问题，教师都应该指导学生钻研、切磋，以寻求尽可能正确的答案。

对于第一类问题，可采用"甲问乙答"方式，由学生自己解决。因为这类问题一般比较简单，而且往往是一部分学生懂而另一部分学生不懂。比如"为什么'联成一个整体'的'联'不用'连'？"（《中国石拱桥》）类似的问题，事前认真预习过的学生一般都能解答。但是，我在请学生解答时，着重要求学生说清楚"为什么"，以训练并展示其思考过程。

对于第二类问题，虽然直接涉及教学重点，但教师也不宜包办解答，仍应组织学生围绕这些问题讨论切磋。教师的作用，在于巧妙地引导学生的思维方向，并推动其思考的健康发展。教《社戏》时，不少学生提出疑问："课文题目是《社戏》，可为何文章开头和结尾都写了许多与看社戏无关的事？""根据文章的具体内容，可不可以把文章的标题改成《我的乐土》《我的童年》？""文章写社戏本身并不多，而写看社戏的经过却不少，是不是可以删去一些？"……

学生的这些疑问都涉及了文章的中心与选材，而这恰好是我的教学重点之一。于是，我请学生们思考讨论：哪些内容与社戏无关？（钓鱼、骑牛、偷豆等等）这些内容表现了什么？（农家少年的纯朴、善良，"我"对自由生活的向往）文章的中心思想是什么？（赞扬农村孩子的纯朴、可爱，表现作者对劳动人民的热爱和对自由生活的向往）通过学生自己的讨论，认识逐步统一：文章是根据中心来选材，而不是根据标题来选材；《社戏》这个标题只是为了突出"社戏"在文中所起的贯穿情节、联系人物的作用。

让学生思考讨论，丝毫不意味着教师放弃主导作用，但是这种主导作用应该有利于学生主体地位的充分体现。因此，教师要善于把自己的教学思路巧妙地转化为学生的学习思路，让学生在体验思考乐趣的同时享受思想的成果。

那么，对第三类问题又怎么处理呢？我们下次再聊。

你的朋友　李镇西

2021 年 4 月 2 日

98. 教师如何在课堂上担当好"平等中的首席"?

雅娟老师：

上次我给你的信中，留了一个"尾巴"——如何处理"学生在课堂上提出的超出课文重点而且是教师也没有思想准备的问题"？我今天就接着上次的话题继续和你聊聊。

对于这类五花八门的"另类问题"，处理起来可能要复杂一些，但教师同样不应该急于解答，而应该先反馈给学生，让他们思考或和老师一起研究。

比如，学《爱莲说》，有学生在课堂上提出："文章开头先说菊，再说牡丹，后说莲，文章最后一个自然段写这三种花也是照应这个顺序，可是到结尾，却是先说菊，接着便说莲，最后说牡丹——这是为什么？"学《背影》，有学生问："当时朱自清都已二十多岁了，回北京念书乘火车还要父亲送，并哭哭啼啼的，是不是太娇气了点？"学《包身工》，有学生问："解放已经几十年了，可为什么我们的国家还有类似包身工的现象？"学《故乡》，有学生问："既然《故乡》是小说，那么作品中的'我'就不应该是作者鲁迅，可为什么课文插图的主人公却画成鲁迅的模样？"……

对于学生能够提出这些"怪问""偏问"，教师不应反感、斥责甚至恼羞成怒，而应该欣慰于自己对学生思维训练的成功；并与学生一起探索、讨论、交流认识，如果因看法不同而产生了思想的交锋甚至碰撞更是一件好事；即使最终也未能统一看法也不要紧，只要不是大是大非的政治原则问题，学生之间、师生之间不必强行定于一尊。在学生探索的过程中，有时思考的火花和思想的碰撞就是教师教学所要追求的成果。

比如，1998 年 5 月，我在天津上《在马克思墓前的讲话》的公开课时，面对学生质疑恩格斯"他的英名和事业将永垂不朽"的论断，我坦率地谈了我对马克思主义的理解，但我没有抽象地讲大道理，而是以五月的几个日子——五一国际劳动节（5.1）、五四青年节（5.2）、真理标准问题讨论二十周年（5.12）为线索，展示了国际共产主义运动的发展历程，最后落脚在改革开放背景下的中国特色社会主义事业的广阔前景……学生们被感染了。最后，那位提问的学生主动说："您的话让我想起了邓小平同志的一句话，大意是，中国人口占世界人口的五分之一，只要中国搞社会主义，社会主义的生命力就永远不会消失。"

在这里，我并没有因尊重学生而放弃引导，相反我主动地承担起"平等中的首席"的责任。注意，"平等中的首席"这个位置，是教育本身赋予教师的。教育的方向和目的，教师对学生成长所承担的道义上的责任，都决定了在教学过程中，教师不可能是一个放任自流的旁观者或毫无价值倾向的中立者，而理应成为教学对话过程中的价值引导者。

事实上，无论是教学目标的确定还是教学活动的组织，都体现了教师的价值取向。纯粹"客观"的教学，永远不可能存在。在课堂教学中，教师的价值引导主要体现在：面对争议，特别是面对一些需要引导的话题时，他不是以真理的垄断者或是非的仲裁者自居发表一锤定音的言论，而是充分行使自己也同样拥有的发言权，以富有真理性的真诚发言，为学生提供一些更宽阔的思路、更广阔的视野和更丰富的选择。教师的发言尽管只是"仅供参考"，但由于教师所处的首席地位，尤其是教师发言所闪烁的智慧火花和思想光芒，教师的一家之言必然会打动学生的心灵，在他们追求真理的道路上产生积极的影响。

应该特别指出的是，课堂上师生之间围绕问题的观点碰撞并不只是是非之争，更多的时候是互相启发、互相补充和互相完善，只要言之成理，还可以求同存异甚至不求同只存异，而不必非要定于一尊不可。宽容歧见，尊重多元，这也是教师应该引导学生逐步具有的民主胸襟。

训练思维、开阔视野、敢于质疑，勇于创新……是课堂教学的首要使命，而知识传授和技能训练则永远是第二位的。因此，如何对待学生的各种提问，与其说考验着教师的敏捷反应，不如说检验着教师的智慧与胸襟。

你的朋友　李镇西

2021 年 4 月 2 日

99. 怎样在课堂上培养学生的创新思维？

红果老师：

你想在课堂上培养学生的创新思维，并希望我给你说说我是怎么做的。我只能以我的语文课堂为例说说我的实践，但学科之间许多原则是相通的。

《国际歌》有一句歌词，叫"让思想冲破牢笼"。这也应该是我们课堂教学的原则。这里的"冲破牢笼"不是放纵学生胡思乱想，标新立异，而是鼓励学生追求科学、崇尚真理的理性精神，张扬其个性，尊重其心灵，让学生大胆地冲破迷信权威的思想牢笼，冲破盲从书本的思想牢笼，冲破膜拜师长的思想牢笼，冲破固执己见的思想牢笼！

这有赖于课堂教学中教师所营造的学术氛围。在这样的课堂上，师生之间是"真理面前，人人平等"的民主关系，教师当然仍是学生求知的指导者，但绝非真理的垄断者，而更多的是和学生一起思考、探索的同志；在这样的课堂上，学生将在教师的鼓励、引导和培养下逐步形成发现问题、钻研问题和解决问题的勇气和方法；在这样的课堂上，学生必须运用所学过的课内知识以弄懂新的知识，这就要求学生具备开展学术研讨所应有的知识积累；在这样的课堂上，学生还必须拥有一定的课外知识和参考资料，这就对学生的课外阅读提出了较高的要求。

一、指导学生正确使用教参资料

我主张在教学中向学生公开备课资料，包括与教材配套的《教参》，这既显示出教师引导学生的自信，又体现了教师相信学生的民主。当然，

309

教师应指导学生善于鉴别、取舍和消化资料，而不成为教参的奴隶。学习《琵琶行》，有学生引用某资料书的观点，认为"枫叶荻花秋瑟瑟"的"瑟瑟"应是"碧绿"之意而非课本上所注释的"萧瑟"。有学生赞同这一讲法，理由是这样理解画面更美——枫叶红，荻花白，秋水碧；还有学生引用白居易一名句"半江瑟瑟半江红"来印证。我提醒学生结合全诗理解这个词。于是经过深入研究，认识逐步统一："枫叶荻花秋瑟瑟"是渲染一种凄婉的气氛，以秋天的萧瑟来烘托诗人内心的悲凉，因此课本注释是正确的。就这么一次小小的研讨，学生所获得的就不仅是某一正确答案，而且还初步学会了对教参资料的比较、分析和选择。

二、引导学生进行不同观点的交锋

并不一定每一次观点交锋都会有一个终极答案，但争鸣本身就是目的——独立思考是追求真理的起点，学生敢于发表不同看法，就表明他们已开始具备探求真理的勇气。学完《指南录后序》，有学生对文天祥的局限提出了不同的看法：有的说文天祥"辞印相不拜"以致丧失军权是失策，有的说文天祥"意北亦尚可以口舌动也"是轻信，甚至还有学生认为文天祥拼死挽救一个腐朽无能的南宋王朝不能算爱国……我鼓励学生各抒己见，同时引导他们用历史唯物主义的观点评价历史人物，具体问题具体分析，顾及全篇主旨分析某一语句的含义，结合一定的时代背景和社会特点把握某一作家的思想感情及其作品的得失，等等。

三、鼓励学生向课文质疑

教师在引导学生从课文中吸取思想养料、学习写作技巧、获得审美体验的同时，还应鼓励学生实事求是地指出课文可能存在的不足，以破除学生头脑中唯书是从的迷信思想。对古代作品中的消极因素，学生比较容易发现也勇于指出；对当代作家的名篇，学生则容易盲目崇拜。针对这种情况，我常给学生读一些课文的原稿和修改稿，说明任何佳作都不可能绝对十全十美，并带头在名篇中"挑刺"。渐渐地，学生的思想解放了，逐步发现了一些课文的美中不足。学生向课文质疑，并且提出自己的修改意见，这实际已不仅仅是怀疑了，其中还包含有积极创造的因素。

四、提倡学生同老师商榷

学完《祝福》，有位女生认为我对小说主题的分析不够完整。她指出，小说固然"深刻揭露了封建礼教对劳动妇女的摧残"，但柳妈、卫老婆子以及"咀嚼赏鉴"祥林嫂悲哀、嘲笑她"你那时怎么竟肯了"的所有鲁镇人无一不是病态者，整个小说揭示了旧中国人与人之间的冷漠，而祥林嫂正是在这冷漠中死去的。我并不认为她的观点能完全驳倒我的分析，但她善于独立思考而且剖析确有独到深刻之处，丰富并深化了我们对作品的理解；在课堂上向老师"挑战"更是难能可贵。因此我肯定了她的发言，并号召同学们向她学习。

实践证明，让学生的思想冲破牢笼不仅必要而且可能。课堂教学中学术氛围的营造和学生初步治学能力的培养，既体现出一种教学艺术——对学生知识的有效转化，更体现出一种教育民主——对学生思想探寻的充分尊重。

有时我想，学生的创新思维并不是教师"培养"的，教师只需给他们一个敢想敢说的机会。当学生敢于在课堂上畅所欲言时，所谓"创新思维"已蕴含其中。

你的朋友　李镇西
2021 年 8 月 5 日

100. 教师在课堂上最该关注的究竟是什么？

晴翮老师：

你告诉我，校长和教务主任最近听了你一堂课，结果批评你"上课只顾自己讲，而不管学生听不听"，你觉得领导说的是对的，因为他们在后面坐着听，你生怕自己讲错了，所以确实是"只顾自己讲"。你感到委屈的是，学生都听得很认真啊，课堂纪律也很好，为什么还要关注他们听不听？你觉得，作为一个老师，在学生认真听讲的情况下，难道不应该关注自己的讲解是否有错吗？难道不应该追求知识的准确传授吗？你问我："教师在课堂上究竟最应该关注什么？"

我理解你的心情，年轻老师特别在乎领导来听课，更在乎领导的评价。但你也别背什么思想包袱，校长和主任也就是想了解一下青年教师的课堂情况，随便来听听，听了后自然要帮你指出点不足，这非常正常。即使意见比较尖锐，也不过是就课论课，是为了你能够把课上得更好，而不是对你进行什么"定性"的结论性评价。你放宽心，别多想！

不过，你提的"教师在课堂上究竟最应该关注什么"这个问题，倒是应该多想想，这是一个很重要的问题，容易被年轻老师忽略，而你却意识到了，这很可贵。我谈谈我的想法。

教师在授课时在乎自己的讲解本身有没有错，如你所说："难道不应该追求知识的准确传授吗？"如果老师讲错了知识，肯定会误人子弟。我还真遇到过这样的老师，上课时讲错了，还是学生当场给他指出来的，弄得老师很尴尬。所以，年轻老师追求自己讲解的正确，在课堂上特别注意自己说的每一句话是否出错，这是没错的，但这只是对教师上课最基本的要求。在自己讲的时候，还得看看学生的情况，如果学生没听，说话的说

312

话，睡觉的睡觉，甚至还有打闹的，你教师讲得再投入，有什么用呢？所以有一定经验的老师，不会只顾自己讲，而是同时关注课堂纪律，看看学生是否在认真听。他会随时根据课堂情况而决定是否采取一些措施保证课堂秩序，可以说，一位上课只顾自己讲而不管学生的老师显然也不是负责的老师。这可能就是校长批评你"只顾自己讲，而不管学生听不听"的原因。

但是，对于真正成熟的老师来说，课堂上最关注的不是课堂纪律，而是学生的思维。换句话说，我们最应该关注的，不是学生"听不听"，而是学生"听得怎么样"，这才是最关键的。

这样说，绝不意味着教师可以毫不在乎自己讲得怎么样，而是要将二者自然而然地结合起来。苏霍姆林斯基说："教师在讲课时，应一边思考他所讲的理论材料，一边观察学生脑力劳动情况，即注意观察和分析学生的注意力、兴趣、意志努力以及他们对待脑力劳动和教师的态度。把教师劳动的这两方面职能和谐地统一起来，善于思考各种不同的现象，并从不同的角度对学习这个复杂的过程进行分析，这是教育技巧最微妙的领域之一。"教师对自己所要讲解的知识越烂熟于心，他的注意力就越会投入到学生的精神世界里，甚至用不着惦记着自己是否讲清楚了，而是全力关注孩子的心灵。苏霍姆林斯基说："教育工作的能手对本门学科的基础知识十分精通，以至他们在课堂上、在讲授教材过程中，可以不把注意力的中心放在所教的知识上，而是放在学生身上，放在学生的脑力劳动、思维活动以及他们在脑力劳动中所遇到的困难上。"我想，苏霍姆林斯基已经说得很精辟透彻了。

我想到了自己刚工作时，课堂上总是小心翼翼地想到知识本身的正确与讲授的清晰，完全没有精力去关注孩子们的"脑力劳动""思维活动"；即使关注学生，也最多是看他们是否遵守听课纪律而已。但随着时间的推移，我在课堂上越来越不在意自己讲什么，而是在乎学生的状态——他们的表情，他们的眼神，他们的豁然开朗，他们的迷惑不解……我这样说，并非意味着我不注重知识的准确性，而是因为知识已经进入了我的血液，讲述这些知识成了我的一种"不假思索"和"情不自禁"，就像我骑自行车一样，不是我不关注前面的龙头和脚下的踏板，而是这一切动作都已经成了连贯性的本能，我无须考虑都不会有任何操作失误，我只需要关注方向和随时可能出现的意外情况。

由此可以说，就课堂教学而言，是关注自己所讲的知识呢，还是眼前的学生？这是一个新手和成熟老师的重要区别之一。所以，关于教师在课堂上的关注点，是不是可以这样说：三流教师在乎自己的讲解，二流教师在乎课堂的纪律，一流教师在乎学生的思维。

你的教育生涯才刚刚开始，从新手到能手必然有一个成长的过程，上"砸"几堂课很自然，这是你走向成熟的代价。我坚信，你一定会尽快成为在课堂上关注学生思维的成熟老师的。

你的朋友　李镇西
2021 年 8 月 9 日

101. 课堂上理想的师生关系应该是怎样的？

张茂老师：

你最近一直在研究课堂改革，认为一堂课的核心问题是师生关系，但究竟什么是理想的师生关系，你想听听我的看法。

的确，对理想的课堂而言，最核心的是师生关系。抓住了这一点就抓住了课堂教学改革的关键。那么，理想的课堂应该呈现出怎样的师生关系呢？

如果把课堂教学内容比作食物，那么，课堂师生关系有三种境界。

第一种是"填鸭式"。教师觉得食物对学生来说非常有营养，于是，便不择手段地满堂灌，唯恐学生吃不饱，而全然不顾学生是否有食欲，也不管学生是否消化不良；当然，也有"高明"的教师，他会将食物先咀嚼得很细碎，然后一点一点地喂给学生。

第二种是"诱导式"（"启发式"）。教师不是直接将食物灌输给学生，而是把食物摆在学生面前，然后以各种美妙的言语让学生明白眼前的食物是多么富有营养同时又是多么可口，以打动学生的心，激发其食欲，然后争先恐后地自己动手来取食物。——比起"填鸭式"，"诱导式"无疑是了不起的进步，在目前的课堂教学中方兴未艾。

第三种是"共享式"。面对美味食物，师生共同进餐，一道品尝；而且一边吃一边聊各自的感受，共同分享大快朵颐的乐趣。在共享的过程中，教师当然会以自己的行为感染带动学生，但更多的，是和学生平等地享用同时又平等地交流：他不强迫学生和自己保持同一口味，允许学生对各种佳肴做出自己的评价。在愉快共享中，师生都得到满足，都获得营养。——这种"共享式"现在还不普遍，但已经开始出现。

任何比喻都是蹩脚的，何况课堂教学毕竟不是餐厅吃饭。但以上三种进餐方式，分别形象地代表了课堂教学中的三种师生关系模式：教师绝对权威而学生绝对服从；教师在行动上似乎并不专制但思想上却分明是学生的主宰；师生平等和谐，教师在保持其教育责任的同时又尊重学生，和学生一起进步。

毫无疑问，今天我们提倡并需要的课堂师生关系，正是第三种——"共享"。

"共享"的过程就是"对话"的过程。

在课堂教学中，我们当然可以把教师角色定为"导游""主持人"以及"导演""舵手"等等；但更重要的是，不管什么角色，教师都应该在课堂中营造一种"对话情境"。这里所说的"对话"，不仅仅是指教师和学生通过语言进行的讨论或争鸣，更是指师生之间平等的心灵沟通。这种"对话"，要求师生的心灵彼此敞开，并随时接纳对方的心灵。

在"对话"与"共享"的课堂氛围中，学生既是学习者又是建构者。

作为学习者，学生在学习内容、学习方法等方面接受教师的指导；作为建构者，每一个学生在学习过程中都依据自己不同的知识储备和生活经验，对所学的内容进行选择、评价、重组和整合，进而把知识变成真正属于自己的一种能力乃至一种信念。在这过程中，学生主动地就知识质疑、对教师发问、向权威挑战……都是理所当然的。在这里，至关重要的，是教师应鼓励并尊重学生独立思考的权利。这符合学生的求知心理，并能尊重其个性，因而可以有效地把学生推到主动学习的位置。学生由生疑、质疑，再到析疑、解疑，整个过程充满了积极求知的主动精神，其所获知识印象更深。

有教师认为，既然讲教学民主，既然在课堂上教师也是平等的一员，就没有必要强调教师的引导作用，否则又会回到教师"话语霸权"的老路上去。这种认识是对教学民主的误解。在"对话"与"共享"的过程中，教师当然是"教学共同体"中与学生平等的一员，然而他是"平等中的首席"。他不是知识的灌输者，不是行为的约束者，不是思想的主宰者，但他在"对话"与"共享"中发挥着其他参与者（学生）无法发挥的"精神指导"和"人格引领"作用。

相比起"填鸭式"与"启发式","共享式"更能体现出课堂教学中师生关系的新境界。

"共享式"教学，把教学过程还原成师生积极互动、共同发展的交往活动过程。无论"填鸭式"还是"启发式"，信息流向都是单向的、静态的，而且是居高临下的。而"共享式"则体现了师生之间和学生之间动态的信息交流，真正实现了师生互动，在对话中师生互相影响、互相补充、互相促进，最终共同进步。在这样的师生关系中，学生会体验到平等、自由、民主、尊重、信任、友善、理解、宽容、亲情与关爱，同时受到激励、鞭策、鼓舞、感化、召唤、指导和建议，形成积极的、丰富的人生态度与情感体验。

这就是我期待的课堂上理想的师生关系。

你的朋友　李镇西
2021 年 8 月 12 日

因为有你（后记）

　　本书写好后，按惯例应该请人（最好是名家）写序言，但我想，既然这本书是写给普通老师的，那我何不请一位名不见经传的一线老师写序言呢？所以，大家看到的本书序言是常州武进的王晓波老师写的。

　　不写序，我就写一个后记，交代我写本书的一些想法吧！

　　这本书的写作缘起，是《中国教师报》让我开专栏的邀请，每周一篇。写什么呢？我想到了时不时有年轻老师向我提各种问题，何不利用这个机会跟他们聊聊呢？于是便有了这本《答新教师101问》。

　　我也是从新教师过来的，知道初出茅庐的年轻人刚踏上讲台时除了激情，一无所有——方法、技巧、智慧等等都得在实践中摸索。如果有过来人稍微指点一下，是不是要好一些？毕竟我从教近四十年，既有许多经验也有不少教训，而这一切都可以成为我传递给年轻一代的财富。这是我写这本书的底气。

　　不同的时代当然会有不同的特点，但就教育而言，许多主题是跨越时空的，不然我们就没必要读孔子的《论语》和洛克的《教育漫谈》。我的这些文字，当然不能与大师们相比，但我相信，我当年的困惑、迷茫以及渴望有人指点迷津的心情，也在今天的年轻老师们身上存在。这是我写这本书的自信。

　　人们爱说："关键是观念的转变。"这话当然对，但我认为，绝大多数老师都不缺科学的教育观，缺的是如何将这观念变成每一天的教育和教学行为。所以，本书虽然也涉及了教育观念，但更多的是从微观的视角，谈师生关系、班级管理、课堂教学、阅读方法、写作技能，谈教育的行为、细节、方法、技巧……我相信，对新教师来说，总有你需要的"那一点"。

任何具体的方法都不可能全盘照搬，这个常识，我就不多说了。所以，我更希望读者透过这些未必能够复制的教育技术，读懂其背后的教育原理、教育常识和教育智慧，这些是可以通用的。

我曾经悲观地说过，我没想过要改变这个世界，我只希望这个世界不要改变我。意思是，虽然我无力推动整个社会的变化，但我的教育初心能够不因社会风气而有丝毫褪色。几十年过去了，我可以毫无愧色地说：我的初心，一尘不染。

令我意外的是，最近几年我明显地感到，我所讲述的教育故事，先是感动，继而改变了许多人，特别是年轻教师。我因此更加乐意以自己微薄的力量尽可能多地帮助年轻人。这是我写这本书的初衷。

除了感谢《中国教师报》连载本书的一些篇章，还要感谢微信公众号"镇西茶馆"的志愿者校对员，他们对每一篇文章都做了认真的校对。他们是（排名随机）：黄宗晞、吴银杏、曾华俊、雍锐、任欢、唐嘉佳、胡程茜、蓝振元、向虹霖、陈晴霞、高敏敏、宋莹、顾鉴、庞岩、樊婷、李爱华、鲍凤麟、何银坤、刘敏、张佳佳、唐晓春、张旭、蔡淑媛、余金莲、邓丰兰、李庆华、曾梅、刘伟、张淑英、孙丹、闫亚军、吴婉瑕、熊英、谢德敏、罗德春。

李镇西博士工作站第三期的老师们，也为本书的写作提供了帮助，尤其是张茂老师，帮我完成了书稿的整理，谢谢！

感谢长江文艺出版社让这本小书以完美的形式呈现给读者！

最该感谢的，是全国的读者们，虽然我们不一定相识，但我知道你，你，还有你，每天都关注"镇西茶馆"，经常阅读我的文字。因为有你，我的教育激情一直不减，我的教育生命得以延长。

李镇西

2021 年 8 月 12 日于病房